'세우고, 다듬어서 일하시는 하나님의 이야기'

부르시고 작게쓰심

부르시고 작게 쓰심

1판 인쇄일 2019년 7월 12일
1쇄 발행일 2019년 7월 17일

지은이 _ 박종력
펴낸이 _ 한치호
펴낸곳 _ 종려가지
등 록 _ 제311-2014000013호(2014. 3. 21)
주 소 _ 서울특별시 은평구 은평로 14길 9-5
전 화 _ 02. 359. 9657
디자인 _ 표지 이순옥/ 내지 구본일
제작대행 세줄기획(02.2265.3749)
영업(총판) 일오삼(민태근)
전 화_ 02. 964.6993 팩스 2208.0153

값 12,000 원

ISBN 979-11-87200-70-3 03230

ⓒ 2019, 박종력

잘못 만들어진 책은 구입하신 서점에서 바꾸어 드립니다.
책의 주문 및 영업에 대한 문의는 영업대행으로 해주십시오.
문서사역에 대한 질문은 010. 3738. 5307로 해주십시오

이 도서의 국립중앙도서관 출판예정도서목록(CIP)은 서지정보유통지원시스템 홈페이지(http://seoji.nl.go.kr)와 국가
자료종합목록 구축시스템(http://kolis-net.nl.go.kr)에서 이용하실 수 있습니다.(CIP제어번호 : CIP2019025635)

'세우고, 다듬어서 일하시는 하나님의 이야기'

부르시고 작게 쓰심

박종력 지음

문서사역
종려가지

추천의 글 1
김석희 목사

　좋은 책을 만나기는 쉽지 않다. 내게 좋은 책은 순수하고 진솔하며 따뜻한 인간미가 흐르는 책이다. 읽고 나면 영혼이 맑아지고 감정 또한 사람다워지고 싶은 것이라면 좋은 책이지 않을까?

　'작은 자'는 저자 박종력 목사의 예수님을 만난 삶의 이야기이다. 그는 목사이다. 그러나 목사보다는 작은 자를 섬기는 그리스도인의 삶을 보여준다. 그것이 한 영혼을 사랑하는 참된 목자의 길이지 않을까…

　이 땅의 작은 자를 섬기려 하는 더 작은 자가 되는 길을 그는 걷고 또 걸어가며 거기서 행복을 누린다. 이 책을 읽고 있노라면 우리 속에 숨어 있던 인간의 아집과 탐욕, 이기심, 교만이 무너지고 스물 스물 빠져나감을 느낀다. 영혼이 쉼을 얻는다.

　저자가 소속한 교단 노회의 노회장으로 분에 넘치는 추천을 하게 되었지만, 먼저 독자가 된 자로서 내가 받은 감동을 부디 다른 모든 이들도 함께 누릴 수 있기를 바란다.

　　"너희 중에 누구든지 크고자 하는 자는 너희를 섬기는 자가 되고 너희 중에 누구든지 으뜸이 되고자 하는 자는 너희의 종이 되어야 하리라"(마 20:26-27)

　　　　　　　　　　　　　　대한예수교장로회 경충노회 노회장
　　　　　　　　　　　　　　선진교회 담임목사

추천의 글 2
임영동 목사

남들에게는 특수사역이라 할 수 있는 길을, 목회자라면 아니 그리스도인이라면 매우 상식적인 삶이어야 한다고 생각한 저자 박종력 목사, 그의 사역은 늘 같은 목사인 나에게 부끄러움을 안겨준다. 그는 목사이기 전에 하나님을 사랑한 사람이었다.

이 책에는 저자가 단순히 복음 전도만이 아니라 가난하고 병든 자들, 사회로부터 소외당한 자들, 알콜 중독자들, 결손아동들과 청소년들, 독거노인들을 돌보는 삶을 감행한 사람임을 보게 한다. 성경적으로 말하면 저자는 부성적 돌보심이라는 창조주 하나님의 일반은혜를 몸소 실천한 삶이라 할 수 있다. 과학과 자연신학으로 박사학위를 받은 나였지만 저자에 비하면 나는 자연과 식물들을 사랑하고 이해하는 데에 따라갈 수준이 못된다.

이 책을 보노라면 자연과 사람을 좋아한 저자는 창조주 하나님의 사랑과 예수 사랑을 세상에 쏟아 붓는 모습을 볼 수 있다. 그의 삶은 마치 작은 예수를 보는 듯하다. 근래 힘든 암 투병 생활 중에서도 연약한 영혼들을 돌보는 주의 사랑의 불은 그의 가슴속에서 지금도 꺼지지 않고 있다.

이 책은 저자가 어렸을 때부터 현재에 이르기 까지 힘겨운 삶속에서도 늘 함께 하시고 힘을 주시던 하나님의 사랑을 노래하며 이야기 한다.

저자로부터 추천서 부탁을 받고 집에 돌아와 원고를 여는 순간부터 마음 찡함이 올라왔다. 책속에 나오는 저자의 인생길은 마치 광야 길을 걸으면서 지나온 자리마다 꽃을 피운 기쁨을 경험케 한다. 책 속에는 저자가 얼마나 어려운 환경에서 인생을 출발하였는지를 들을 수 있다. 그래서인지 그는 마구간에 오신 아기 예수에 대해 누구보다 동정심을 갖는다.

젊은 시절의 어려운 환경은 늘 그에게 이제 그 힘겨운 삶을 포기하라는 싸인을 주었다. 하지만 그때마다 그의 손을 놓지 않으시고 붙드셨던 하나님의 사랑이야기는 독자들에게 큰 신앙의 힘을 줄 것이다.

책속에 그가 가장 힘겨울 때마다 바람이야기가 자주 등장하는 데, 저자에게는 자연의 바람 성령의 바람이 직관적으로 하나님이 만져주심임을 경험한다. 인간의 연약한 본능은 삶을 포기하는 쪽으로 내딛었지만 주님은 그를 항상 빛으로 끌어 올리셨고 동시에 죽어가는 사람들을 그 빛으로 끌어 올리는 사명까지 부여 받았다. 하나님은 저자를 통해 특별한 은총만이 아니라 일반 은총을 나타내고 계심을 발견 할 것이다.

이 책은 작은 자로서는 겸손의 실천이 많은 열매를 맺는다는 사실을 소개하는 데, 마치 복음서에서 예수님이 말씀하신 천국을 연상케 한다. 하나님이 붙드시는 종 박종력 그의 삶이 녹아난 이 책은 천성의 여정위에 서 있는 연약한 영혼들에게 큰 동반자가 될 것이라 확신한다.

백석문화대학 교수
샬롬교회 담임목사

들어가는 말

　　　　산과 들에는 하나님 보시기 좋은 것들이 많다. 나무와 풀들이 꽃을 틔우고 열매를 맺는다.

　그런데 그들 가운데는 닮은 것들이 참으로 많다.

　진달래와 철쭉, 산수유와 생강나무 꽃, 나팔꽃과 메꽃, 밤나무와 칠엽수 열매…..

　나 역시 거듭난 이후 주님을 닮고 싶었다. 그리고 먼저 주님 닮은 믿음의 선진들 가운데 존경하고 닮고 싶었던 모델이 있었다. 아브라함, 요셉, 다윗, 바울, 바나바, 손양원, 주기철 목사님 등이 있었다.

　특히 바울은 성도로써 그리고 사도로써 (목회자) 스스로 자신을 가장 작은 자라고 고백하였다.[1] 한 때 하나님을 위한다고 율법의 잣대로 그리스도인들을 핍박하고 살생하였던 그는 가장 쓸모없는 작은 자로 죄인 중 괴수라고까지 고백하였다. 그는 부르심을 받고 눈을 멀기도 했었고, 교회로부터 배척을 받아 바나바가 나타나기 전까지 몇 년을 외로운 작은 자 처지가 되기도 하였으나 본격적으로 사도와 목회사역을 시작하면서 많은 큰 것을 누릴 수 있었다.

　그러나 스스로 불안정한 작은 자의 삶을 택하였다. 자기 손으로 자급자족 하면서 끊임없는 교회 개척과 선교의 십자가 사명을 감당하였다. 그리고 계속되는 유대교와 이교도 그리고 로마의 권력에 목숨 위협을 감수하

---

[1] 나는 사도 중에 가장 작은 자라. 고전15:9, 모든 성도 중에 지극히 작은 작은 자보다 더 작은 나에게 이 은혜를 주신 것은….엡3:8.

면서 포기할 수 없는 사명을 감당하곤 하였다.

    그리고 보면 우리 주님께서도 이 땅에 태어나실 때부터 가장 작은 자로 오셨다. 석가모니처럼 왕의 신분으로 온 것이 아니시고 가난한 촌의 목수 아들 신분 그리고 큰 오해를 살만한 처녀의 몸을 빌려서 오셨다.[2] 게다가 태어나실 때에 사람들에게 밀려서 마구간 한 귀퉁이에서 나셨으며, 태어나서도 세상 왕의 오해로 죽임 피해 쫓겨야만 하셨다. 촌구석 목수의 아들로 정통 학벌의 가방 줄도 없으셨던 주님이셨다. 요한이 주님을 처음 소개할 때, "보라 세상 죄를 지고 가는 하나님의 어린양이로라.(요1:29)"

    주님은 공생애 사역기간 동안에는 늘 작은 자들을 가까이 하셨다. 병에 눌린 자들을 고치시고, 귀신, 마귀에게 묶인 자들을 자유하게 하시며, 죄에서 풀어 주시며 천국 복음을 주셨다. 생활 역시 지하 단칸방 하나 안정적으로 소유하지 못하시고, 제자들과 함께 산으로 쉬러 가셨다. 친히 냄새 나는 제자들의 발을 닦이시면서 까지 앞으로 그렇게 살아야 할 것으로 친히 작은 자가 되어 섬김의 본을 보이셨다. 이 땅에서 많은 사람들이 구름떼처럼 몰려와 얼마든지 큰 교회를 하실 수 있으셨고, 유명 정치인으로 왕이 되실 수도 있으셨으나 친히 잡초 같은 작은 삶을 보이셨다.

    주님의 성육신 시대나 오늘 우리가 사는 이 시대에 여전히 작은 자들이 있다. 주님을 만나기 전 작은 자의 삶을 살았던 나였다. 그리고 한 때 잠시 주님이 높여도 주셨다. 그러나 나는 늘 주님처럼 작은 자가 되어 작은 사람들을 가까이 하고자 했다. 그러면서 작은 자에 대한 주님의 뜻을 좀 더 깊이 이해할 수 있게 되었다. 그것은 곧 주님을 위한 영광이요, 전도요, 그리고 우리 모두의 공동체 행복을 위한 것이기 때문이다.

---

[2] 빌2:6~7

도시 경쟁에서 스스로 작아진 자존감으로 사는 이들, 수 십 억 원의 아파트들이 즐비한 틈바구니에서 노숙, 고시원, 지하방에 사는 작은 사람들, 가정의 관계가 깨진 알코올 중독자, 정신질환자, 장애인들, 홀로 한 끼의 따뜻한 식사를 고대하는 어르신들, 가정에서나 학교에서 적응하지 못하는 청소년들, 이런저런 남모르는 속사정으로 극단적 자살 생각을 하는 작아진 어깨를 가진 사람들... 심지어 10년 20년 목회를 하면서 교회 성장에 눌려 스스로 작아진 자존감으로 살아가는 목회자들... 그러나 주님처럼 바울처럼 작아진 이들과 함께하려고 스스로 일부러 당당한 작은 자로 살아가는 사명의 사람들도 있다.

본 저서는 이런 작은 자들 향한 하나님 은혜를 나누고자 하였다. 하나님께서 나 같은 작은 나를 만나 주시고, 주님의 작은 종으로 작은 이웃들에게 행하신 일들을 드러내고자 하였다.

더불어 오늘날 누구나 '전도의 문이 거의 막혔다'고 말한다. 막힌 그 이유야 많을 것이다. 그리고 하나님이 여시면 언제든 크게 열릴 것이다.

사실 오늘날 교회의 더 심각한 것 중 하나는 '죄인들의 회개가 거의 멈췄다'는 것이 맞을 것이다. 이 또한 하나님이 하시면 된다. 나는 오래 전부터 이 부분에 기도를 하면서 마5:14 말씀이 다가왔다.

> "너희는 세상의 소금이니 소금이 만일 그 맛을 잃으면 무엇으로 짜게 하리요 후에는 아무 쓸데없어 다만 밖에 버리워 사람에게 밟힐 뿐이니라."

목회자는 세상 만민에게 죄를 알게 하고 교회로 나온 그들의 죄를 품어 구원의 은혜와 성화로 나아가게 함은 가장 중요한 사명 중 하나요, 목회자의 권위라 본다. 그러나 작금의 상황은 어떠한가? 세상과 교회를 떠나 방황하는 많은 이들 그리고 같은 주의 종들 안에서 교회를 대표한다는 목회자들을 향하여 죄를 지적하는 이상한 상황이 되고 있지 않았는가?

주님은 주님 공생에 당시에도 막11:17 성전을 "강도의 굴혈"이라고 말했다. 무너져 가는 이스라엘 선민의 특권자들에게 말1:10에는 더 극단적으로 아예 성전 문을 닫았으면 좋겠다고도 말씀하셨다.

우리는 이들보다 얼마나 더 낳은 것일까? 그러나 하나님께서는 아직 우리 조국 교회에 기회를 주고 있다고 믿는다.

다시 교회와 목회자의 권위를 회복하려면 세상 사람들이 죄를 밥 먹듯 행하면서 얻으려는 온갖 탐욕에 소금을 보이고, 의의 빛이 되는 길이라 본다. 이를 테면 물질에 있어서 세상이 더 이상 판단 못할 청빈한 삶을 너머 바울처럼 가난한 부자로 살아내는 것이다.[3] 목회자가 먼저 인간의 기본적 욕구[4]를 충분히 채우지 못하는 작은 자의 삶으로도 하나님 은혜로 기쁘게 살아내는 본이 된다. 주어진 작은 사역에도 서로 인정하고 충성하는 본이 되어야 한다.[5] 더 이상 세상의 무덤에 갇힌 말씀의 말이 아닌 삶으로 살아가는 말의 말씀이 되어야 한다고 본다.

본인은 미력하나마 그 삶을 흠모했다. 그러나 30여 년의 세월을 돌아보면서 부족한 부분이 많이 보였다. 그래서 큰 병을 얻어 혼이 나고 정신이 번쩍 들기도 했다. 쉼과 회개의 시간을 가졌다. 다시금 주신 말씀의 사명 허리띠를 추스르게 되었다. 그러자 주님은 작은 자의 사명 위에 새로운 사명 하나를 더 부여 하셨다.

오늘날 작은 인간보다 더 작은 생명인 자연 생명들이 있다.

주님 손에 지어지고 우리 인간에게 다스리고 정복하여 누리는 풍요를

---

3) 빌4:11~13 "내가 궁핍함으로 말하는 것이 아니라 어떤 형편에든지 내가 자족하기를 배웠노니... 배부르며 배고픔과....내게 능력 주시는 자 안에서 내가 모든 것을 할 수 있느니라"
4) 인간의 근본적인 욕망으로 '식욕, 쾌락욕, 수면욕, 성욕, 소유욕, 명예욕....등등
5) 충성하는 작은 교회 목사도 서로 인정하고 존중하는 분위가 조국 교회에 절실하다. 눅16:10

주었다. 그러나 지금까지 교회에서는 학교 교육의 진화론에 대항하여 창조론을 변호하고 지키기에 바빴다. 그러나 먼저 교회가 하나님의 창조의 신비와 행복을 누리고 감사할 수 있어야 한다고 보았다. 도시 속에서 무참히 묻히고 잘리고 살생당하는 식물들이 그것이다. 우리 모두는 현재 환경의 재앙이라는 죽음 위협에 내 몰리고 있다. 하나님의 질서를 깨뜨리는 도시인들의 죄를 보게 하는 것.... 그리고 이를 회복하기 위한 하나님 자녀들의 몫이 그것이다.[6]

'작은 자'로 주제를 삼아 저술한 이 책은 지난 30년 동안 주님께서 한 작은 목회자와 연관된 사람들을 통한 하나님나라의 겨자씨 나무를 말하고자 하였다.[7]

첫째는 나를 포함한 세상의 작은 자들을 향한 나무였다.
둘째는 대은교회와 해외선교에 대한 나무였다.
셋째는 작은 자들과 함께하는 대은교회의 이방인 뜰과 같은 G2S2 마을 공동체 나무였다.
넷째는 작은 자들을 위한 목회자 연합 사역인 도시공동체 한국청소년멘토링연맹이었다.
다섯째는 모든 생명 중 가장 작은 자연생명의 회복에 관한 것이었다.

간혹 '교회에서 작은 자들 가운데 특히 중독자나 정신질환자들에 대하여 어떻게 처신해야할지 묻는 이들이 있었다' 이런 질문들에 대하여 주님의 은혜를 좀 더 구체적으로 나눌 수 있게 되었다. 이 밖에 이 책의 제목이

---

[6] 롬8:19. 피조물의 고대하는 바는 하나님의 아들들의 나타나는 것이니
[7] 막4:30,31,32. 하나님 나라를 어떻게 비하며 또 무슨 비유로 나타낼꼬 겨자씨 한 알과 같으니 땅에 심길 때에는 땅위의 모든 씨보다 작은 것이로되 심긴 후에는 자라서 모든 나물보다 커지며....

나 글의 맨 뒤에 저서의 키워드를 보면 하나님이 하신 그간의 핵심 기사들을 통해 전하고자 하였다.[8]

끝으로 본 저술을 위해 늘 기도로 함께해 준 대은교회 문영화 권찰님과 성도님들에게 감사드리고, 평소 가까이서 지내는 존경하는 두 분 목사님께서 추천 글을 주셔서 감사드리며, 지난 25년 간 어린이, 청소년들과 함께 해왔던 백문기 목사님의 감수 격려에도 감사드립니다.

그리고 이런 출간의 기회를 열어주신 종려가지 출판사 한치호 목사님에게 감사드립니다.

이제 그 이야기를 나누고자 한다.

---

[8] 내가 전심으로 여호와께; 감사하오며 주의 모든 기사를 전하리이다.시9:2

차 례

추천의 글 1 / 김석희 목사 ················· 4
추천의 글 2 / 임영동 목사 ················· 5

들어가는 말 ····························· 7

1. 작은 인생에 찾아오신 크신 은혜 • 15
바람 같은 성령님이 오심 ················· 16
하늘보다 크신 십자가 은혜 ··············· 24
일순간에 빛으로 세워 주시고 ············· 28
멍에의 십자가 ·························· 43
신들메, 작은 종의 훈련·················· 51

2. 교회 사명 더하기 • 67
작은 자, 새로운 사명 개척 ··············· 70
작은 일에 충성, 한계 넘기 ··············· 82
순종, 작은 자들의 변화와 일꾼 ··········· 96
작은 자 사역의 오해 ··················· 113
이방인의 뜰, 교회 24시간 열린 문 ········ 120

3. 하나님 나라, 또 다른 교회 공동체 • 135
작은 마을 공동체, 대은G2S2 ············· 136
노시 공동체, 한국청소년 멘토링연맹 ······ 143
소금, servant leadership 강연 ··········· 152
작은 자 사역의 동역자들 ················ 159
민들레 깃털, 해외선교 ·················· 169

4. 무익한 작은 종, 쉼을 주소서 • 173

작은 사명자의 안식년 청원 ·············· 174
판단, 정죄, 교만의 허물 ················· 187
낙타무릎 껍데기와 새우등 잠 ············ 193
쉼! 말기위암 감사 ······················ 202

5. 더 작은 생명, 새 사명으로 • 217

계속되는 교회 개척과 G2S2 ·············· 217
천이, 작은 자와 도시 생태 공동체 ········· 220
G2S2 생명, 생태 메세지 ················· 229

• 본 저서의 키워드 ················ 240

1

작은 인생에 찾아오신 크신 은혜

아가페 사랑! 주님의 영이 처음 나의 마음에 찾아오심이 느껴지는 날이었다. 미약하지만 온 몸에 이상한 기운이 시작되었다. 마음속에 뭔가 형용할 수 없는 기운이 꿈틀거림이 있었다. 기분이 좋았다. 감기 기운은 있었으나 마음이 가벼웠다. 마음에 지평선 평화로운 저녁 노을이 출렁이는 것 같은 이것이 무엇일까?

하나님은 도교 우상의 가정에서 맨 처음 나를 부르셨다. 감사하게도 중학교, 고등학교 미션스쿨에서 주님의 사랑도 찬양도 기도도 배웠다. 그러나 '난 주님을 알았다, 만났다'는 그 고백을 하기까지는 10년이 넘게 걸렸다.

작고 못난 깨어진 항아리 같은 나에게 엄청난 은혜를 담은 큰 항아리이신 주님께서 기적으로 찾아 들어오신 것이었다.

크신 주님께서 어찌 작은 저에게

어마 어마하고 끝도 없으신
주님의 마음 항아리

작고 초라한
우리 인생의 마음 항아리

어찌 쩨쩨하고 하찮은
우리 항아리에
주님께서 임하실 수 있으신가?

아무리 작아도 좋다
금이 가고
깨어져도 좋다

다만 뚜껑을 열고
마음으로 환영해라
어서 오시옵소서

그리고 은혜의 강물에
작은 네가 던져져라
거기서
깨어진 네가 푹 잠기 거라

바람 같은 성령님이 오심

   훈련소에 들어간 다음 날 부터 내 마음에 뭔가가 움직였다. 그것이 무엇인지 정확히는 몰라도 기분이 좋았다. 평안, 자유스러움, 기쁨, 생명의 기운....

이상하리만큼 '아, 훈련소가 집보다 편하고 좋다'는 생각도 들었다. 동료들은 하루하루가 너무 힘들어 했으나 나는 그 시간이 묘한 즐거움이 있었다.

한 편으로 그 동안 짧은 세상 경쟁에 낙오된 상황에서 똑같은 복장과 입장이라서 그랬던 것일까....? 그 어떤 설명으로 부족한 봄바람 같은 사랑이 내 안에 오셨다.

지난 4층 대로변 옥탑 방에서 살 때였다. 한 여름 열대야로 잠을 못 이루고 있었던 때가 있었다. 바람 한 점 없는 열대야에 열어놓은 창문으로 옥상의 열기는 숨을 턱턱 더욱 막히게 하였다. 선풍기는 몸을 더 고통스럽게 하였다. 그냥 땀으로 순간순간을 견디고 있을 때 였다. 어느 날 새벽녘 창문 틈으로 바람 한 점이 솔솔 들어와 그제야 살 것 같았던, 그 바람의 행복 이랄까....?

청소년 시절, 광산 일을 시작하던 첫날에 몹시도 힘들어 사흘을 끙끙 앓았다. 그리고 몸이 좀 나아지자 나가고 싶은 마음이 사라졌다. 그러나 억지로 다시 나갔다. 더 이상 어디로 갈 수도 없어 막막했었다.

그런데 하루는 편지 한 장이 집에 왔다. 서울 누나에게서 온 것일까? 했으나 분명 내게 온 편지였다. 바로 윗집 홍란에게서 온 편지였다. 초등학교 졸업한 후에 객지에 나갔던 것이다. 그리고 나를 좋아하는 글귀가 있었다. 어찌나 마음이 기쁘던지요.... 그 때부터 나는 홍란이 생각으로 일이 힘든 줄 몰랐다. 출근하는 발걸음도 퇴근하는 피곤함도 가볍다. 바람은 입술 끝에 달콤하고 눈 가를 출렁이게 만들었다. 일 갔다 와서 편지를 지우고 다시 쓰면서 신이 났다. 바람났다! 아마도 성경에 야곱이 라헬을 사랑하여

'칠년을 수일같이 보냈다'는 말씀이 잘 어울릴 것이다.

바로 그 감미로운 사랑 같은 것이 또 다시 훈련소에서 내 마음에 일렁거렸다.

아니 그 사랑보다 더 친밀하게 다가왔다. 이제껏 세상에서 몸부림쳤던 실패의 딱딱한 가슴에 그리고 방위 병 훈련소란 바닥 자존심의 내 마음에 큰 사랑의 봄바람으로 찾아온 것이었다.[9]

훈련소 퇴소 후, 길을 가다가 문득 중학교 찬송이 다시 떠올랐다. 신기하게도 내 입에서 '내 주를 가까이 하게 함은... 그리고 주기도문도 떠올랐다.... 고마운 중학교 시절이었구나!' 그리고 웃음이 났다. 한 때 똥통학교라고 여겼던 바로 그 학교가 이렇게 감사하게 느껴지다니....

대천에는 두 개의 중학교가 있는데 한 곳은 뒤늦게 생긴 미션스쿨인 대명중학교였다. 그 학교는 산언덕에 지어진 엉성한 신설학교에다 거리도 멀어서 간혹 학생들 사이에는 '똥통학교'라 불리기도 하였다. 숨쉬기 불편한 학교....

그 학교에 우리 동네에서는 유일하게 내가 들어가게 되었다. 선후배들이 제비를 뽑아 가는데 나만 뽑혀 들어가게 되었다. 그 당시는 '나는 지질이도 재수 옴 붙어서 똥통학교에 가게 되었다'고 생각했었다.

그러나 주님을 만나고 난 다음부터 복음의 길로 예정하신 하나님께 감사했다. 그리고 철없는 시절의 실언에 회개했다.

성령님이 오신 훈련소 생활은 온 마음이 가벼워졌다. 세상이 밝아 보였다. 숨 쉬는 바람이 이렇게 좋을 수 없었다. 사람들이 사랑스러워졌다. 일찍부터 사랑으로 다가 오셨던 주님을 알 수 있었다. 가난과 힘든 싸움을 하는 가족 식구들이 불쌍해 보였다. 훈련소 이후의 군 생활 내내 감사한

---

[9] 우리가 사랑함은 그가 먼저 우리를 사랑하셨음이라. 요한일서4:19

마음이 넘쳤다.

한 마디로 나의 마음에 주님 영, 생령이신 성령님, 그 분이 오신 것이었다.

사실 주님은 오래전부터 여러 모양으로 나를 부르셨었다. 그러나 나는 10년 넘게 거부해 왔었다.

중학교 미션스쿨에서 부르셨다. 그리고 또 다시 비록 야간 산업체 고등학교이나 미션스쿨이었다. 먼저 주님을 만났던 친구들이 '교회에 가보자'는 말에 재미로 따라 나서기도 했었다. 주경야독의 공돌이라는 그 시절, 같은 반에서 가장 먼저 주님을 만난 장섭 친구 그리고 고등학교 졸업 후 주님을 만나 나를 전도했던 태공 친구 이들 역시 현재 목회자가 되었다.

나는 부르시는 주님을 뒤로하고 언제나 막나가는 친구들 그리고 공장 기숙사 또래들과 어울려 놀며, 밤새 술이 이 더 좋고 화투가 더 좋았다. 제어할 수 없는 회리 광풍에 날뛰면서 심지어 회사 고철까지 훔쳐 구치소까지 갔었던 '잡초인생'이었다. 지금도 학교에서 퇴학을 막아주신 신실하신 그리스도 은사 우일기 선생님께 감사를 잊지 않는다.

고등학교 졸업 다음 날, '내 있는 힘으로 잘살아 보겠노라'고 또한 '폼 나게 서울 상위권 대학을 들어가겠다'고 주제파악도 못하고 덤벼들었다. 무작정 학원에 가서 무료 수강을 위해 칠판으로 지우면서 굶는 독서실 생활에 머리를 연필로 찍으면서 악을 쓰며 살았다. 그러나 얻는 것은 큰 병이요, 낙심뿐이었다. 숨 막히는 공간에서 벗어나려 어쩌다 술 한잔하면 교회가 생가ㅏ 혼자 슬그머니 앉았다 오기도 했었다.

이런 저런 주님께서는 나를 학교와 친척, 친구, 한계를 통해서 끊임없이 부르셨다. 그러나 나는 너무도 많은 주님의 사랑을 외면했었다.[10] 뒤에 많

---
[10] 너희 허물이 이러한 일을 물리쳤고 너희 죄가 너희에게 오는 좋은 것을 막았느니라. 렘5:25

은 회개를 하였다.

　내 힘으로 벼랑 끝에 선 작은 자로 초라한 나는 어느 날, 막걸리를 혼자서 취하도록 마셨다.

　그리고 건너편 높은 산 바위에 올라갔다. 그 바위에서 순간 가벼운 새가 되어 바람을 타고 날고 싶었다. 세상 경쟁에서의 실패, 그 실패의 추락으로 인한 날개가 꺾인 인생이 서러웠다.

　한 때 잠시, 대학교 친구들 앞에 기죽지 않으려고 세웠던 내 자존심 대화도, 입시 공부한다고 잃은 건강, 한참 늦은 나이로 초라하게 방위 병 입소를 해야 하는 자신이 너무도 한심해 보였다. 그리고 알코올 중독과 지병에 고통하는 아버지와 탄식하는 어머니, 각각의 삶에 허덕이는 형제들이 불쌍했다.

　자살! 잠시 눈을 감았다. 그리고 주변을 천천히 둘러보았다. 그런데 진달래가 눈에 들어왔다. 바람에 하늘거렸다. 어린 시절 산에서 친구들과 꽃술 싸움하며 먹던 추억에 잠겼다. 하나를 따서 코끝에 대니 살짝 향기가 몸에 스며들었다. 너무 서글펐다. 한참을 울었던가.... 시원한 바람! 그리고 자살의 생각이 슬며시 수그러들었다.

　그리고는 며칠 뒤, 이상만 품고 술과 지병으로 고생하시던 아버지께서는 결국 눈물 흘리시면서 세상을 작별하셨다. 장례식 사흘 뒤 나는 그렇게 방위병으로 입소하였다. 그리고 너무도 뜻 밖에 성령님이 직접 새 사람, 새 생명의 바람이 되셔서 내 몸에 찾아오신 것이었다.[11]

---

11) 여호와 하나님이 흙으로 사람을 지으시고 생기(生氣)를 그 코에 불어 넣으시니 사람이 생령이 된지라. 창2:7

내 안에 찾아오신 성령님은 먼저 새로운 친구에게 밀어 주셨다.

함께 훈련을 받으면서 동고동락해야 할 훈련소 동료들이 있다. 먼저 사랑의 친구가 되신 주님은 입대 동기들에게 마을 열고 다가가게 하셨다. 그 중에 같은 연배의 동기생이 두 명이나 있었다. 그들은 모두 상위권 대학 졸업을 앞두고 입소했다. 그런데 한 친구는 독실한 불교집안 친구이고, 또 한 친구는 기독교 친구였다. 그런데 나는 이상하리만큼 기독교 친구에게 마음이 더 끌렸다. 사실은 불교 집안 친구가 더 나를 가까이 따랐었다. 그러나 내 마음은 기독교 친구 형복이에게 더 끌렸다. 아니 내 마음의 주님이 밀어 주셨던 것이었다.

형복 친구는 소대장이 노래를 시키면 주저 없이 복음송을 불렀다. 소대장이 시킨 취침 대표기도도 잘 하고, 성경을 줄줄 외우고..... 소대장은 아예 '노목사'라고 별칭을 붙여주니 친구들도 그리 불렀다. 주일, 수요일에는 그 친구 인솔로 훈련소 내 같이 교회를 갔다. 예배 때에는 특송을 부르는 다른 훈련병 동료가 부러웠다.

그렇게 훈련 몇 주를 보내고 세례 지원자를 말할 때 주저 없이 받고 싶은 마음이 생겼다. 성령님이 밀어 주셨다. 그러나 나의 의지는 짧은 몇 주 만에 받는 세례 기회여서 망설이기도 하였다. 그럼에도 마음은 세례로 밀려갔다. 진심으로 주님이 좋아졌다.

나는 훗날에야 신앙생활하면서 훈련소에서 부터 내 마음에 하나님의 영이 바람처럼, 이슬처럼 슬며시 임하셔서 세례로 미셨다는 것을 이해할 수 있었다.[12]

불교 친구는 계속 나를 계속 따랐다. 궂은일은 내가 먼저 나서줬다. 그

---

12) 롬14:17 하나님 나라는 먹고 마시는 것이 아니라 성령 안에서 의와 희락과 평강이라

랬더니 나중에 그 친구의 어머니가 고맙다며 친히 내게 식사까지 초대해 주었다. 그리고 훗날 좋은 회사에 취직한 그 친구는 나에게 극진한 대접을 해줬다. 그러나 아쉽게도 점점 내가 신앙생활에 깊이 들어가면서 점점 자연적으로 멀어졌다. 나의 주님과 교회 신앙 이야기를 그 친구는 소화하지 못했던 것이다.

그렇게 친구관계는 주님 안에서 새로워져 갔다. 그간의 오랜 친구들도 새롭게 주님 안에서 자연 멀어지거나 더 가까워졌다.

주님이 밀어주신 형복 친구는 가장 먼저 주 안에서 맺어진 친구였다. 주님은 형복 친구와 훈련소에서 연대 대기병 때에도 대대 대기병까지 계속 함께 하도록 하였다. 주님은 나를 불쌍히 여기사 좋은 친구를 허락하시고 응답하셨던 것이었다.

주님은 직접 주시는 사랑이 있었고, 사람을 통해 주시는 사랑이 있으셨다.

훈련소에서 나와 나는 대학에 합격했다. 그러나 등록금이 전혀 준비되지 못했다. 우연히 친구와 대화 중에 사정을 말했다. 친구는 말없이 자신 통장을 내어 주었다. 아! 충격이었다. 이것이 주님 사랑인가…. 초라한 중학교 생활과 외톨이 졸업식장에 먼저 믿으셨던 작은 어머니가 오셨다. 그리고 뜻밖에 정성스런 앨범 사랑을 내밀어 주셨다. 바람처럼 보이지 않으나 느껴지는 주님 사랑이었다.

결국은 형복 친구의 통장을 쓰지 못했고 그 사랑만은 평생 간직하고 살았다. 친구는 지금까지도 늘 가까이 있다. 항상 나의 목회와 작은 자 사역을 응원했다. 그는 언제나 주님 말씀을 사랑했다. 평신도로 은행 일을 하면서 주님 사역을 감당했다. 이런 그의 모습을 보면서 언제나 목회자로 근신하지 않을 수 없었다. 아내도 간혹 '꼭, 목사님 같다'고 그랬다. 그리고 그 친구는 언제나 내게 하나님 나라 사역에 든든한 후원자가 되었다. 지금 돌아보면 늘 받기만 했으니, 누구보다 주님 안에서 많이 빚을 진 고맙고 미안한 친구였다.

책을 통하여 평생 붙잡기로 다짐한 바람의 성령님! 주님!

주님은 내게 먼저 오셨다. 사랑을 주셨다. 이제는 내가 그에 반응해야 했다. 나의 고백할 순서였다. 나는 광산 일하는 중에 홍란이라는 순정 사랑, 그리고 고등학교 때에도 순정이 있었고 친구의 우정도 있었다. 모두 짧은 순정이었다.

그러나 주님은 달라야 했다. 주님과는 평생 사랑으로 함께해야 할 고백이 필요하다 여겼다. 주님이 먼저 다가 오셨고, 이제는 나의 진정한 고백이 남았었다.

훈련소에서 나와 안양에서 수원으로 출퇴근하였다. 차 안에 머무는 시간이 길었다. 하루는 창문을 열고 바람을 씌며 밖을 내다보았다. 그리고 도로를 걷는데 한 중고책방이 눈에 들어왔다. 거기서 눈에 확 띄는 루터, 데카르트, 파스칼 등 근세 철학자들의 전기집을 아주 싼 가격에 파는 것이 눈에 들어왔다. 다음 날 집에 있던 돈을 모두 털어서 책을 샀다. 이들은 모두 그리스도인이거나 기독교와 연관이 있었다. 신앙의 바탕 위에 철학을 세운 것이었다.

아버지는 본래 도교 선생이셨다. 이상주의셨다. 술을 드시면 늘 우리를 부르셨다. 그러면 무릎을 꿇고 한동안 강의를 들어야 했다. 당시 어린 나이에 너무 지겹고 힘들었다. 그러나 그것이 훗날 나를 사유하는 사고로 그리고 인문 서적들을 좋아하도록 기본을 만들어 주셨던 것에 새삼 감사했다.

마치 스펀지가 물을 흡수하듯 그리스도인 근세 철학자들의 전기집을 읽었다. 그리고 크게 감명을 받았다. 그리고 내가 훈련소에서 받은 세례에 다시 한 번 감사했다. 해탈의 석가보다 예의의 공자보다 사랑의 예수님을 선택하여 따르기로 앞으로 후회가 없을 것이란 확신에 더욱 굳건히 섰다. 예수님의 사랑! 예수님의 영생! 예수님의 길! 이것이 나의 중심이다!

평생 도교 선생의 후계자로 아버지의 철학과 술로 인한 지병의 방황을 지켜본 나였다. 아버지께서 간혹 '너희는 나보다 더 잘 살아야'하시던 그 말씀을 이해 못했었다. 그러나 이제는 확신을 얻을 수는 있었다. 그것은 예수님께서 나를 아버지처럼 방황하지는 않게 하시리란 확신에 무엇보다 감사했다. '주님을 진심으로 믿고 평생 사랑하겠습니다' 고백했다.

바람 같으신 성령님께서는 이렇게 차에서 내리게도 하시고, 책도 만나게 하신다는 생각이 자연스럽게 들어왔다. 그리고 감사했다.[13]

그 당시 라디오에서는 들국화의 "행진"이라는 노래가 계속 흘러 나왔다. 마치 내 인생의 진정한 새 출발을 축복하듯한 노래라 듣기가 참으로 좋았었다.

하늘보다 크신 십자가 은혜

훈련소에서의 세례는 나 같은 자들에게 큰 축복이었다. 십 수 년 동안 주님을 거부하다가 주님 사랑에 무릎을 꿇었다. 그리고 퇴소 후 출퇴근하는 집 가까운 교회로 자연스럽게 밀렸다. 성령님의 바람 따라 이끌렸다.

---

13) 도적이 오는 것은 도적질하고 죽이고 멸망시키려는 것뿐이요 내가 온 것은 양으로 생명을 얻게 하고 더 풍성히 얻게 하려는 것이라. 요10:10

그 전에 따로 복음을 누구에게서 정식으로 들은 적도 없다. 그런데도 십자가가 눈에 들어왔다. 그리고 큰 사랑으로 다가왔다. 내 마음에 일렁이는 지난날의 죄송함과 감사함이 평온함 가운데 교차했다. 나무 십자가에서 무슨 능력이 나오는 것은 아니었다. 보는 내 마음에 뭉클한 감정이 울렁이고 있었다.

집에서 혼자 있으면 지난 날 고집스러운 내 자신이 주님께 죄송했다. 자꾸 눈물이 났다. 그리고 죄가 떠올랐다. 교회에서 찬양할 때에도 떠올랐다.

교인들의 찬양이 가슴을 더 울렸다. '♬~샘물과 같은 보혈은 임마누엘 피로다~~♪' 찬양을 들으면서도 '주님께 죄송합니다, 잘못했습니다....' 속으로 시인했다. 십자가 보혈의 주님께로 회개의 문이 열리기 시작했다.

집으로 돌아와 혼자서 누워있으면 주님 십자가가 떠올랐다.

그리고 어려서 할머니에게 못되게 군 것, 술 중독이라 아버지를 멸시하고 술과 담배 악습으로 찌들었던 청소년기 광풍 같은 방황, 광산 생활과 객지 생활 속에 동료, 친구, 상사.....모든 악행들과 자살을 생각했던 일들까지 한 달 아니 일 년을 넘게 계속 드문드문 영화 필름처럼 떠올라 회개되었다. 더불어 역설적으로 그 때마다 밀려오는 자유함의 날개를 불신자들에게 뭐라 형용할 수 있을까?[14]

가슴에 눌렸던 지난날의 더러움들이 물로 바람으로 씻어 가듯 시원하며, 달리[15] 그 바람의 불로 온갖 쓰레기들을 태우듯이 뜨거웠다.[16]

그러자 놀라운 기쁨이 왔다. 마음에는 날개를 단 듯 가벼웠다.

---

[14] 그러므로 너희가 회개하고 돌이켜 너희 죄 없이 함을 받으라 이같이 하면 유쾌하게 되는 날이 주 앞으로부터 이를 것이요. 행3:19.
[15] 회오리 바람이 지나가면 악인이 없어져도 의인은 영원한 기초 같으니라. 잠10:25.
[16] 나 여호와는 소멸하는 불이시니라. 신4:24.

세상이 온통 새로워 보였다. 바람에 일렁이는 나무 잎들이 나에게 손을 흔들었다.

굴속에 갇혀 죽음 앞에 다시 살아 나온 광부의 만세처럼, 추운 겨울에 죽어있던 나무나 들판에 새싹들처럼 부활이 내 마음에 임했던 것이었다.[17]

한 번으로 끝난 것이 아니었다. 그 뒤로도 자주 집에서도 혼자 있는 시간만 되면 눈물이 쏟아졌다.

어느 날은 예배가 없는 날인데, 기도가 하고 싶었다. 그래서 교회를 찾아 갔으나, 교회 문이 잠겨 있었다. 기도는 하고 싶었는데....[18] 그래서 안양천 변으로 나가 걷기 시작했다. 걷는 중에 주님 사랑! 또 다시 눈물이 글썽이기 시작하였다. 사람들이 볼까봐 달리면서 기도했다. 가슴 속에 솟아오르는 뭔가 따뜻한 감정들이 울음 속에 섞여서 나를 감쌌다. 그리고 나의 약한 목을 만져주시는 듯한 부드러운 손길이 느껴졌다. 그리고는 목이 가벼워졌다. 순간 알았다. '아! 주님이 내 병을 고쳐주시는구나!' 몸도 더욱 가벼워졌다. 사53장이 내게 이루어진 것이었다.(사53;1-6) 더 이상 부대 생활하는 데에 아무런 어려움 없을 것 같았다. 아니 더욱 신나게 복무를 할 수 있었다.

나의 불의하고 추악한 지난날의 죄를 씻어주시는 주님 십자가 은혜는 병도 치유해 주셨다. 회개와 더불어 몸도 마음도 하나님 나라의 의가 내게 더욱 충만히 임했던 것이다.[19]

달리 어느 때에는 같은 죄가 반복 회개도 되었다. 이럴 때는 이것이 맞

---

17) 너희 허물과 죄로 죽었던 너희를 살리셨도다. 엡2:1.
18) 훗날 목회자로 목회하면서 교회 성전을 24시간 열린 문으로 개방한 이유 중 하나가 되었다.
19) 하나님의 나라는 먹는 것과 마시는 것이 아니요 오직 성령 안에서 의와 평강과 희락이라. 롬14:17.

는 것인가? 의아하게 생각할 때도 있었다.[20]

　꿈속에서는 가끔 뱀이 나타나 예수님으로 쫓기도 하였으나 물으려하자 깜짝 놀라 깨기도 했다. 영적인 궁금증도 생기기 시작하였다.

　성령님은 주님을 향한 작은 사랑의 고백과 함께 해야 할 일을 시작하셨다. 탄약대대 야간 경계 근무를 서는 어느 날 있었다. 밝은 달빛에 비추는 나의 손이 보였다. 먼 하늘 저 달 빛 너머 주님이 어찌나 감사하게 다가오던지...주님을 향해 속으로 고백했다.
　"건강한 두 손을 주셔서 감사합니다. 그러자 발쪽으로 그 빛이 이동했다. 그리고 눈으로, 말할 수 있는 입으로...... 주님! 이 손과 발을 써 주소서!" 난생 처음 누군가를 위하고 싶다는 자각과 함께 주님께 드리는 첫 봉사 기도였다.
　그와 더불어 다시 중학교 미션스쿨에서 본 손양원 목사님에 대한 감명이 떠올랐다.
　주님을 닮고 싶었다. 주님 닮은 믿음의 선진들이 닮고 싶어졌다.
　더불어 주님 십자가 은혜는 곧바로 내게 전도하고 싶은 마음으로 생겨났다. 가족을 전도하고 싶었다. 그리고 친구들을 전도하고 싶었다. 먼저 주시는 주님의 그 사랑으로 옛 친구들을 불렀다. 친구들은 내게 '너에게 무슨 바람이 불었냐?' 친구들이 물었다. 나는 답했다. 교회에 가 인제 행복을 알았다고. 그리고 자연스럽게 동행하는 친구를 교회로 인도했다.
　이후로 교회를 데려오고 싶은 마음은 점점 요동치기 시작했었다. 감사하게도 이 십자가의 은혜는 훗날 십자가를 지는 은혜와 함께 현재까지 나의 신앙 중심으로 살아 왔다. 감히 앞으로도 변함없으리라는 고백을 다시

---
20) 원죄의 회개와 자유는 아니어도 고범죄, 잡음죄, 허물....등은 우리가 평생해야 할 죄들이었다.

한 번 해 본다.

　십자가 주님은, 번제의 헌신 불로 다 태워 드리심 위해 오셨고 십자가 주님은, 소제로 인간 바닥의 일상 자리에서 섬김으로 태워 드려지셨고, 십자가 주님은, 화목제로 하나님과 화목의 교제 자리에 들도록 드려지셨고. 십자가 주님은, 속죄제물로 대신 찢기시고 터지신 피로 근본 죄의 용서를 받도록 드리심 위해 오셨고. 십자가 주님은, 속건제물로 일상에서 어긋난 관계 회복의 삶이 되도록 대신 대가를 지불하러 오셨고…

　오늘, 지금 이 순간에도 조국 교회로 운행하시는 성령님! 십자가 주님의 고백이 그 어느 한 순간도 끊어지지 않도록 그 누군가에게 임재하심 이루어 주옵소서. 아멘!!

일순간에 빛으로 세워 주시고

　성령님은 어두웠던 내 마음에 바람 같이 오셨다. 그리고 주님의 십자가 은혜를 허락하셨다. 더불어 주님의 기이한 빛으로 인도하셔서 빛을 드러내기 시작하셨다. 온 우주의 왕이신 하나님 자녀의 권세가 무엇인지 어렴풋이 알기 시작했다.[21]

　하나님 자녀로 빛으로 기도가 열리고 찬양이 열렸다. 말씀이 들어오고 지혜가 열렸다. 모든 세상이 사랑스러워졌다. 샘솟는 긍정의 눈과 입술이 시작되었다. 나의 입에서 욕이 사라지고 짧은 판단과 실언들이 사라지기 시작했다

---

21) 영접하는 자 곧 그 이름을 믿는 자들에게는 하나님의 자녀가 되는 권세를 주셨으니. 요1:12.

그리고 무슨 일이든 주어진 일이 좋았다. 재미나고 신기했다. '임마누엘' 하나님이 함께하신다는 자연스런 믿음이 생겼다. 오히려 힘든 일일수록 먼저 나서고 싶은 마음도 생겼다. 아니 남들이 싫어하는 일을 내가 하고 싶어졌다. 빛이 되기 시작했다.

훈련소에서 수원비행장 내 육군부대에서 복무하기 시작했다.

한 번은 각 중대들이 모인 자리에서 이념교육에 5분 발표 시간이 있었다. 모두 주저하고 있었다. 더 망설이면 모두 힘든 상황이 올 것 같아 손을 들었다. 성령님이 마음에서 그렇게 이끄셨다. 언뜻 지난 친구들과 자취하면서 어설픈 자존심 내세우며 나눴던 토론이 약간의 빛으로 도움 될 듯싶었다. 그러나 앞에 서서 발표한다는 것은 힘든 일이 었다. 본래 나는 말 주변이 없었다. 더욱이 소심하였고, 사람 앞에 서서 사상을 말하는 것은 처음이었다. 그러나 이미 내 안에 남들이 힘들어하는 것을 하겠다는 하나님 은혜가 있었다. 더욱이 공산 사상은 기독교를 적대시하였다. 그러니 자유민주주의를 자랑함은 주님을 기쁘시게 하는 일이었다. 오직 주님만 믿고 나름 열심히 떠들었다. 그러자 함께 한 중대원들에게 큰 박수를 받았다. 그리고 일시에 빛이 되어 극상품의 포도처럼 주목을 받았다.[22] 평소 이런 저런 궂은 일을 잘 하는 모습으로 비춰진데다 어려운 발표까지 나서서 빛으로 인정받았다. 그러자 빈자리 대대장실 당번병에 적극 추천하였다.

대대장실에서는 내게 많은 시간이 주어졌다. 데모 진압 충정 훈련부터 예비 전투부대라 매일 훈련이 있었다. 다만 다른 단기 사병들도(방위병) 동일했다. 나는 대부분 내부반에서 현역들과 같이 생활했다. 그러니 아무도 나를 간섭하지는 않았다. 내부반과 대대장실만 왔다 갔다 할 뿐이었다. 일단 대대장실 문에 들어서면 누구의 간섭도 없었다. 대대장님과 칸막이

---

22) 땅을 파서 돌을 제하고 극상품 포도나무를 심었도다. 사5:2

로 가려진 커튼 안에서 대기하다가 부르면 커피와 차를 대접하였다. 그리고 하루 두세 번 전화 받는 일이 대부분이었다. 틈틈이 입시공부를 다시 시작할 수 있었다. 하나님 은혜가 있으니 머리가 맑아졌고, 암송이 잘 되기 시작했다. 참 신기했다. 이전과 달리 원하는 대학에 대한 자신감이 올라왔다.

한번은 깜빡 졸다가 대대장님이 여러 번 부르는 소리를 듣지 못했다. 조용히 오시더니 책을 살피셨다. 그리고 웃음으로 등을 두드리면서 넘어가 주셨다. 이후 더욱 편하게 공부할 수 있었다. 그리고 대대장께서는 당신의 연설문 초안을 내게 맡기셨다. 나중에 다른 부대로 전근 가실 때에 나에게 포상까지 허락하셨다.

언제나 부대 장교들도 고참들도 내게는 친절한 목소리로 그리고 낮아진 태도로 대해 주셨다. 이 얼마나 오묘한 일이었던가....?

내 평생에 학교 반장 한 번 못했는데 이렇게 인정받고 높아질 수 있어 뿌듯했다. 그렇게 나는 하나님 은혜의 빛으로 높여졌다.

대대장실에 있던 예비부대가 해체되어 나는 집 가까운 부대로 전근되었다. 그곳은 탄약 대대로 경비병으로 출퇴근하였다. 어디서든 마음의 오묘하고 기쁜 성령의 기운은 계속되었다. 마음 속 지혜의 빛은 점점 더해졌다. 경계 근무가 주 업무라 야간에는 많이 졸렸다. 주님은 성경이나 영어 단어장을 들고 올라가라는 지혜를 주셨다. 그리고 달빛에 연신 확인하면서 암송했다. 그리고 때로는 기도하였다.

함께 한 근무병이 졸면 나에게는 오히려 더 좋은 시간이었다. 눈치 없이 주님과 자유 할 수 있는 시간이 되었다. 늘 깨어 모범적으로 근무하는 나를 누가 이해할 수 있었을까.... 시간이 참 빠르게 지나가고 부족할 정도였다.

성령님은 조금씩 봄이 지나 여름, 가을....

이런 저런 나를 빛으로 극상품의 포도로 익어가게 하셨다.(사5:2)

지난 책으로 받았던 감명을 생각하면서 귀가 길에 다시 집 근처 시내 중고 서점에 들렀다. 거기서 한쪽은 영어와 한쪽은 번역한 조그마한 잡지 하나를 발견했다. 자세히 보자니 '가이드포스트'라는 책자였다. 그리고 노만 빈센트 필 박사의 영어 성경본문과 신앙 간증을 소개하고 있었다. 처음에는 이왕이면 신앙생활과 입시 공부에 도움이 될 것이라 여겨서 보기 시작했다.

그러다가 영어 공부와 함께 성경 말씀을 삶에 적용한다는 것에 큰 의미를 느끼기 시작하였다. 매 달 사서 보기 시작하였다. 그리고 "언젠가 나도 하나님을 간증할 수 있는 사람이 될 수 있겠구나" 하는 기대감이 들었다. 그리고 성경이 내 삶에 조금씩 적용되는 것이 즐겁기 시작하였다. 전과 달리 설교하시는 목사님께서 오늘은 내게 무슨 감동을 주시는지 기대도 되었다. 설교가 조금씩 들어오기 시작했다.

그러면서 점차 예배 가운데 찬양 중에, 기도 중에, 혹은 봉사와 전도와 생활 속에서 '말씀의 성령님께서 내게 감동하시는 것이 이것이구나!'를 확실히 알기 시작했다.[23] 그러면서 매사 주의 성령님께 기울이는 습관이 몸에 익숙하도록 이루어졌다.

그리고 예배의 참석하는 시간도 늘고, 제대하는 그 해에 그렇게 바랬던 서울권 대학에 합격할 수 있었다. 하나님은 계속해서 마치 어린아이 같이 새로 거듭닌 나를 간섭하시고 환한 빛으로 높여 주셨다.[24] 가까이 있던 친구도 교회 청년들도 식구들도 기뻐했다.

---

[23] 진리의 성령이 오시면 그가 너희를 모든 진리 가운데로 인도하시리니 그가 자의로 말하지 않고 오직 듣는 것을 말하시며 장래 일을 너희에게 알리시리라. 요16:13.
[24] 일어나라 빛을 발하라 이는 네 빛이 이르렀고 여호와의 영광이 네 위에 임하였음이니라. 사60:1.

하나님의 높이심은 자연스럽게 교회 안에서도 시작하셨다.

교회 출석 서너 달 뒤에 갑작스럽게 성가대 요청을 받았다. 너무 이른 봉사 요청에 당황스러우면서도 한편으로 기쁜 마음이 있었다.

그러나 앞서 훈련소 교회에서 몹시 흠모했던 찬양인지라 그 생각하면 당연히 서고는 싶었으나 워낙 음치에 음악에 대해서도 아는 것이 없어 거부했었다.

야간 고등학교 시절이었다. 학예회에 선생님이 노래를 시켰다. 얼마나 떨리던지 내 순서가 되기 전에 몰래 학교를 빠져나왔다. 그리고 포장마차에 가서 막걸리 한잔을 사서 마셨다. 그리고 그 음치 박치로 '밤배'를 불렀다.

그러네도 주로 청년부 형제자매인 그들은 세례는 받았으니 '괜찮다'면서 허물 덮는 반복 요청으로 결국 수락했다.

다행히 찬양대원들의 목소리에 묻어가니 할만했다. 그리고 청년들의 순수한 농담이 어찌나 재미있고 친밀하던지 찬양대원을 무리 없이 계속할 수 있었다.

그러자 점점 구속의 복음송이 나에게 큰 은혜로 다가오기 시작했다.[25]

그럼에도 불구하고 한번은 토요저녁 청년부 모임에서 특송을 시켰다. 어찌나 떨리던지 부대 5분 발표보다 더하였다. 지난 문학의 밤 학교에서처럼 망설이다가 순간적으로 몰래 빠져나와 막걸리 한잔을 하고 특송을 하였다. "주여! 아직도 지난 작은 자의 못된 악습을 완전히 태우지 못했습니다." 다시 회개 기도를 많이도 했다.

그리고 매 예배 순간 주님을 더 가까이 할 수 있었다.

찬양대와 함께 그 다음 해에는 교우들의 강권으로 교사 봉사까지 하게

---

25) 그가 찔림은/ 예수님 십자가에/ 내가 그리스도와/ 캄캄한 인생길....

되었다. 사실 너무 짧은 기간에 교사가 된 것이었다. 은혜는 있어도 성경에 대해 그리 아는 바가 없었다. 지식은 매우 부족했었다. 그럼에도 아이들 앞에서 가르치는 봉사가 기뻤다. 그리고 더욱 힘써 성경을 배우고 가까이 하려고 했었다.

설교 시간에 오늘은 또 어떤 말씀을 깨닫게 될까? 오늘 부대 경계근무에서는 어떤 말씀을 암송할까? 사실 나의 부족을 채우는 기쁨이 더 컸었다. 다른 선생님들의 다양한 찬양과 율동을 보고 배우는 것 역시 그랬다.

다만 내게 주신 하나님의 확실한 십자가 사랑의 은혜, 치유의 은혜, 기도의 은혜로 아이들을 대해 주었다. 아이들은 한 해를 더 보내고 나의 결혼으로 먼 서울로 이사하자 한 동안 그 사랑이 그리운 것인지 찾아오곤 하였었다.

나의 첫 전도는 거듭난 후, 부대에서부터 시작 되었다.

훈련소에서 대대로 배치되어 하나님의 뜨거운 은혜는 계속되었다. 버스를 타고 가면서 혼자 눈물이 쏟아질 때도 있었다.

"하나님께서 나같이 작은 인생에 이처럼 불러 주시다니...." 감사하면서 "왜? 무엇 때문이실까?...." 스스로 반문하는 가슴이 뜨거웠었다.

바람 같이 오셨던 성령님께서 조금씩 불같은 성령님으로 내 맘을 달구셨다.

내가 대대장실 당번병으로 들어가자 고참들 보는 눈이 확연히 달라졌다. 함부로 대하진 못할 뿐 아니라 일부러 잘 대해주거나 따르는 고참까지 생겼다. 심지어 어쩌다 가는 집에까지 따라오는 고참도 있었다. 나한테 개인적으로는 형이라 부르고 싶다고 그랬다. 오호! 주님! 그래서 어느 날 슬쩍 "같이 교회가면 좋겠네요"하니 기꺼이 "그러겠다"고 하였다. 그래서

"그럼, 주일에 교회로 나오세요"라고 하자 실제로 교회에 출석했다.

뜨거워지는 주님 사랑이 좋아서 전했다. 내가 이렇게 하면 주님이 좋을 것도 같았다. 때로는 영혼이 진짜로 불쌍했다. 주님 없이 살았던 지난날의 나처럼......

그래서 조심스럽게 말했는데 응했던 것이었다.

당시 나는 안양에서 수원 비행장으로 출퇴근했었다. 그럼에도 성령님의 불같은 은혜는 수원에 사는 고참을 안양 교회로 전도했던 것이다.

나중에 다른 고참들이 이 사실을 알고 내게 정중하게 절제 부탁까지 하였다. 한마디로 고참이 후임자를 따라 교회 다닌다는 것이 쪽팔린다는 것이었다. 계속해서 교우 가정의 식구나 이웃들을 전도하고 싶었다. 전도 대상자가 있으면 기뻤다.

그 때 즈음해서 성경을 보는 중에 행 1:8절이 눈에 들어왔다. 그리고 기도 중에 해석 되었다. 성령이 임하시면 증인이 된다 하시네! 맞아, 그렇구나!

찬양 "불이야~ 성령에 불, 주님이 주신 성령에 불! .... 나에게도 허락 하셨네~~"

그 이후로 현재까지 전도의 삶은 계속 되었다.

하나님은 항상 작은 자로 소심했던 나를 점점 전도의 열정과 함께 빛의 리더로 세워가셨다.

산골 깊은 곳에 살았던 나는 베이비붐 세대의 끝에 태어났다. 어머니께서 6살 차이 막내 동생이 실수로 태어나셨다 말씀하시기 전 4형제 중 나는 막내였다. 그리고 어떤 이유로 세 살이 되도록 호적을 올리지 않았다.

게다가 나는 어머니에게 졸라서 학교를 일찍 들어 간데다 동네에서 유일하게 통통 예수쟁이학교에 들어간 작은 자였다. 중학교에 올라가면서 호적조사로 손을 들라하면 나는 항상 맨 마지막 꼴찌였다. 친구들은 한참 동생뻘의 나이인 나를 보며 웃었다. 창피스러워 했고, 그렇게 나는 항상 작은 자였다.

게다가 집에서는 어머니의 가난으로 인한 탄식과 울음 그리고 아버지는 도교의 이상 속에 늘 방황하듯 하셨고, 늘 무엇엔가 눌려 있으신 듯 과도한 술과 담배에 의지해 사시는 것을 보며 자랐다. 게다가 대가족을 거느린 두 부모님은 늘 현실과 이상 차이로 자주 다투셨다.

이런저런 중학 생활까지 자주 가정에서 벗어나고 싶었던 나의 어깨를 누르는 큰 힘들이 있었다. 집에서 부르던 이름이 '승달'이었다. 때로는 작은 '초승달'처럼 위축되고 소심한 나를 놀리기도 하였다.

그런 내가 감히 누구를 리더할 수 있었을까?

막내인 작은 자가 식구를 전도하고자 하였고, 친구, 고참을 전도하기 시작하였다.

오직 주님께서 이 모든 것을 변화 시키고 세워 주셨다.

초승달로 영원히 멈출 것 같았던 내 인생이었다. 그러나 주님 은혜가 임하자 밤을 비추는 밝고 뜨거운 둥근달로 변화 된 것이었다.

너는 달빛!

어려서는 초승달
보잘 것 없는 밤의 빛
존재조차 희미했던 너
하늘 뜻 시련의 세월
그 순리 따라
변하고 변하여
반달이 되었고

어둔 밤
너의 존재 뚜렷하니
너는 밝히
둥근 달이 되었구나!
달아달아 둥근 달아
휘영청 밝은 달아
옛 마당 추억 가득
아이들의 웃음 소리

지금은 어디련가
빌딩이 너의 친구련가

아득한 지난 세월
추억의 동무들이 그리워
오늘 문득 너를 반겨
고개를 들어보나
먹구름 시기 가득
기다려
시간을 한한다.

낮의 빛마져
너를 덮어
잊혀 지는 시간 속

그래도 너는 빛
네 사명 다하는
변함없는 어둔 밤의 빛이로다.

고참 전도와 함께 전도 열정은 계속 되었다. 맡겨진 어린이 교사로 전도, 친구들과 이웃들, 그리고 가족들도 전도하기 시작했다.

아버지는 일찍 작고하셨다. 어머니는 마음을 잡지 못하고 방황하셨다.

맨 먼저 동생 그리고 어머니 전도에 힘을 쏟았다. 작은 설거지, 빨래, 청소.... 가능한 내가 하려고 애썼다. 당시 불신자였던 큰 형수님은 무척 고마워했다.

하루는 어머니가 무릎이 아프시다고 하셨다. 당시 나는 탄약대대 경계병이었으니 들은 소리가 있었다. 일 년 두 차례 철책선 제초작업을 하면서 벌집제거도 하였다. 왕 벌집을 제거하다가 매 번 기절하는 사고가 났다. 그런데 그 벌집과 애벌레가 무릎 관절에 좋다고 하였다. 그래서 나는 기꺼이 제거 작업에 자원했다. 불을 피우고 작업하는데 왕벌들이 벚꽃 날리듯이 윙윙 거렸다. 그럼에도 어머니를 생각하고 참았다. 그리고 왕 벌집을 챙겨서 집으로 갖고 왔다. 어머니에게 끓여 드리니 여러 번 좋아지셨다고 하셨다. 이렇게 한 걸음 한 걸음 대대로 도교와 미신의 종갓집 어머니를 전도할 수 있었다.

결혼 후, 출석하기 시작한 서울 남산교회에서는 어린이 전도왕 상을 받기도 하였다.

나는 어린이들이 좋았다. 나의 삶이 작은 삶이라 그런지 아이들과 쉽게 친해졌다. 때문에 전도할 때나 교사로 나의 가장 큰 장점은 쉽게 스스럼 없이 눈높이가 된다는 것이었다. 아마도 지난 호적이 줄어 나를 낮추고 더 어린 친구들과 어울려야 했던 나의 약점을 성령님은 영광으로 사용해 주셨다.

사실 주님은 이 땅에서 죄인들 창기들 천형의 병자들과 친하셨다. 그렇게 낮아 지셨다. 그 은혜가 나에게는 쉽게 받아 들여 졌었다.

나는 아이들이나 장애인이나 어르신들과 쉽게 친해졌다. 사람들은 보편적으로 꺼려하는 작은 자들이 내게는 좋았다.

아이들을 위한 율동에도 늘 신이 났었다. 많은 남자 교사들 중에서도 스스럼없이 율동하는 내가 좀 신기해 보였다 할 정도로 주님처럼 되는 것이라 좋았다.

바울도 그랬다. 고전 9장에 보면 바울은 '복음 전파를 위하여 율법 있는 자처럼, 율법 없는 자처럼, 약한 자처럼, 머슴처럼....되었다'고 하였다.

주님은 세리와 창기들의 친구라고 손가락질에 오해를 받지 않았던가?

나에게도 그렇게 낮아지는 봉사와 전도에 작은 빛으로 세워져 갔다.

봉사와 전도 그리고 선교에 대한 구체적 관심은 결혼 후, 반포동에서 시작되었다. 반포동은 서울에서도 가장 큰 기독 서점들이 모여 있는 곳이라 자주 들렀다. 거기에서 다양한 신앙생활의 정보를 얻을 수 있었다. 교사 봉사를 위한 어린이 전도협회와 더불어 처음 선교단체 리플렛을 접하였다. 조금씩 사도행전의 선교 역사에 관심이 가기 시작했다.

무릎으로 성경을 필사하는 어느 날이었다. 행1:8절을 쓰면서 한 동안 그 상태로 멈춰 있었다. 묵상하면서 그 말씀이 스스로 해석이 되었다. 인생의 목적이 환해지는 것 같았다. 기도하자 성령님의 가르쳐 주심은 더 분명해졌다. 예루살렘은 나와 교회, 그리고 유다는 내 동네와 지인들, 사마리아는 모든 불신자들 그리고 땅 끝까지는 해외 선교....아! 전도뿐만 아니라 선교도 해야 되는 구나! 이 사실을 알면서 가슴은 주님 빛으로 더 뜨거워졌다.

이제는 전도 대상자를 단순히 교회로 인도하는 것만이 아니라 예수님을 만날 수 있기를 기도했다. 그리고 기회 되면 십자가와 은혜를 전했다. 간증했다. 때로는 받아들이지 못하는 것을 보면서 안타까웠다. 혼자서 안타까워 성전에서 기도하며 울기도 했다.

허 언

예수님! 예수님!
찾는 이 많았다네
모르는 이가 없다네

십자가! 십자가!
찾는 이 얼마련가
모르는 이 얼마련가

그대여! 그대여!
예수님 맞이 했는가
십자가 알고 품었는가
보혈으 피로 물들인 통곡이 있었던가
회개 후 부활이 있었던가

그대 가슴에 믿음이 없다면
그대여! 그대여!
예수님 이렇다 허언
예수쟁이 저렇다 허언
교회가 어떠하다 허언
허허 허언! 또 허언!

하나님의 복을 주시고 빛으로 세워 주시되 부대, 교회, 학교, 가정, 심지어 알바 일터에까지 풍성케 하셨다. 당시에, 동생은 가족 중에서 유일하게 정상적인 고등학교에 입학하여 다녔다. 그러나 여러모로 학업의 지속이 걱정되었다. 그래서 가족들에게 '내가 짐을 지기로 자원했다.'

마짐, 단기사병을 복무하면서 하던 출장세차 자영업 알바를 친구에게 맡기며 약간의 용돈을 받았다. 그 돈으로 동생의 학비를 보탰다.

그러자 제대 후에 알바사업은 회원이 많이 늘기 시작하였다. 다른 알바

대학생들을 고용하면서 알바 사장이 되었다. 비록 작지만 주님이 빛으로 세워주셨다. 대학 공부도 하면서 가정 생활비를 감당할 수 있었다.

이후, 동생은 나의 말에 더욱 순한 양처럼 따랐다. 교회도 함께 다녔다. 동생은 고등학교 졸업 후 대학에 진학하면서 세차알바도 함께 하고, 교회 활동에도 적극적이라 항상 고마웠다.

주님은 그렇게 나에게 복을 주시면서 높여 주셨다.

대학교 내 생활에서도 주님은 계속 높여 주셨다.

제대하는 해에 대학에 합격하고 나서 대학 생활이 시작되었다.

대학 수업을 받으면서 난생 처음 리포트 쓰는 과제를 받았다.

과제를 준비하기 전, 기도하고 성경말씀을 보는 중에 마음에 크게 비취는 말씀이 있었다. 그 말씀은 바로 "갈6:8, 자기 육체를 위하여 심는 자는 육체로부터 썩어진 것을 거두고 성령을 위하여 심는 자는 성령으로부터 영생을 거두리라"는 말씀이었다.[26] 인생 목적을 향한 '무엇을 우선할 것인가? 혹은 어떻게 살아야 하는가?'를 깨닫게 하신 말씀이었다.

리포트를 준비하면서 '어쩌면 교수님이 발표를 시킬 수 있을 것'이란 생각이 들었다. 기도했다. '만약 그런 상황이 오면 네가 나서야 한다'는 성령님의 감동이 왔다. 그러나 두려웠다. 바람 같은 성령님이 계시지만 '막상 그 상황이 오면 과연 나갈 수 있을까?' 생각만 해도 가슴이 두근거렸다.

지난 부대에서 주님 바라보면서 선뜻 5분 발표에 자원하여 인정받았던 일들이 떠 올랐다. 그러나 대학 강단은 또 다른 생소함이었다. 그런데 기도만 하면 마음의 담대함이 불같이 솟았다. 주님의 빛으로 쓰임이 기뻐졌다. 본래 소심한 나의 마음에 불! 성령님께서 도우러 오신 것이었다.

그리고 드디어 세계사 리포트 시간이 되었다. 발표 자원에 예상대로 아

---

[26] 이 말씀은 이후 계속 봉사를 자원하거나 목회자로 가는 동안 마음에 빛으로 동행되었다.

무도 손을 들지 않았다. 나는 어제의 기도한 다짐이 있었기에 정신없이 손을 들었다. 그리고 근대의 문을 연 루터의 종교 개혁에 관한 그의 주관적 내면 용기에 대해 발표했다. 말 주변도 없었던 내가 지금 돌아보면 가히 유명한 부흥사가 되었던 것처럼….

발표 후, 교수님도 약간 놀라워 하셨다. 내가 너무 당당하고 우렁차게 외쳤기 때문이었다. 교수님은 불교 독신자셨다. 전에는 예수라 말하다가 그 후로는 예수님이라고 존칭을 쓰실 정도였다. 태도가 달라지셨다.

당시 같은 반이었던 친구의 권유로 학교 홈커밍데이에 20여 년 만에 교수님을 뵈었다. 친구는 나를 목사로 소개했다. 그랬더니 교수님은 '제가 죄인입니다'하고 예전을 기억하듯이 반갑게 맞아 주셨다.

어쨌든 그 발표 후 쉬는 시간이 되었다. 내 주변으로 사람들이 모였다. 그리고 동기생들이 모여서 뭔가를 하자고 제안했다. 그래서 나는 이는 하나님이 주신 기회로 여기고 바로 기독동아리로 결성 되었다. 이후 같이 모이면 기타도 치고, 꿈도 나누고, 고아원도 방문하였다.

난생 처음 모임이란 곳에서 머리요, 빛이 되게 하신 주님이셨다.[27]

지금도 그 때의 동아리 친구 중 한 명은 든든한 후원자 대학 교수님이 되어있다.

결혼, 지금의 아내와는 30년을 함께했다.

보충역 만기 해제 후, 나가는 교회 찬양대 봉사로 부름 받아 시작했다. 그리고 다음 해 청년부 신앙생활과 교사 봉사의 부름에 시작했다. 이에 틈만 나면 아이들 전도와 함께 누구나 전도하고자 하였다.

같은 교회 다니는 교우 가정의 청년들을 전도하기 시작했다. 그러던 중

---

[27] 오직 너희는 택하신 족속이요 왕같은 제사장들이요 거룩한 나라요 그의 소유된 백성이니 이는 너희를 어두운데서 불러내어 그의 기이한 빛에 들어가게 하신 자의 아름다운 덕을 선전하게 하려 하심이라. 벧전2:9. 너희는 세상의 빛이라. 마5:14.

에 아내를 만났다. 아내는 고등부 때에 여주에서 열심히 신앙생활을 하였다. 그러나 교회 출석을 중단하고 있었다. 아내를 전도하던 중에 짧은 데이트 기간이 있었다.

당시 아내는 같은 아파트 교회 집사님과 서울 서대문 시립병원 주변의 결핵 쪽방 환자 촌 봉사를 하고 있었다. 이에 같이 방문하자는 제안에 너무 기뻐했다. 내게 인도하시는 주님의 환한 빛이 다시 임했다. 지난 거듭난 후 부대 달빛에서 주님께 건강한 내 몸에 감사하면서, 봉사 쓰임의 기도가 있었던 터였다.

교회에서는 아무도 모르게 여러 번 아내와 함께 동행 하면서 아내와 가까워 졌다. 아내와 같이 있던 처형 집사님께서 많은 지지해 주심에 감사했다. 그리고 아내는 나의 청혼을 받아 들였다. 여러 번 아내는 내게 물었다. "세상에서 누구를 제일 사랑할 수 있나요?" 나는 주저 없이 솔직하게 대답했다. '아내가 싫어하면 어쩔까?' 하는 생각도 있었다.

아내는 그 때만해도 뜨거운 성령체험이 없었던 때였다. 그러나 주님이 이제는 내 인생의 전부라는 것을 부인할 수 없었다. 그래서 항상 "제일은 십자가 주님이십니다" 그 다음은 "영미가 될 거야…." 아내는 그 때마다 웃고 넘어갔다.

지금도 그 고백이 아내와 내 입에서 간혹 회자될 때가 있다.

아내를 만난 후부터 현재까지 작은 자에 대한 봉사는 아내와 늘 같이 해 왔다. 부부의 공통분모가 '작은 자'였다는 사실에 하나님께 감사했다.

멍에 십자가

내 기억으로 초등학교 5학년부터 동네 우물에서 물지게로 물을 길어 온 기억이 있다. 처음에는 어찌나 뒤뚱 거리던지 흘리는 것이 반이 되었다. 또한 산에 나무하러 가시는 할아버지를 따라 지게를 지고 싶었다. 역시 잘 질 수가 없었다. 그런 식으로 도시 경쟁 속에서도 늘 내 힘으로 발버둥 치다가 자살이란 생각까지 가졌었던 작은 자였다. 멍에를 지기에는 조금도 온전하지 못했던 작은 인생….

그러나 주님은 큰 은혜는 내 영혼의 공허와 혼란 그리고 어두움에 빛으로 다가와 일시에 나를 세워주셨다. 게다가 감시 주님을 닮고 싶도록 마음을 허락하셨다. 그래서 기쁘게 전도도 하고 교회에서 찬양대도 교사의 짐도 즐겁게 자원했다. 주님처럼 작은 자들의 짐을 지고 싶어 조금씩 이웃봉사에 함께 했다. 결혼해서 남편의 짐, 아버지의 짐, 형의 멍에 짐을 조금씩 질 수 있었다. 그러나 온전한 십자가는 받는 은혜의 십자가가 있고, 은혜로 지는 십자가가 있으며, 진정 은혜가 아니어도 져야할 십자가 멍에 사명이 있음도 알았다.

'이른 봄, 농촌의 소들은 벧세메스 암소처럼 어깨에 멍에가 메어진다.[28] 그리고 논밭으로 이끌려 주인의 명령에 일을 마치는 순간까지 싫든 좋든 가야한다. 때로는 하얀 거품을 물고 거친 숨을 내쉬며 한 걸음 두 걸음 꾸역꾸역 순종, 복종해야 한다.'

89년 11월, 결혼과 함께 안양을 떠나 반포에서 신혼살림을 시작하였다. 그리고 남산교회에 출석하였다. 다음 해 바로 교회의 권유로 아내와 함께

---

28) 삼상6:12

주일학교 교사 봉사를 하면서 주님의 은혜에 행복했다.

그러나 다른 한편으로 조금씩 영적 갈증도 났다. "얼마나 어떻게 해야 신앙생활을 더 잘하는 것일까....? 내가 알고 있는 이 행복을 이대로 누리기만 하면 되는 것인가....?" 그 때마다 마음속에서 더 전도하고 싶은 마음이 솟았다. 근처 기독 서점도 자주 들렸다. 믿음의 선배들 간증 이야기를 접했다. 성령님이 주신 뜨거운 은혜는 영적 갈증과 함께 나를 조금씩 주님 닮는 성장으로 이끄셨다.

같은 교회에 다니시는 집사님들이나 혹은 아는 지인들이 집도 사고, 땅도 사고, 사업 진로도 가르쳐 주시는 분도 계셨다. 그런데 나에게는 그런 이야기가 별로 관심이 없었다. 새벽에 일하고 나서 낮에는 성경 쓰고 공부하고 봉사하고 전도하고.... 주님만이 오늘도 내일도 행복한 관심이었다.

항상 주님 은혜로 행복했다. 말씀이 달콤했다. 기도하면 할수록 주님의 사랑과 헌신, 희생이란 단어들이 떠올랐다. 때문에 전도하고 봉사하면서 뭔가 부족함에 주님의 그 크신 사랑과 삶을 감히 더 닮고 싶었다.

많은 사람들이 따르는 공자께서는 40대 후반에 인간 욕망의 벼슬에 큰 이름을 알렸으며 자연 순리에 고민하였다. 그리고 석가는 왕족의 출신으로 인간 욕망과 함께 그 욕구의 번뇌에서 해탈을 구하였다.

그러나 주님은 태어나는 출신부터 마굿간이요, 가난한 산골 목수 집안이요, 공생에 내내 하찮은 작은 자들과 늘 친구가 되어 주셨으며, 높은 율법 종교 지도자들과 정치인들에게 하찮은 대상이셨다. 심지어 발을 닦아 주신 제자들로 부터 하찮게 여김 받으시고 팔림 당하시고, 욕을 받고 저주까지 받으셨으니 이 세상에서 처음부터 끝까지 높아지는 것과는 거리가 멀었다. 온 우주의 높으신 왕이시나 온 인류 죄와 허물의 멍에를 지신 아가페 주님 사랑!

기도하면 나는 감히 그런 주님을 닮고 싶었다. 감히 주님을 닮고 싶다는 생각이 들자 기도할 때에 교회 시멘트 바닥에 무릎 꿇기 시작했다. 무릎으로 성경 필사를 시작했다.

전도, 선교 개척자 바울 사도를 닮고 싶었다. 대학에서 첫 리포트 발표 인물이었던 루터의 용기를 더욱 닮고 싶었다. 빈민을 사랑했던 프란치스코를 닮고 싶었다. 중학교 때에 '사랑의 원자탄' 영화를 본 손양원 목사님을 흠모했다.

감히 닮고 싶다는 기도를 부르짖었다.

기독교 서점을 통해 알게 된 선교사님들처럼 주님의 십자가 아가페 사랑을 더 널리 이루고 싶었다(G2). 작은 자들에게 헌신하는 목사님들이 하시는 삶을 닮고 싶었다. 사랑으로 섬기는 리더십(S2)을 닮고 싶었다.[29]

그러나 인간적으로 아직은 너무 부족한 나의 성품과 인격에 회개가 되었고, 성숙을 향한 시가 되고 노래가 되기도 하였다.

주님!
이른 아침 피워내는
호수의 물안개처럼
이내 가슴
하루하루 첫 시간은
아버지 향한 향기로
품어나게 하소서!

주님!
쉼 없는 맑은 샘물처럼
이내 생각의 원천,

---

[29] G2S2는 Great Grace, Servant Service의 약자로 후에 '대은(G2)교회'를 개척한 이후 교회 사명과 함께 주님 머슴으로 섬긴다는 '대은G2S2'의 마을 봉사 단체를 이루었다.

주님 생명으로 멈추지 않게 하소서!

주님!
낮은 곳을 향한 시냇물처럼
이내 심장, 손과 발이
더 낮은 곳으로 더 멀리 흐르게 하소서!

주님!
던져 난 돌덩이 생채기에
금새 늠름히 흐르는 강물처럼
이내 가슴
더욱 더욱 깊어지게 하소서!

주님의 마음으로 작은 자를 전도하기 시작한 첫 번째는 진완이 형제였다. 그는 늘 동네를 시끄럽게 하는 정신자폐 형제였다. 웃기도 잘했지만 순간적으로 돌변했다. 교회 옆에 살았던 그 형제를 누구도 절제시키는 감당이 안 되었다. 기도하면서 감히 주님의 십자가 멍에와 함께 진완형제가 떠올랐다. 그래서 주님 사랑을 품고 다가갔다. 그러자 뜻밖에 내가 하자는 대로 순한 양처럼 순종했다. 홀 엄마는 식당일에 늘 바쁘셨기에 나를 믿고 맡기셨으며 후에는 같이 교회 나오셨다. 항상 형제는 잘 따라 다녔다. 주님의 긍휼과 십자가 은혜로 바라봤던 형제는 조금씩 온순해져 갔다. 주님의 사랑 능력이 조금씩 확신 되었다.

그와 더불어 주님이 주시는 마음과 전도의 열망은 이웃의 작은 인생들을 향하였다. 알코올 중독, 학교에 적응 못하는 청소년들, 나와 같이 지하에 사시는 분들....

작은 자 전도와 더불어 주님의 사명 멍에를 조금씩 알아 갔으나 끝까지 잘 완수하는 십자가 멍에의 짐을 질 수 있기까지는 호된 훈련이 필요했다.

본격적인 멍에의 시련은 가정에서 가족으로부터 폭풍우 치듯 몰아 닥쳤다. 결혼 후 첫 딸을 40일 만에 천국에 보내야 했다.

아내와 함께 하는 신앙생활은 늘 즐거웠다. 비록 부자는 아니어도 아내와는 언제나 웃고 평안이 넘쳤다. 아내는 나의 신앙생활에 항상 보조를 함께했다.

그런데 나의 부족한 인격으로 아내와 첫 갈등이 생겼다. 그것은 선교회 기부금 용지가 사라지고 십일조 액수가 좀 모자라게 채워졌다. 나는 속으로 아내를 판단하면서 삼켰다. 그리고 두 번째 비슷한 일이 발생되자 화를 참지 못하고 혼자 기도를 했다. '주님! 이런 저희 부부라면 아이를 온전히 키울 수 없으니 데려가 주세요!'라고 기도를 하였다.

아내의 출산을 얼마 앞두고 그것이 얼마나 위험한 기도인지를 뒤늦게 알았다. 두 달 뒤, 아내는 사흘간 난산의 위험 속에 첫 딸을 낳았다. 딸은 40일 내내 인큐베이터 안에서 나오질 못했다. 이름도 '소망'이라고 지었다. 열심히 교회에서도 기도로 함께했다. 그러나 끝내 천국으로 데려가셨다.

이 일로 나는 나의 조급하고 여전히 완고한 자신을 회개했다. 또한 기드온처럼 함부로 작정 서원하는 기도를 조심하기 시작하였다.

그렇게 아내의 부족을 내가 같은 마음으로 감당했어야 하고 져야하는 십자가 눈을 조금씩 뜨기 시작하였다. 다행히 아내도 이 일로 딸아이가 천사들과 천국으로 올려가는 환상에 큰 영적 체험과 위로를 받았다

그리고 아내에게 나의 헛된 기도에 대해 미안한 고백을 했다.

딸을 천국에 보내고 얼마 뒤에 다시 동생을 통한 멍에의 시련이 시작되

었다. 동생은 나의 결혼 다음 해에 반포동으로 와서 다시 함께 생활했다. 같이 세차 일하면서 대학도 다녔다. 너무 착하고 똑똑했다. 생각도 깊고 믿음도 신실했다. 교회는 나와 달리 안양으로 계속 다녔다. 그리고 언제부터 나와 함께 다니겠다고 교회를 옮겼다. 그리고 얼마 지나지 않아서 내가 아닌 다른 사람으로 내 아픔처럼 느껴지는 많은 눈물을 쏟아야 했다.

첫 딸의 이별, 그 이상으로 지는 십자가 멍에의 무게를 좀 더 알아 가기 시작했다.

주일 낮 예배 설교 중에 목사님께서 욥에 관한 말씀이 있으셨다. 그날따라 '그 말씀이 나에게 무슨 예언이 될 것 같다'는 느낌으로 들어왔다. 언뜻 옆에서 같이 자리했던 동생의 손이 희미하게 떨고 있었다. 약간은 불안했으나 별 생각 없이 지나치면서도 신경은 계속 쓰이었다. 예배 후에도 그날의 설교 일부가 머릿속에 계속 맴 돌았다.

그날 밤, 건너 방에 있던 동생의 방에서 요란한 고함소리가 들렸다. 뛰쳐나갔다. 동생은 방을 뛰면서 고함을 질러댔다. 앞이 캄캄했다. 무의식적으로 나는 동생을 붙들고 기도했다. 그럴 때에 동생은 수그러들었다. 그러나 곧 다시 일어나 고함치며 뛰었다. 나는 다시 기도했다. 그러면 잠잠해지다가 다시.... 반복 되었다. 나는 지치고 막막했었다. 잠시 지켜보자니 동생은 교회로 뛰어갔다. 그리고 잠겨 진 교회 철 대문을 밀치고 강단으로 뛰어가 십자가를 붙들었다. 떼어내려는 것으로 여겨 뛰어가 만류했다. 그러는 중에 나는 엎어졌고, 동생은 내 목을 눌렀다. 아.... 나는 죽는가? 두려웠으나 동생은 더 이상 누르지 못하고 다시 뛰쳐나갔다... 교회 밖에서 고함과 함께 한참을 더 난동 쳤다. 그리고는 119에 실려 병원에 갔다. 병원에서 일반 사람보다 몇 배의 독한 신경 안정제 주사를 놓았다는 말을 듣고 귀가하였다.

이 때부터 나는 새벽마다 눈물로 하루를 시작했다.[30]

동생 생각에 눈물이 폭포수처럼 쏟아져 올라왔다.

틈만 있으면 무릎으로 시멘트 바닥에서 기도하곤 하였다. "주님! 동생이 불쌍합니다. 제가 형으로 무슨 잘못이 있었나요, 주님 뜻은 무엇인가요....?"

주님은 기도할 때마다 불안을 지워 주셨다. 눈물을 마르지 않으나 매 번 십자가 은혜와 평안! 용기! 더불어 큰 위로의 말씀이 들어왔다.

"평안을 너희에게 끼치노니 곧 나의 평안을 너희에게 주노라 내가 너희에게 주는 것은 세상이 주는 것 같지 아니 하니라 너희는 마음에 근심도 말고 두려워하지도 말라. 요14:27"

그리고 두 번째 주시는 말씀이

"하나님이 사랑하시는 자 곧 그 뜻대로 부르심을 입은 자는 모든 것이 합력하여 선을 이루느니라. 롬8:28"

주님의 사랑으로 멍에를 지면서 주님의 영과 악한 영의 영적 세계를 조금씩 이해해 가기 시작했다.

영적인 은사로의 본격적 이해는 동생으로 인한 눈물의 기도와 함께 시작되었다. 기도하는 내 몸에는 언제부터 뜨거운 불덩어리 같은 것이 머무르기 시작하였다. 마치 목 뒤에 불덩어리를 얹어 놓은 것 같았다.[31]

세상을 향한 담대함도 더해졌다. 또한 나 자신을 위한 그 불은 부족한 잠의 피로를 쉬이 회복시켜 주셨다. 마치 온천욕을 하게 하는 것처럼.... 병이 생길만 하여 통성 기도하면 그 불이 내 몸의 병균을 녹여내는 것이 느껴졌다.

---

30) 렘33:3 너는 내게 부르짖으라 내가 네게 응답하겠고 네가 알지 못하는 크고 비밀한 일을 나타내 보이리라. 시50:15. 환난 날에 나를 부르라 내가 너를 건지리니 네가 나를 영화롭게 하리로다.
31) 내가 불을 땅에 던지러 왔노니. 눅12:49 화염으로 자기 사역자를 삼으시며.시104:4

그리고 십자가 은혜를 받는 것에서 '십자가를 능히 질 수 있다'는 자신감을 주었다.

영의 세계를 확연히 볼 수 있게 하였다. '귀신이 정말 있었구나. 악한 영이 있구나.' 사람의 정신과 몸 그리고 하나님의 영과 귀신의 악한 영들을 확연히 알 수 있게 되었다. 악한 영들을 두려움 없이 바라볼 수 있었다. 어떤 귀신의 영이나 정신적 혼란을 대하는 나에게 평안을 주었다. 항상 주님의 동행에 대한 확신이 섰다. [32]

더하여 전도하러 가는데 사람이나 환경에 대한 두려움이 없어졌다. 임마누엘이 이런 것이구나!! 이 뜨거운 불은 나의 멍에, 지는 십자가를 능히 감당하게 하는 성령님 권능의 흔적이셨다.

동생과 함께 가족들은 여러 번 여러 기도원에 함께 올라갔었다. 덕분에 가족들은 주님 안에서 구원의 문으로 조금씩 하나 되어 함께 걷기 시작하였다.

오산리 기도원에서는 방언을 하였다. 덕분에 기도가 좀 더 쉬워졌다.

그리고 십자가 보혈로 성경 말씀이 열리는 신기한 경험을 하였다.

후에 이 은사로 신학 수업을 받는 과정 내내 뜨거운 마음을 계속 유지할 수 있었다.

더하여 기도원에서 한 번은 설교 시간에 뒤에서 귀신들린 사람들이 여기저기서 난동을 부렸다. 망설이다가 얼굴을 보고 손짓하여 따라 나오라고 했다. 모두 순순히 따라 나왔다. 그리고 기도해 주자 잠잠해졌다. 이에 '주님께서 나를 통해서도 귀신 영을 굴복시키시는구나!' 확신이 섰다. 이후 시골 장모님 댁에서나 부교역자 시절에 여러 번 비슷한 일들이 있었다.

---

[32] 이것을 너희에게 이름은 너희로 내 안에서 평안을 누리게 하려 함이라 세상에서는 너희가 환난을 당하나 담대하라 내가 세상을 이기었노라 하시니라. 요16:33.

귀신의 굴복 확신이 있던 날 가족 상담을 위해 온 가족이 줄을 서서 기다렸다.

갑자기 한 아주머니가 축 늘어진 아이를 데리고 내게 찾아 오셨다. 그리고 "목사님"이라 부르면서 기도 부탁하셨다. 너무 당황스러웠다. 우리 가족도 상담 받으려 줄을 선 상황이었다. 조용히 거부하였다. 그러나 아주머니는 다시 간청하셨다. 그래서 그냥 겸손히 손을 누운 몸에 대고 기도했다. 동생도 같이 손을 잡았다. "주님! 저는 한 성도인데 이렇게 기도합니다. 다만 저는 주님 십자가 사랑만 알 뿐이고 이 한 영혼을 사랑할 뿐입니다. 주님이 일어나게 하심을 믿사옵니다. 예수님 이름으로~"

다 늘어져 죽은 것 같은 아이 얼굴에 평안이 돌아왔다. 그리고 곧 깨어 일어났다. 줄을 섰던 가족이나 모든 사람들이 '할렐루야!' 박수로 영광을 돌렸다.

나는 그 시로 기도하러 동굴에 들어갔다.

기도 가운데 하나님은 첫 딸 그리고 동생, 그리고 귀신들린 사람들, 목회자라고 부르며 찾아 온 이름 모를 한 어린 영혼, 교회 어린이들, 진완이 형제…. 이 한 영혼 한 영혼의 십자가 지는 멍에가 떠올랐다. 그리고 그것은 주님의 자랑스런 영광임을 조금씩 이해 시켜 주셨다. 무엇보다 마가다락의 초대교회 성령 임재 후 사도행전의 성령님 사역을 조금씩 몸으로 이해하기 시작하였다.

그리고 결국은 내 인생의 진로에 천하보다 귀한 한 영혼을 위해 사는 목회자로 가는 십자가 사명을 생각하기 시작하였다.

신들메, 작은 종의 훈련

요한은 구약 마지막 선지자였다. 주님을 예비하는 소리였다. 들판에서 메뚜기와 석청으로 살아가는 작은 자의 삶이었다. 그러나 무수한 사람들이 그에게 나와 세례를 받았다. 그리고 주님이 그의 앞으로 오셨다. 주님을 마주한 요한은 '감히 자신이 주님께 어찌 세례할 수 있느냐'고 반문하였다. 자신은 주님의 신들메를 감당할 수도 없는 자라고 낮추었다.[33] 그러나 주님은 그에게 모든 의를 이루기 위해 세례 하도록 하셨다.[34]

천하보다 귀한 한 영혼의 소중함을 알았고, 늘 전도와 봉사, 선교에 마음을 두고 반포동에서 행복한 교회 생활과 신혼 생활을 하고 있었다.

하루는 동네 길에서 힘들게 걷는 사람을 만났다. 다리 장애를 입고 힘들게 짐을 들고 가시는 것을 달려가 들어주었다. 그리고 집으로 초대하여 식사를 나눴다. 그러면서 그는 주님 안에서 '한국장애인전도협회'에 간사로 근무하는 간사임을 밝혔다. 지난 '부대에서 거듭난 첫 사랑의 기도에 나의 눈과 손발이 건강하여 봉사로 쓰임 받고 싶다'했던 감사 기도가 다시 떠올랐다. 그리고 그의 근무지인 협회를 방문했다. 여러 직원들과 봉사자들이 함께하고 있었다. 간사님 초청으로 함께 협회에 참석하여 성경공부도 하였고, 수화도 배웠다. 그리고 그가 다니는 '작은 자 교회'를 알게 되었다. 암사동 외곽에서 천막을 치고 생활하는 장애인 공동체와 교회였다.

협회에서 성경공부를 인도하시던 부목사님이 함께 '장애인교회' 학생들 위해 봉사하기를 원했다. 기도했다. 성령님께서 지난 '보초서면서 주님의 첫사랑에 눈물 흘리면서…. 나에게 있는 건강 쓰임 받으면 좋겠습니다'라

---

[33] 요1:27. 곧 내 뒤에 오시는 그이라 나는 그의 신들메 풀기도 감당치 못하겠노라
[34] 마3:15. 이제 허락하라 우리가 이와 같이 하여 모든 의를 이루는 것이 합당하지라

고 고백 기도했던 일... 그리고 감히 주님 닮기를 소망했고, 감히 주님 닮은 주의 종들을 흠모했던....

두 주 기도하면서 감히 마음의 결정을 내렸다. 선교회 성경공부 중에 특송을 부탁받았다. 이번에는 예전의 어설픈 특송이 아닌 진심을 담아 아내와 함께 불렀다. "아름다웠던 지난 추억들~~멀고도 험한 고난의 길을 나 이제 말없이 주님을 위하여 떠나야지~~사랑의 십자가를 맞이하네"

아내는 본래 학생시절부터 찬양대하며 목소리가 좋았다. 그러나 음치였던 내 목소리가 찬양하는 내내 아내와 어찌나 화음이 잘 되던지 내 스스로 신기했다. 그 뒤로 여러 번 함께했던 사람들이 은혜 받았다고 말했다. 사실 그 찬양 속에는 나의 헌신 고백이 있었다.

모든 것이 어려웠던 조건의 봉사를 아내와 자원했다. 교회 거리도 멀었고, 예배 환경은 비닐하우스 안이었다. 중증 장애 학생들 출석과 귀가를 봉사해야 했다.

먼저, 장애인교회 봉사를 위해 남산교회 담임목사님께 말씀드렸다.

또한 그 동안 행복했던 구역 교우들에게도 말씀드렸다. 역시 교회 목사님과 성도님들이 만류했다. '굳이 다른 교회냐? 왜 힘든 봉사를 선택해야 하느냐?' 평신도라고 더욱 만류했다. 더욱이 교회에 이제 막 장애인 수화교실까지 열 수 있도록 중재해 놓고 떠나니 더욱 그랬다. 많이 죄송했다. 한편으로 집사도 안 되는 평신도가 감히 너무 교만하지는 않았는가? 반문도 해봤다.

그러나 기도할수록 나의 마음은 작은 자 교회로 향했다.

기존 남산교회에는 얼마간 봉사 후에 다시 돌아오겠다고 말씀드렸다.

실제로 3년 후 다시 돌아오기까지 나는 작은 자 교회에서 김동식 목사님에게 작은 자에 대한 주님의 말씀과 사역을 보고 배우고 느꼈다.

당신도 장애인으로 작은 자 사역에 헌신하시는 목사님이 존경스러웠다. 주님께서 작은 인생들을 통하여 다양한 사랑을 드러내신다는 것을 알 수 있었다. 그 당시 세상 사람들이 따라오지 못할 다양한 프로그램들로 가까이서 배울 점이 많았다. 게다가 내가 마음으로 품고 있었던 중국 선교에 이미 진행하고 계셨으니 더욱 더 존경스러웠다.[35]

한 번은 한경직 목사님께서 사경회에 초대 되셨다. 당시 양아들이 되신 최경희 장로님이 작은 자 교회를 출석하셨고 초대하셨던 것이었다. 나는 당시에 유명 목사님에 대한 못마땅한 선입견이 있었다. 가끔 외부 손님들이 오시면 장애인 학생들을 동원해야 하는 것에 대해 진정한 사랑으로 보지 못했었다.

그러나 나중에 한경직 목사님은 작은 자들을 진심으로 사랑하는 목회자라는 것을 알고 경솔히 혼자 판단했음을 회개했다.

작은 자 교회 출석하고 난 얼마 후, 나에게 장애 학생부 전체를 맡겨주셨다. 설교부터 교사까지 도맡았다. 처음에는 아내와 감당하다가 지금까지 함께 작은 자 사역에 함께하고 있는 정원기 집사님이 동참했다. 당시 원기 형제는 먼 광명에서 암사동까지 나보다 더 먼 거리였다. 그럼에도 주일 봉사와 평소 행사에 늘 함께했다. 특히 뇌성마비 장애 학생들을 출석과 귀가시킴에 휠체어와 학생을 태우는 일은 땀으로 범벅이 되었다. 게다가 학생, 청년 중심의 '포도원선교회'와 연계하여 장애인 학생들의 계단 적응 훈련 및 외부 수련회에 많은 땀의 추억들이 있었다.

하나님은 내가 작은 자 교회에 봉사하자 많은 선물을 더하여 주셨다.

한 번은 교회 출석하는 학생들의 생활이 보고 싶었다. 평일 하교 시간에 맞춰서 하일동 주몽학교 기숙사에 방문했다. 그런데 그날 마침 학교 강당

---

[35] 이후 북한 선교사역하시던 중에 북으로 납치되어 끝내 귀국하지 못하고 감옥에서 소천 하셨다.

에 연예인이 와서 난리가 났었다. 모두 식사 후 그곳을 달려가고 있었다. 그런데 일부 작은 자 교회 학생들은 나를 발견하고는 멈췄다. 그리고 안 가겠다고 말한다. 말 못하는 두 친구들은 굽어진 두 손으로 '기도'를 몸으로 나타내었다. 즉, '하나님이 연예인보다 더 우선이다'는 표현이었다. '오! 하나님의 능력이 세상의 연예인 우상을 이기시는군요....' 이들 속에 이런 믿음이 언제 심어졌는지 나는 그 때에 많이 감사 했었다. 그리고 학생들 영혼 지도하기를 더욱 힘써 하였다.

말은 못해도 하나님 은혜로 찬양의 목소리가 열리는 학생들이 생겨나기 시작하였다. 사람들에게 감동을 주었다.

이 일은 이후 작은 자 사역에 두고두고 가슴에 새기며 용기의 발판을 삼게 되었다.

더불어 작은 자교회로 출석하기 전에는 첫 딸을 하늘나라로 보낸 얼마 후였다. 아내는 이후에 계속되는 유산을 하였다. 서울 산부인과 최고의 병원에서는 장애아에 대한 검사까지 거론했다. 기도했다. 그리고 '하나님이 주시는 대로 받자'는 믿음으로 '병원을 중단하자'고 아내에게 말하자 아내는 잘 따라 주었다. 그리고 믿음으로 나갔다. 주님이 주시면 어떤 상황이든 다 받아들이겠다는 믿음이었다. 이에 장애 학생들까지 금식하면서 중보 기도하였다. 고마웠다. 그렇게 첫 아들을 얻었다. 하나님은 아직 감당할 수 없는 우리 부부의 연약한 믿음을 보시고 장애 없는 건강한 아들을 주셨다. 첫 아들 이름을 '믿음으로 나타났다'해서 '信現'이라고 지었다.

이런저런 많지 않은 기간 동안 작은 자 장애인 교회에서 주님은 많은 사랑과 추억을 남기게 하셨다.

다시 반포동 남산교회로 돌아오자 교회에서는 새로 신설된 주일 낮 예배 어린이 모임을 내게 맡겨 주셨다. 또 다시 이전 작은 자 교회에서처럼 전도사 아닌 전도사 사역을 하게 되었다.

그렇게 나는 목회자의 길로 한 걸음 한 걸음씩 다가가고 있었다.

주님 앞에 세례요한이 그렇듯, 바울 사도 역시 "나는 사도 중에 지극히 작은 자라 내가 하나님의 교회를 핍박하였으므로 사도라 칭함을 받기에 감당치 못할 자로라"고 자신을 낮추어 소개하였다. 그리고 "나의 나 된 것은 하나님의 은혜로 된 것이니 내게 주신 그의 은혜가 헛되지 아니하여…"(고전15:9-10)라고 말했다.

작은 자 교회 봉사를 시작할 즈음에 호텔학교를 졸업하면서 주님 안에서 처음 인생 진로를 기도했다.

'평신도로 선교 단체에서 더 헌신할 것인가? 신학교 지원을 하여 목회자로 헌신할 것인가? 그리고 감히 목회자 길로 가는 것이 주님의 "의"를 이루는 것인가? 나 같은 작은 자가 감히 끼어도 되는 것인가?' 주님께 여러 번 반문했다.

그럼에도 성령님은 내게 목회자로 부르심에 그 "의"를 이루며, 순종하며 헌신할 수 있도록 그간의 과정을 통해 다시 확신을 주셨다.

첫째는 청년 때에 거듭나고 처음 교회 봉사하면서 갈6:8에 대한 말씀을 더 이뤄야 했다. 그리고 이어서 행1:8의 증인과 선교에 대한 말씀을 강권적으로 주셨다. 이 말씀의 결단으로 봉사와 전도 그리고 선교단체에 대한 관심이 되었다.

같은 동네에 있던 중국어문선교회, 한국장애인전도협회 그리고 작은 자 교회 그리고 그 갈증은 멈출 줄을 몰랐다. 게다가 장애와 관련한 결핵 환자촌, 한국장애인전도협회, 은평천사원, 국제기아대책기구 등 그리고 소년원, 어린이전도협회, 십대선교회 등등 작은 후원과 봉사로 참여하면서 점점 나를 감당할 십자가 사명의 영광을 사모하게 하시고, 인연 주시는 주님을 보았다.

호텔대학교에서 리포트 발표 이후, 기독동아리를 만들어 처음으로 리더자가 되었으며, 그들을 이끌고 고아원 봉사를 하는 계기를 포함하여 점점 영적인 능력과 지도력에 많은 부족의 갈급함이 더했다.[36] 만약 작은 자 교회와 남산교회에서의 책임자란 자리에서 교사와 같은 지도자를 지도해야 할 경우 그 부족함이 캄캄함을 느꼈다. 계속해서 더 나아가야 했다. 찬양 가사의 ♬~목마른 사슴 시냇물을 찾아 헤메이듯이~♪ 처럼....

둘째는 동생과 함께한 시련을 통해 받은 영적 은사 체험이며, 우상에서 새로운 하나님 세대의 가족으로 '이 한 몸을 온전히 드림도 좋겠다'는 확신이었다.

기족과 자주 기도원 집회에 참석하던 어느 날이었다. 예배 후, 천하보다 귀한 한 영혼의 가치와 함께 나를 '하나님이 부르시는가?'하는 생각에 있었다. 큰형님은 상담을 마친 후, 상담 중에 가족 중 누군가 주의 종으로 부르시는 것 같다고 말하였다. 큰형은 '동생 아니면 내가 아닐까?'라고 말하였다. 그 이후로 나는 줄곧 사명의 부르심 기도를 하기 시작했다.

당시 믿음이 없으셨던 어머니는 항상 나를 향해 '승달이는 하나님 신에 완전히 붙들린 사람이야'라고 말씀하셨다. 가족과 일가친척들은 내가 목회자 길로 가는 것을 당연시 하였다.

셋째, 앞서 언급했던 호텔 대학을 졸업하면서 젊음을 불태워야 할 진로에 대한 중요한 결정을 앞두고 있었다.

나의 호텔취업의 출세로 으리으리한 문의 출입 그리고 하던 사업장을 키워서 큰 문의 차와 아파트를 가지고 은행에서 VIP 문을 드나드는 미래

---

36) 살리는 것은 영이니 육은 무익하니라. 요6:63

에 대한 그림을 그려 보았다. 그리고 온전한 한 영혼에 대한 영적 좁은 문 사역의 미래 그림을 그려 보았다. 좀 더 직설적으로 본다면 중산층의 누리는 넓은 문의 삶을 포기하며, 지금껏 나름 드리려던 어머니 용돈마저 드리지 못할 것이라는 부분이 약간 걸렸다.

몇 번을 기도하며 확인했으니 후에 큰 갈등이 없었다.

'작은 한 영혼을 위해 더 많은 시간을 쓸 수 있다는 것이 지혜로 여겨졌다. 한 영혼이라도 더 구할 수 있는 기회를 얻을 수 있는 시간 쪽으로 선택함이 흐뭇했다. 진정 젊음을 다 바쳐도 후회하지 않으리란 확신에 섰다'

그래서 학교에서 주는 자격증도 포기했다. 미국인 친구와 동행하면서 폼 잡던 취업도 포기하고 더 이상 미련도 갖지 않기로 하였다. 아파트 청약 부금도 보험도 다 해제했다. 주님을 의지하는데 불순한 생각이란 믿음이 있었다. 그 당시는 그런 결정을 하고나니 어찌나 홀가분하던지…. ♬~ 손에 있는 부귀보다 주를 더 사랑하는가~~♪

그렇게 주님 사역에 더욱 헌신을 작정하고 나서 호텔대학을 졸업하였다. 그리고 호텔의 취업 미련을 망설임 없이 접었다. 대신 방송통신대학 중어중문에 편입학하여 들어갔다. 중어중문을 선택한 이유는 그간 드넓은 중국 대륙의 선교 비전에 '혹시 쓰임 받을 수도 있을 것'이라는 생각에 준비하고자 함이었다.

넷째는 더 큰 주님의 목회자 사역을 아내가 순종하고 따름에 대한 확신이었다.

아내는 나의 교회와 선교회의 모든 예배와 친교 그리고 봉사에 기꺼이 함께 해 주었다. 일말의 불평도 없었다.

혹여 아내에게 나의 신학 공부를 물었다. 아내는 말했다 "함께했던 교회 권사님 혹은 집사님들께서 남편에 대한 주님의 부르심을 여러 번 언급했었고, 그에 잘 순종해야 해서 당연한 것으로 알았다고....”

그렇게 호텔대학 이후, 3년간의 방송통신대까지 졸업하면서 자연스럽게 목회자 준비를 위한 신학원(M.Div)에 감히 입학할 수 있었다.

당시 남산교회는 감리교회였다. 그러기에 당연히 감신대학원을 찾았다. 그러나 그 당시 신학교 건물에 사람의 사진을 세워놓고 향을 피우고 있었다. 대학원 들어갈 실력도 부족했거니와 내게는 몹시 당황스러웠다. 감신 선교대학원에 입학할 수도 있었으나 그 학교에 대한 더 이상의 미련이 없어졌다. 당시 나의 믿음은 아버지에 대한 일체의 성묘 추모나 제사적 추모 행위를 거부했기 때문이었다.

때문에 다시 집에서 가장 가까운 장로교 기독신학원에 입학했다.

그리고 몇 개월 뒤 남산감리교회 교회학교 교사와 교회를 떠났다. 모두가 이별을 많이 아쉬워하셨다. 특별히 친밀했던 구역 식구들이 그랬다. 나중에 구역 식구들 가운데 나와 함께 신학원에 입학한 분도 계셨다. 그리고 그 뒤에 구역장 분도 목회자의 길로 들어선 소식을 들었다.

신학원에서 설교에 대해 무엇이 중요한지를 자신 생각을 쓰는 시간이 있었다. 나는 매우 고민했었다. 기도했다. '진정한 설교가 무엇인가?' 말 잘하는 목사님, 유명 설교 목사님들에 대하여 평소의 삶이 궁금했었다. 저분들은 진짜로 존경했던 바울, 주기철, 손양원, 한경직 목사님처럼 살고 계실까? 하는 생각을 많이 했다. 그래서 '단상의 설교보다 강단 밖 무언의 설교가 더 중요하다'라고 답을 써냈다. 그리고 지금까지 이 생각은 감히 변함없는 나의 신념이자 믿음이 되었다.[37]

목회자를 위한 부교역자로 담임교역자에게 복종하는 훈련은 필수였다.

---

37) 영혼 없는 몸이 죽은 것 같이 행함이 없는 믿음은 죽은 것이니라. 약2:26

복종에는 하나님께 하는 복종이 있고, 담임목회자에 하는 훈련이 있다. 신학원에 입학한 후에 처음 전도사로 사역을 시작한 교회에서는 담임목사님이 부흥사로 활동을 하셨다. 간혹 교역자로 설교, 찬양, 기도, 심방에 귀한 훈련시켜 주심에 순종하며 감사했다.

그런데 삶의 복종에서 부딪혔다. 갈등했다. 언제부터 은근히 나와 다른 전도사에게 사적으로 돈거래를 원하셨다. 일체 응할 수 없었다. 그리고 교회가 어려워 따로 전도사 사례비를 헌금한 한 성도가 혹시 받았느냐고 물었으나 나는 입을 닫아야만 했다. 분별하여 해야 할 복종이란 참 힘든 것이었다.

지금도 많은 교회의 부교역자나 중직들이 이런 시험과 시련에 고통스러워한다.

결국 무보수에 학교에서 받은 장학금까지 헌금할 정도로 사역했으나 기도하면서 주님께 순종하기로 결심했다. '롬13:8 피차 사랑의 빚 이외는 아무에게든지 아무 빚도 지지 말라' 그 말씀에 결국 사임하였다. 그러자 성도 중 일부가 은밀히 같이 개척을 원했다. 당시 무엇이든 어디든 가겠다는 마음에서는 매우 달콤한 시험이었다. 기도하는 중에 또 다시 주님의 말씀이 떠올라서 거부했다.[38] 그러자 사임한 교회에서는 감사패를 주었다.

신학원 3학년 되어서는 또 다시 사역 진로 기도가 시작되었다.

개척을 해야 하는가? 부목사로 갈 것인가? 선교사로 지원할 것인가?

주님은 인도하시리라 믿었다. 아내와 이야기하면서 막연하게 '우리 시골에서 작은 목회를 하면 어떨까?' 하고 말을 했다.

---

38) 또 내가 그리스도의 이름을 부르는 곳에는 복음을 전하지 않기를 힘썼노니 이는 남의 터 위에 건축하지 아니하려 함이라. 롬15:20.

그리고 며칠 뒤, 같은 반 동기생의 양동 농촌 '세계선교회의 선교 훈련원 공동체'를 소개 받았다. 평소에도 늘 선교에 뜻을 두고 있었고, 막연하게 시골이라는 말까지 주님은 응답하신 것 같아 기쁘게 입소하였다. 가장 마지막으로 합류한 막내 가정아 바로 우리였다. 그곳에서 농장 일과 함께 기쁘게 선교의 비전을 품고 준비하였다.

그런데 내부 가족 간 공동체의 갈등은 예상 보다 컸다.

서로 뒤에서 하는 판단과 정죄가 주님의 사랑을 경험한 성숙한 리더자들로 매우 당황스러울 정도였다. 먼저 온 두 가정의 갈등이 심각했다. 이전에도 많은 가정들이 뜻을 품고 합류했다가 떠났다는 말을 들었다. 그래서 우리도 얼마 버티지 못할 것이라고....

나는 그동안 주님의 은혜와 십자가 지는 훈련에 익숙해서 그런지 모두가 불쌍하게만 여겨졌었다. 오히려 막내인 내게 하소연하는 일들이 많았다. 그러나 누구의 편이 될 수도 없었다.

그러니 선교회 본연의 사역은 아무 진전도 이룰 수 없었다. 그럼에도 주님의 때를 믿으며 항상 처음 마음을 잘 지킬 수 있도록 인내로 나아갔다.[39]

그렇게 한 해가 지나고 먼저 책임을 맡은 두 가정이 떠났다.

선교회 본부에서도 그 동안 많은 지원이 실패로 끝나자, 더 이상의 지원은 완전히 중단되었다. 그럼에도 나는 하나님께서 분명한 이동 싸인이 있기 전에는 함부로 움직일 수 없었다. 추운 겨울을 버텨야 했다.

막막함을 부르짖었다. 그리고 합력하여 선을 이루시는 하나님, 이곳으로 인도하시는 하나님 뜻이 드러나도록 기도했다.

먼저 하나님은 모두가 떠난 뒤 폐허가 된 버섯장에서 기적 같은 일들이 일어났다. 전문가들도 망했다는 생각으로 손을 떼고 모두 떠난 바로 그곳

---

[39] 무릇 지킬 만한 것보다 더욱 네 마음을 지키라 생명의 근원이 이에서 남이니라. 잠4:23.

에서 버섯들이 다시 피어나기 시작하였다. 겨울 내내 판매를 할 수 있게 하셨다. 하나님의 놀라우신 은혜였다.

그리고 근처 동네에 있던 다른 장로 교단(통합) 양동교회에 파트타임 전도사로 청빙을 받았다. 그리고 아내는 어린이집에 취직할 수 있게 하셨다.

더불어 주님은 내게 총신대 선교대학원 전공과정을(Th.M) 공부할 수 있는 마음과 그 기회를 주셨다. 그 동안 알바와 공부 그리고 부교역자로 분주함 속에서 누리지 못했던 시간들이 주어졌다. 신학원(M.Div)에서 배운 것을 기초로 마음껏 교회 목회를 세우는 훈련을 할 수 있게 되었다. 언제나 그렇듯 주님 은혜에 감사했다.

훌륭한 신학교 교수님들의 멘토링, 건강한 교회, 내적치유, 선교학 등의 가르침을 받았다. 새로운 시대의 성경적 리더쉽 사명을 나름대로 내다보면서 교회와 선교 공동체의 꿈을 키워갔다. 또한 교회 목회와 선교 공동체에 대한 연구 논물을 쓸 수 있었다.

지난 10여 년 주님 은혜로 교사로 또한 작은 자 교회와 남산교회 그리고 부교역자의 행복했던 시절들과 영적 갈증들을 돌아보았다. 그리고 작은 자들의 치유와 함께 소그룹과 멘토링 리더쉽, 선교 공동체 교회 목회를 연구했다.

이 때, 허락하신 목회 준비는 이후 20년 목회의 초석이 되었다.

"우리가 그를 전파하여 각 사람을 권하고 모든 지혜로 각 사람을 가르침은 각 사람을 그리스도 안에서 완전한 자로 세우려 함이니.골1:28"

"또 네가 많은 증인 앞에서 내게 들은 바를 충성된 사람들에게 부탁하라 저희가 또 다른 사람들을 가르칠 수 있으리라. 딤후2:2"

먼저 제자라는 의식을 갖고 멘토링 관계를 시작한 분이 있었다.

양동에서 함께 양동교회를 출석하면서 이웃집에서 홀로 하숙하시는 총각 선생님을 만났다. 인근 중, 고등학교 오병욱 선생님이셨다. 선생님은 몸도 매우 약해 보였다.

감사하게도 쉽게 마음을 열고 함께해 주셨다. 덕분에 학교에서 배운 작은 일대일 성경 나눔을 처음 나누기 시작했다. 그동안 전도사 부교역자로 성령체험과 함께 목회자 신학 지식은 있었으나 사실 영적 리더쉽에 있어서 많이 부족했다. 말씀을 갖고 계속 씨름하는 일이란 여러모로 나에게 말씀 지도 훈련 경험이 필요했다. 그럼에도 오선생님의 인품은 훌륭하여 부족한 나의 지도에도 큰 정성으로 잘 나누고 따라 주었다.

게다가 함께 학생부 교사 봉사까지 함께 동역하였다. 그렇게 오선생님과의 멘토링 관계는 믿음으로 발전하였다. 교사를 세우는 기쁨 안에 이웃 마을 자매와 결혼까지 주선하고 나섰다. 이러한 짧고도 보잘 것 없었던 멘토링 양육의 모델은 이후 나의 평생 아름다운 사례의 초석이 되었다.

참으로 주님께나 선생님께 감사했다. 지금은 아내 최윤희 권사님과 함께 교회에서 훌륭하고 존경스런 일꾼으로 서로 왕래하면서 가까이 지내고 있다.

양동에서 시작한 중, 고등학생의 첫 멘토링 사례는 전도한 여러 학생들 가운데 용범이라는 학생을 잊지 못한다. 어머니가 없이 매우 거친 아빠 밑에서 자랐다. 이 친구는 외모도 매우 훌륭하고 리더쉽까지 있었다. 항상 거역하는 법이 없었고 잘 따라 주었디. 그래시 그 친구를 중심으로 교회에 학생들을 위해 공부방이며, 밴드 구성을 위한 것이며.... 주님의 사랑으로 늘 꿈을 주고, 나아갈 방향과 필요한 부분을 채워주고 싶었다. 교회 당회와 제직회에서 적극적으로 협조해 주었다.

용범 학생과는 서로 매우 가까운 신뢰가 있었다.

한 날은 아버지의 큰 난동으로 공포에 떨고 있는 용범 여동생으로부터 전화가 왔다. 뛰어갔다. 경찰은 주저하면서 집 안으로 들어가지 못하고 있었다. 방에는 칼이 보였다. 또 한 번 제자를 위한 사랑 테스트를 주님께 받는 듯 했다. 주여! 주님 평안! 양을 위하여 목숨 버리신 주님![40]

주님 능력! 속으로 외치면서 방에 들어갔다. 피투성이 범벅인 상황에서 나를 잡아끄는 용범이 아버지를 달랬다. 평소 착하신 아버지는 예상외로 잘 진정이 되셨다. 흥분기가 조금이라도 보일라 치면 '오직 주님 긍휼로 대했다. 주님 평안으로 주님 사랑으로 눈을 마주했다.... 그렇게 서너 시간을 보낸 후 귀가하였다. 그 날로 며칠 몸살을 앓았다.

이런 상황은 얼마 뒤 광명에서 시작될 담임목회의 작은 자 사역에서 큰 도움이 되었다. 중독자나 정신질환자들의 난동 때에 그랬다. 그리고 비슷한 상황에서 '한국청소년멘토링연맹'을 시작하는 계기가 되었다. 하나님은 계획은 우리가 알기에는 너무 깊고 예측하기 어려운 위대하심이 참으로 많으셨다.

또한 양동교회에서 처음으로 구역예배를 인도할 사역이 주어졌다.

학교 논문과 함께 소그룹 멘토링 연구에 많은 도움이 되었다. 학교에 교수님들의 가르침에 많은 눈이 열렸다. 성경 말씀이 '이렇게나 다양한 사람들의 삶을 개입하고 있구나. 심지어 일꾼들을 세우는 리더쉽까지....' 한 마디로 더욱 놀라왔다.

구역예배, 즉, 소그룹 성경 나눔을 설교에서 평소 미치지 못하는 성도의 구체적인 삶을 나누는 것으로 이해했다. 그래서 맡겨준 성도들에게 주님

---

[40] 나는 선한 목자라 선한 목자는 양들을 위하여 목숨을 버리거니와. 요10:11

께서 때를 따라 양식을 나눠주는 것이 무엇인지를 확인하기 원했다.

그런데 양동교회에서 구역예배를 인도하는 나의 이 새로운 시도가 오해가 되어 담임목사님께 잠시 미움을 사기도 하였다. 기존 교회의 구역예배 설교는 연역법의 교재 일방 전달이었다. 내가 시도한 방법은 성경을 교재로 각자에게 스스로 질문에 답하고 적용하는 귀납법 시도였으니 얼마나 이상하고 생소하지 않았겠는가.... 일부 성도들이 힘들어 했다. 곧 담임목사님도 이상하게 여기셨다. 또 다시 부교역자의 한계에 부딪힌 것이었다. 이 일로 교회에서 조용히 떠나야 되는 직접적인 상황이 된 것을 뒤늦게 알게 되었다.

교회에서 사임된 시기와 선교회 사임, 대학원 졸업 시기가 모두 비슷하였다. 하루는 하나님께서는 한 밤 자정에 나를 깨우셨다. 기도 하고 싶게 만드셨다. 그리고 성령님은 나의 진로를 위한 기도로 이끌어 가기 시작했다. 가야할 선교지를 위해 기도하려는데 교회 개척과 청빙에 대한 기도가 나오는 것이 아닌가? 한 이틀을 기도하면서도 아리송한 마음이 있었다. 그 다음날 광명에서 신학원 동기 성진근 목사님을 통하여 고마운 연락이 왔다. '교회 청빙 설교를 할 수 있냐고....' 하나님의 부르심에 내심 놀라워 하면서 기쁘게 순종할 수 있었다.

2

교회 사명 더하기

　　담임목회의 사명에 부름을 받고 양동에서 광명으로 왔다. 작은 상가교회 청빙을 받았으나 새로운 지역에서 새로운 교회 이름으로 새 성전을 얻어 개척하게 되었다. 그리고 작은 자를 위한 사명 하나를 더 부여받았다.

　　더러는 20년 넘게 목회를 한 선배 목사님들 가운데 좀 더 속 이야기할 정도 되면 "박목사, 우리 교회는 작아서 별로 내세울 것이 없네…."라는 소리를 들었다. 또한 교회를 크게 하시는 선배 목사님들 가운데는 하나님 은혜라고 하지만 당신 자랑이 은연중 너무 드러났다. 그 때마다 마음이 참으로 아팠다. 교회가 작거나 크거나 하나님 일하시는 뿌듯한 목회를 이룰 수는 없는 것인가? 지난 20년, 감히 그 질문 앞에 다시 서 보았다.

　　나는 목회자로 교회 성장보다 더 행복한 사명을 작은 자를 통해 찾았다. 빛으로 화려함을 받는 축복의 기쁨도 알지만 소금으로 하나님 나라 되는 기쁨도 알게 되었다. 소금은 표가 안 나는 섬김이었다. 때로 아무도 모르고 인정이 안 되는 섬김이었다. 주님만이 아시는 소금의 기쁨을 알 수 있음에 감사할 수 있었다.

새벽마다 이사야 선지자처럼 그들의 필요를 주님께 구했다.[41] 주님처럼 "오늘은 무엇으로 어떻게 섬길까?" 처음에는 어색하고 부담되는 경우도 많았으나 점점 일상의 즐거움이 되었다.

심지어 암 수술 후 아무것도 할 수 없는 상황에서도 중보기도로 섬기는 즐거움이 있었다. 그리고 가까운 환우들을 찾아가 몰래 손잡고 한마디 기도로 섬길 수 있었다.

'요10:2~4 목자는 양을 부른다. 그리고 문지기는 양의 문을 연다. 양들은 목자의 음성을 듣고 나온다. 그리고는 목자의 음성을 계속 들으며 따라간다. 그러나 애초 듣지 못하는 양이 있다. 들어도 나오지 못하고 신음하는 양이 있다. 혹은 가다가 길을 잃은 한 마리 양이 있다.[42] 주님은 이런 자들을 '지극히 작은 자'라고 말씀하셨다.[43]

일반적으로 작은 자들이란 스스로 자립할 수 없는 사람들을 말한다. 누군가의 도움 없이는 보고, 듣고, 움직이고, 먹고, 자고, 말하거나 일할 수 없는 사람들이다.

또한 인간의 기본욕구를 누릴 수 없는 고통에 처한 사람들을 말한다.

이를테면 스스로 밥 세끼 먹는 식욕을 해결하기도 어려운 사람들이다. 지하 방에서 병든 몸으로 신음하고 있거나 좋은 집은 있으나 수면을 이룰

---

41) 주 여호와께서 학자의 혀를 내게 주사 나로 곤핍한 자를 말로 어떻게 도와 줄 줄을 알게 하시고 아침마다 깨우치시되....사50:4
42) 너희 중에 어느 사람이 양 일백 마리가 있는데 그 중에 하나를 잃으면....눅15:4
43) 너희가 여기 내 형제 중에 지극히 작은 자 하나에게 한 것이 곧 내게 한 것이니라. 마25:40

수 없는 우울증이나 근심이 큰 사람들이다. 남녀의 사랑을 나눌 수 없는 홀로된 성인, 사회 구성원의 기본 인사조차 어려운 가난한 사람, 배우지 못한 사람, 천한 직업, 이런저런 어깨가 작아지거나 움추러든 사람들이다. 성경에서는 '가난한 자, 눌린 자, 포로된 자(중독), 갇힌 자(수감), 눈먼 자, 장애인(눈먼 자, 귀머거리, 앉은뱅이....), 중병(문둥병, 혈루증....), 고아, 과부, 거지(노숙자), 귀신들린 자, 괴수 중 괴수....등이 나온다. 이들 중에서도 더 작은 사람들이 있다.

나는 대은교회 담임목회자로 지난 20년을 교회 일꾼들과 함께 주로 감당했던 작은 자들은 알코올 중독자, 장애인, 귀신들리거나 정신질환자, 과부, 무의탁 어르신, 노숙인 그리고 위기가정 학생들을 가까이 했다. 그리고 지금은 쉼을 얻으면서 다른 작은 환우들도 섬기고 있다. 더불어 더 작은 자연 생명과 행복한 생태 사역을 하고 있다.

산삼처럼 가리워
쉬이 볼 수 없으나

만났던 이들은 온 산 울렸고
맛 본 이는 그 힘 찬양했듯이

드넓은 도시 숲
한참 깊이 감춰진
그대 그 이름은 대은

지나온 그 흔적
밀알의 십자가요
연한 순 마른 줄기였고

부활의 겨자씨

예수 생명 순 틔워
구령의 산삼 줄기 되었고

이 땅을 너머
온 땅 뻗어가니
그대 그 이름은 대은교회
언제나 산삼 그 외침 되어라~

작은 자, 새로운 사명 개척

선교 훈련으로 들어갔던 양동 선교회에서는 갈등 속에 공동체는 흩어졌다. 그리고 두 해 뒤에 선교회에서는 새로운 책임자를 선임해서 일방적으로 내려 보냈다. 그리고 비슷한 시기에 가까운 교회 부교역자도 사임 되었다. 양쪽 다 내게는 사전에 아무런 상의도 없었다. 그러나 주님은 하루의 오차도 없이 이미 나와 가정이 떠날 준비를 시키셨다. 교회와 선교회의 모든 허물들이 그저 주님 은혜로 받아 들여졌다. 훗날 주님의 감동하심으로 선교회와 교회를 다시 찾아갔다. 자연스럽게 화해의 손을 먼저 내 밀었다. 선교회에는 선교사님 한 분을 추천받아 십 수 년이 지난 지금까지도 후원하는 일을 계속하고 있다. 비록 작은 상가교회로 청빙을 받았으나 하나님께 감사했다. 그리고 든든했다. 기존 제직들이 세 가정이나 있었다. 개척하는 것보다 얼마나 든든하단 말인가? 또한 청빙에 다리 역할을 한 동기 목사 그리고 노회장님과 임원들께 감사했다. 그동안 부교역자로써 준비한 목회를 펼치고자 기대감을 한껏 품었다. 우선 예배와 기도 그리고 전도에 모든 초점을 맞췄다. 그러나 이 기대와 달리 목회는 처음부터 난관에 부딪혔다. 교회는 나의 청빙 전, 6개월 사이로 두 분의 목회자가 중직자들과 큰 갈등을 해결하지 못하고 떠났었다. 당연히 목회자에 대한 큰 상처와 불신 씨앗이 남아 있었음이다. 먼저 제직들을 치유하고 회복함이 중요했다. 비싼 상가 월세의 부담과 10여 명 남은 어른성도들은 여러모로 안타까웠다.

광명으로 가족들 보다 먼저 나는 트럭에 짐을 싫고 왔다. 유아실에서 잠을 자기로 하고 교회에 도착하였으나 문은 굳게 닫혀 있었다. 한참을 기다려 한 학생이 열쇠를 가지고 왔다. 그리고 첫날부터 공무원에게 골목 불법 주차 딱지를 끊기고 아무도 반기지 않았던 현실.... 아. 뭔가 막막할 것이라는 느낌이 왔다. 그러나 다음 날 새벽, 인품이 좋은 권사님이 반겨 주셨다. 그리고 수요 저녁 예배와 주일 예배에 집사님들이 환대해 주었다.

지난 교회에서 있었을 상처 치유위해 새벽, 저녁마다 부르짖었다. 기도의 자리에는 늘 권사님 한 분만이 계셨다. 사람을 보지 말자! 주님만 보자! 그러면서 안수집사님을 찾아가 인간적이라도 가깝게 지내려 했었다. 사실은 기도의 자리로 함께하기를 원했었다. 그러나 전혀 요지부동이었다.

노회에서 떠났던 선임 목사님을 만나면 부정적인 교회 제직들에 대해 말했다. 그러나 나는 기도하면서 이런 모든 말들을 씻어 내었다. 주님께서 내게 맡겨주신 소중한 양이라 여겼다. 주님께 나에게 말씀하시는 것만 충실하기를 원했다.

주님이 주시는 감동은 주로 회개였다.[44] 때문에 설교 내용이 주로 회개와 함께 치유였다.

그와 더불어 내게는 목회자로서 대부분 품고 있는 야망이 있었다. 교회 부흥 성장이었다.

[44) 그러므로 너희가 회개하고 돌이켜 너희 죄 없이 함을 받으라 이같이하면 유쾌하게 되는 날이 주 앞으로부터 이를 것이요. 행3:19 / 허물의 사함을 입고 그 죄의 가리움을 받은 자는 복이 있도다.시32:1

기도와 함께 거의 매일 전도에 나섰다. 사실 전도의 열매는 거의 없었다. 서너 달이 지나도록 성도들도 안 움직이고 전도도 안 되니 마음이 조급하기도 했다.

게다가 청빙 받은 교회는 번화가 주택 골목 상가 2층인데 1층에 맥주 집을 들였다. 저녁에는 아래에서 흥탕거리며 울리는 음악소리에 신경도 쓰였다. 건물주는 장로님이셨다. 오래 굳어진 성도들의 마음도 그렇고 교회 환경도 그랬다. 더하여 심야 기도회 때에 함께 통성기도를 하거나 드럼을 치면 이웃에서 민원이 들어왔다. 이런저런 주님께 더욱 이사 가기를 혼자서 기도하기 시작했다.

그렇게 수 개 월이 지나 새벽 기도 후 집으로 귀가하는 길이었다. 저 건너편 마을 가운데에 우뚝 솟은 한 개동 아파트 재건축하는 곳이 눈에 들어왔다. 기도 중에 눈에 자꾸 어른거렸다. 아내도 그곳을 보았다고 말했다. 며칠 후, 찾아가 보았다. 상가 넓은 지하 계단으로 내려갔다. 한참 공사 중이었다. 햇빛이 지하 창문 틈 사이로 환하게 들어왔다. 그 창문 틈으로 들어오는 햇빛이 마치 나를 환영하는 듯 여겼다. 왠지 주님의 손길이 느껴지듯 하였다.

소망했던 곳은 비록 상가 지하이나 기존 교회보다는 넓었다. 그 곳이면 새롭게 교회도 시작할 수 있고, 맘껏 기도와 함께 드럼과 찬양을 하니 좋을 일이었다. 그러나 당장 교회는 보증금도 없었다. 월세가 많아 이미 다 소진했던 터였다. 월세와 최소의 목회자 생활비로 근근이 지탱하고 있었다. 그래서 혼자 마음에 품고 기도하기 시작했다.

기도하자 '하나님이 하시면 누가 막을 수 있겠는가?'[45] 라는 감동이 왔

[45) 만군의 여호와께서 맹세하여 가라사대 나의 생각한 것이 반드시 되며 나의 경영한 것이 반드시 이루리라. 사14:24.

다. 그 감동으로 먼저 복덕방에 들렸다. 복덕방에서 무일푼으로 물어보는 나를 보며 웃으셨다. 그렇게 두 주가 지났다. 그리고 뜻밖에 연락이 왔다. 건물 분양받은 사장님이 보자고 하셨다. 뭔가 흐뭇한 기분도 들었다. 그 분은 건물 분양받아 넘기는 일종의 건물 사업자였다. 덩치도 포스도 굉장했다. 나는 솔직하게 다시 이야기했다. 무일푼 목사이나 지하 건물이 맘에 든다고…. 다시 한 주가 지나 연락이 왔다.

건물 사장님이 계속 꿈속에서 시달렸다 하신다. 계속 내가 꿈에 나타났다는 것이다. 그래서 다른 사람에게 팔지 못 하겠다 하셨다. 그리고 내게는 손해를 보면서 건물을 팔 수 밖에 없다고 하셨다. 할렐루야!! 그래도 교회는 돈이 한 푼 없었다.

그런데 제직들과 성도들의 동의가 필요했다. 이제 온 지도 얼마 안 된 상황에서 참 조심스러웠다. 그리고 다시 건물 사장님께서 연락이 왔다. 이번에는 돈이 없어도 되니 자신을 믿으라 하셨다. 몇 번이고 확인을 했다. 감사한 마음으로 제직회의에 안건을 조심스럽게 내었다. 그러나 모든 좋은 조건임에도 한 사람이 반대했다. 이전의 목회자에 대한 깊은 상처가 있었으니 이해하고 나로써 신중했다. 결국 주님 은혜로 세 분 제직이 기꺼이 수용하여 진행이 되었다. 하나님 은혜였다.

그리고 건물 사장님 요구대로 서류를 준비해서 같이 은행에 갔다. 즉, 지하 건물을 담보로 대출을 받을 수 있는 만큼 받고, 교회 건물로 등기를 해 준 것이었다.

은행 구입건물 대출 이자는 당시 교회 건물 월세의 1/2도 안 되었다. 넓은 평수에 맘껏 기도할 수 있고, 월세 부담도 줄었다. 여러모로 얼마나 감사한 하나님 은혜였던가….? 나중에 건물 사장은 측량 후 좀 더 찾은 땅을 교회에 더 주셨다. 이 분은 교회를 다니지 않으셨다. 그럼에도 하나님 교회 은혜의 도구가 되셨다.

고넬료 백부장처럼.... 마치 에스겔의 귀환에 고레스 왕처럼....

주님은 더 넓고 마음껏 기도할 수 있는 장소를 돈 한 푼 없이 구입하게 하셨다.

본격적인 이전 준비로 제직 세 가정이 중심이 되어 성도들이 헌금을 하였다. 더불어 제직회에서 이전하여 새로 시작하는 교회가 되기때문이기도 하였다. 그리고 교회 이름도 나와 온 성도들에게 비밀 투표로 공모하였다. 주님께 기도했다. 지금까지 하나님 큰 은혜에 감사했다. 그리고 앞으로도 하나님 은혜로 교회가 되어 하나님께 영광이 되었으면 했다. 그 뜻을 담아 "대은교회"로 나는 헌금함에 써냈다. 그리고 제직들이 정한 네 교회 이름을 내었다. 그리고 성도들의 비밀 투표와 함께 공개하였다. 결국 내가 정한 이름이 선택되었다. 교회 이름도 새로 시작한 교회도 모두 하나님 큰 은혜였다.

그리고 하나님 은혜로 새 성전에서 새 이름으로 교회는 다시 시작하였다. 정말 주님 주시는 뜨거운 기도를 아무 때나 할 수 있어서 기뻤다. 학생들이 마음껏 기도하고 찬양하는 모습에 좋았다. 교회 설립 기념일은 이전 예배와 비슷한 시기에 돌아왔다.

주일 저녁 예배 후, 첫 제직회의 시작을 열었다. 미리 준비한 회의 개요를 나눠 주었다. 그러자 안수집사 두 분이 다짜고짜 분을 내었다. '먼저 나와 전도사님이 프로그램을 결정한 것을 상의한다'고 제직들 앞에서 면박을 주었다. 너무 충격적이었다. 전혀 제직들을 무시하려는 생각도 없었는데 뜻밖의 분노에 당황했다. 계속되는 공격에 언제나 그렇듯 태연하게 평강을 유지했다. 그 날은 나의 생일이었다. 아내는 회의 후, 성도들과 나눌 음식을 준비하다가 울며 귀가했단다. 모두 돌아간 뒤, 강단에서 많은 눈물의 기도를 쏟아야 했다. 기도를 하자 주님은 새 힘을 주셨다.[46]

이전 목회자들처럼 내 자신이 결코 물러나지 않으리라 결단할 힘을 주셨다. 만약 내가 물러나면 목회자를 세 번이나 밀어낸 저들에게 어떤 불행한 일이 벌어질지 불쌍한 마음이 생겼다. 나 역시 물러나면 스스로 목회자 권위와 양심에 손상을 입을 것이라 여겨졌다. 그와 더불어 제직들에 대하여 주님이 모든 용서의 힘을 주셨다. 강단에서 다시 평안히 면박한 제직을 볼 수 있는 힘을 주셨다. 오히려 주님의 마음으로 긍휼히 여길 수 있는 힘을 주었다.[47] 그리고 지난 교회 설립기념을 다 지우고 아예 새로 개척할 감동을 주었다. 그리고 집에 들어가 태연하게 아내의 생일 축하를 받았다.

다음 강단에서 주님이 주신 마음의 결단으로 이전보다 더욱 힘 있게 치유와 회개의 메시지를 선포했다. 지난 묵은 죄의 고리를 끊기 위해서는 십자가 앞에 회개밖에 답이 없다는 확신뿐이 있었다.[48] 중직자 중에는 계속 나와의 기세 싸움을 했다. 온전한 하나 됨은 멀기만 하였다.

그렇게 두 해가 지나가면서 마음은 다시 조금씩 조급해졌다.

나름 열심히 기도하고 전도했으나 계획했었던 어른 성도 100명 출석목표도 중직자들과의 진정한 화합도 실패하였다.

노회에서는 선배 목사님들이 '대은교회는 성장 잘 하고 있지요'라고 당연하듯 물었다. 대답하기 참 힘들었다.

그 시점에 설상가상 바로 위층으로 교회가 들어왔다. 몰래 밤에 들어왔다. 동네 사람들이 난리가 났다. 교회가 있는데 또 교회가 들어온다고 손

---

[46] 애통하는 자는 복이 있나니 저희가 위로를 받을 것임이요. 마5:4
[47] 긍휼히 여기는 자는 복이 있나니 저희가 긍휼히 여김을 받을 것임이요. 마5:7
[48] 그러므로 너희가 회개하고 돌이켜 너희 죄 없이 함을 받으라 이같이 하면 유쾌하게 되는 날이 주 앞으로부터 이를 것이요. 행3:19.

가락질 했다. 광명에서 가장 오래된 큰 교회에서 불미스러운 일로 목회자와 성도들이 갈라져 나왔다. 나 보다 동네사람들이 더 난리였다. 한 동안 '교회란 무엇인가….?' 생각했다. 그리고 그 당시 '개척 3년이 지나 교회성장 못하면 어렵다'는 당시 유명 목사님들의 말은 일반적이었다. 목회자는 무조건 교회를 성장시켜야 인정되었다. '나는 열심히 기도하고 예배하고 전도했는데 성장도 못하고, 내외적으로 화합도 못하였는데 무엇이 잘못된 것일까?' 기도하면서 주님의 뜻을 알고 싶었다.

그리고 앞으로 대은교회는 무엇에 온 힘을 쏟아야 하는지 알고 싶었다.

그 당시 교회에 귀신들린 어른이나 장애인, 학생들이 올 때에도 나는 작은 자 사명에 대한 자각이 사실 전혀 없었다. 중직자들은 더 말할 것도 없었다.

교회 이전 후, 첫 예배에 장애인 두 사람이 찾아왔다. 그들은 성전에서 잠을 자며 기도하고 있었다. 그러나 중직 집사님 한 분이 여관비를 주어서 내 보냈다. 쉽게 말해서 받아들이기가 싫다는 느낌이었다. 그것을 뒤늦게 안 나는 마음이 좀 불편했으나 그냥 보고만 있었다.

기도하는 가운데 성령님은 내 자신을 다시 보게 하셨다.

지난 목회자를 위한 신학원에 들어가면서 잊었던 작은 자에 대한 사명을 일깨우셨다.

그리고 내 자신과 새로 시작한 대은교회에 대하여 처음부터 묻기 시작했다. "나는 주님 안에서 진정 누구였던가? 내가 어찌하여 여기 광명에 왔는가? 그리고 다시 성전을 거쳐 주시는 은혜로 이전할 수 있게 하신 이유가 무엇인가?….."

더하여 나는 주님께 묻기 시작했다. "대은교회는 이 지역에서 무엇을 해야 하나요….?"

주변에 많은 교회들이 눈에 들어왔다. 그들은 모두 나처럼 교회 성장을 원했다. '복음 전도지 안에 내 교회에 오면 복이 있다. 구원이 있다. 능력이 있다....'며 서로 같은 모습으로 경쟁아닌 치열한 모시기 경쟁을 하고 있었다. 나도 같은 모습이었다.

'아. 내가 이럴려고 목회자가 되었던가....? 하던 사업도 취업도 돈도 이렇게 할려고 포기했었던가....?' 이런 생각이 미치자 회개가 되었다.

그토록 주님께서 제자들에게 경계하셨던 야망도 욕망도 내게 한가득 있었던 것이었다.

인간의 욕망 비교

남보다 더 잘 먹어야 흡족합니다
남보다 더 좋은 집이 있어야 흐뭇합니다
남보다 더 예쁜 외모로 사랑하고 싶습니다
남보다 더 인정받아 높아지고 싶습니다
남보다 더 소유하여 폼 잡고 싶습니다.

한 번 그 욕망 비교에 빠지면 경쟁이 전쟁이 됩니다
멈추지 못하는 고속 설국열차가 됩니다

누가 브레이크를 말하면
욕망의 비교는 터보로 더 힘을 얻습니다
그 한계를 넘어서는 자랑도 합니다

우리의 욕망에
우리의 제동 행복도
우리 하나님은 가장 잘 아시겠지요....

지난 날 나의 스스로 작은 종의 길로 헌신하였던 모습이 보였다.

그리고 지난 날 천하보다 귀한 한 영혼, 작은 한 영혼을 위한 목회자 희생의 사명 헌신이 부끄럽게 다가왔다. 회개했다.

그리고 다시 대은교회가 이 곳에 '작은 자'를 위한 사역에 온 힘을 쏟아야 하는지를 물었다. 성령님은 지역의 많은 교회들 가운데 대은교회가 감당해야 할 '또 다른 사명 더하기'를 확인시켜 주었다. 주님이 가까이 했던 바로 작은 인생들이었다. 그들을 세우는 목회였다. 그리고 하나님 나라의 진정한 으뜸은 모두의 종이요, 섬기는 자였다.[49]

목회 사명의 확신에 서자 더 이상 중직들과의 기 싸움에 신경 쓸 일도 없었다. 그리고 다시 '새로운 교회 개척'의 감동을 받았었다. 즉, 새로운 교회 개척 사명은 '작은 자' 목회였다.

그 마음의 결단과 더불어 대은교회는 비전모임을 시작했다. 묵은 땅을 기경하면서 새 포도주를 새 부대에 담기를 원했다.[50]

새로운 교회 방향을 선포하고, 교회 발전위해 기도하고 함께 말씀을 나누자고 하였다. 누구나 참석하기를 원했다. 사실은 중직이 우선 함께하기를 원했다.

젊은 성도들은 모두 함께 했고, 제직도 대부분 합류했다. 계속해서 예배 광고와 기도회로 남은 제직이 합류하도록 몰아쳤다. 함께하지 않고 있던 중직의 저항은 은연중에 컸었다. 예배 시간의 태도도 그렇고 회의 때도 그랬다. 그럼에도 결코 이전처럼 막무가내로 저항하지는 않았다. 어쩌면 이전 목회자처럼 극단의 상황이 될지도 모를 일이었다.

결국 성령님은 주의 사명을 붙들고 나선 목회자인 내 편을 들어 주셨다.

---

49)너희 중에 누구든지 크고자 하는 자는 너희를 섬기는 자가 되고 너희 중에 누구든지 으뜸이 되고자 하는 자는 모든 사람의 종이 되어야 하리라 인자의 온 것은 섬김을 받으려 함이 아니라...막1043~45
50)너희 묵은 땅을 기경하라. 호10:12. / 새 포도주를 낡은 가죽 부대에 넣지 아니하나니. 마9:17.

한 번 기도 중에 비몽사몽간 꿈을 꾸었다. 두 번의 꿈속에 그물이 보였다. 그리고 그 하나의 속에는 뱀들이 있었다. 또 하나에는 물고기가 있었다.

바로 주님께 해석을 기도하자 시편9:55절과 시35:8절을 주셨다. 하나는 열방이 그물에 걸리는 것이었다. 즉, 전도의 문을 여시겠다는 것이었다. 또 하나는 무고히 교회 사역을 해하려는 사람들을 그물로 가두겠다는 것이었다.

본래 꿈이나 환상을 좋아하지 않았던 나였으나 이 말씀은 그대로 끝내 이루어지셨다.

주님의 교회 사명에 붙들린 목회자와 하나 되지 못하는 중직들 한 사람 한 사람은 결국 스스로 떠나게 되었다. 이번에는 목회자가 아닌 중직자들이 분열하면서 떠나게 되었다.

그 때마다 목회자로 마음이 크게 아팠다. 그리고 사랑이 많았던 성품 좋은 김미임 권사님이나 이범석 집사님까지 떠나게 되었다. 주님의 새로운 개척 감동이야 어찌되었든 그 분들과 더 이상 하나 되지 못한 내 책임도 크다 싶었다. 나는 한 편으로 승리했고, 한 편으로 담임목사로 '아픈 마음으로 져주는 십자가'를 충분히 소화하지 못했던 부족함이 있었다.

이전의 중직들이 모두 떠난 뒤, 대은교회는 다시 서너 사람으로 다시 개척하는 상황이 되었다. 그러나 이전과 달리 교회 사명을 알고 가니 평안했다.

새로 대은교회에서 주님의 양이 될 작은 자들을 찾아 나섰다. 전도에 나섰다. 당시 교회에서 그리 멀지 않은 연립이 아파트 재개발이 진행되지 못하고 폐허가 된 집들이 있었다. 그 쓰레기 더미의 빈집에서 생활하는 알코올 중독자가 처음 마음 문을 열었다. 그리고 이어서 장애인 형제들이 따라왔다. 그렇게 작은 자들이 교회에 나오기 시작한 것이었다.

그리고 일반 성도들도 교회에 나오기 시작하였다. 이사 와서 교회를 정하지 못하고 몇 개월 동안 순회 예배를 드렸던 기도 잘 하는 권사님들이 한 분 한 분 7명까지 등록하기 시작했다.

담임목회 부름을 앞두고 양동교회 신권사님을 잊지 못한다. 부교역자로 위기가정 학생의 집에서 일어난 칼부림에 몰래 뛰어들어 밤새 시달리고 몸살로 누워있을 때였다. 교회에서는 다른 문제로 일방 사임을 알렸다. 억울하고 초라한 내 모습이 되었다. 선교회에서도 마찬가지였다. 겨울 추위는 더욱 온 몸을 파고들었었다. 그 때에 신권사님께서 오셨다. 그리고 겨울 외투를 사 주시면서 나를 위로했다. 오직 주님만이 아셨던 추운 마음을 녹여 주셨다. "권사님! 교회에서 아시면 곤란해져요"하자 신권사님은 "난 괜찮아요, 걱정마세요, 주님이 시켜서 하는 일이예요" 혼자서 그 고마움에 울었었다. 그리고 얼마 후 광명 담임목회로 청빙되었다. 이후 십 수 년 간 기도할 때마다 그 외투를 벗지 않았다. 뒤늦게 소천 소식을 듣고 그 주님 사랑의 빚에 많이 감사하며 그리워했다. 그러자 닮은 꼴 박권사님이 교회로 오셨다. 어찌나 힘이 났던지요....

권사님들은 한결 같이 과부로서 교회와 작은 자들에게 헌신적이었다. 주님께 기도할수록 작은 자에 대한 소망에 더욱 힘을 보탰다. 일전에 작은 자 교회 학생들의 변화 꿈를 다시 보여 주셨다. 내 마음이 기뻤다. 더불어 성령님은 엡1:23의 말씀으로 대은교회에 큰 소망을 주셨다.

"교회는 그의 몸이니 만물 안에서 만물을 충만케 하시는 자의 충만이니라"

더불어

> 마5:13 "너희는 세상에 소금이니 소금이 만일 그 맛을 잃으면...후에는 아무 쓸데없어 다만 밖에 버리워 사람에게 밟힐 뿐이니라"

이 말씀으로 '앞으로 대은교회가 지역의 작은 자들을 풍성케 하며 이를 통하여 실추되어가는 교회의 권위를 다시 회복하는 작은 역할을 감당할 것'이라는 믿음으로 충만해졌다.

새롭게 시작한 교회에서는 교회 성장보다는 교회 사명에 더 무게를 두고자 확신했다.

성령님 은혜로 목회적 '작은 자' 사명 확신이 좀 더 든든히 서기까지 조금은 막막했었다. 어쩌면 지역이나 노회나 주변 지인들로부터 속 이야기를 다 할 수 없는 외로운 길이 될 수 있기 때문이었다.

이를 테면 좀 더 노골적으로 목회자들이 공공연히 하는 말들이 있다. 개척교회 때는 다 작은 자들이 온다. 그들을 잘 섬기면 물갈이를 하고 교회가 부흥한다. 나도 처음에는 그리 생각했다. 작은 자들을 그렇게 쉽게 생각했다. 그러기에 그들을 통한 하나님의 위대한 꿈을 보지 못하였었다. 다만 작은 자들이 교회 성장에 한 수단으로 본 것이었다. 과정의 시험 도구로 본 것이었다. 그들을 붙들고 대신 목숨을 버린다는 것은 목회에 매우 작은 일에 매이는 것이었다.

교회와 내가 이런 생각들이 변하여 작은 자를 향한 하나님 영광의 사명에 설 수 있음은 외롭더라도 감사할 수 있었다. 행복할 수 있었다.

한 번은 상애인을 보고 제자들이 수님께 물었다.

"랍비여 이 사람이 소경으로 난 것이 뉘 죄로 인함이오니이까 자기오니이까 그 부모오니이까 예수께서 대답하시되 이 사람이나 그 부모가 죄를 범한 것이 아니라 그에게서 하나님의 하시는 일을 나타내고자 하심이니

라. 요9:2,3"

아멘!! 그리고 이 한 몸 대은교회의 작은 자 사명의 밀알이 되고, 지역의 향기가 되기 시작했다.[51]

작은 일에 충성, 한계 넘기

작은 자 사명으로 한 두 해를 넘기면서 하나님 은혜로 대은교회 성전의 70여석 자리는 어른들 예배로 꽉 채워졌다. 따로 드리는 학생 예배에도 자리가 꽉 차게 되었다. 이에 대은교회는 더 크게 부흥 성장하리란 새로운 기대도 생겼다. 이웃에 큰 교회를 담임하시는 목사님께서 교회 건축을 말씀하셨다. 그러나 건축은 아니더라도 같은 건물 2층 상가 구입위해 기도했다. 사실 지하로 올 때보다 모든 면에서 충분히 감당할 수 있는 형편이 되었었다. 그런데 곧 큰 문제가 또 다시 생기기 시작하였다.

작은 자들은 기도하는 성도들의 몸과 물건에 손을 대었다. 작은 자들이 성도들의 가정과 사업장에 드나들었다. 어떤 경우는 술을 먹고 가기도 했었다. 그리고 공 예배에도 술 먹은 사람, 귀신들린 사람들이 방해를 했다.

뜻밖에 성도들 입에서 떠난다는 소리가 나오기 시작하였다. 처음에는 일반 성도들이 장애 성도들을 반갑게 맞이한다. 그러나 점점 친밀해 지면서 그들의 상식 밖 말과 행동에 당황하고 위협을 느껴 믿음의 한계에 다다랐다. 심지어 교회 안에서도 중독자와 정신질환자들로 매우 시끄러워 여러 주민의 진정도 있었다.

---

[51] 요12:24, 고후2:15. ♬~주님예수 나의 동산 내 맘속에 동녘하늘 아침햇살 가득안고~~~ 그 안에서 이 생명도 귀한 재목 되겠어요~~ 오 하나님 이 영혼 바쳐 주의 재단 향내리니~~~♪

다시 한 번 사명의 목회적 선택 요구를 받았다.

계속 작은 자들을 받아들이면 교회를 떠나겠다는 성도와 작은 자 성도들도 있었다.

"어찌해야 하나요....?" 주님께 심각한 기도가 되었다.

다시 한 번 '대은교회의 중심은 어디에 두어야 하는가?'하는 기도였다.

결국 나는 금식 기도와 함께 성령의 감동에 따라 선포했다.

"정상이든지 장애인이든지 진정으로 교회를 사랑한다면 끝까지 누가 남든 결국 남는 자의 몫이다!!

교회는 하나님 자녀로써 모두가 주인이며, 그 어떤 특정인이라고 더 할 수도 덜 할 수도 없었다. 내 의지로 작은 자든 일반이든지 누구의 편에 선다는 것이 하나님을 대신하여 심판하는 죄를 짓는 것이라는 믿음이 섰다. 오직 끝까지 남는 자를 통한 사명에 '흔들림 없이 충성스럽게 십자가를 지고 찬양하면서 가야 되는 것'을 알았다.(롬8:17, 계3:12)

그래서 다시 한 번 십자가 복음 안에 '사명 선언문'을 만들었다. 누구나 그 안에 하나 될 것을 주일 낮 예배마다 모든 성들이 함께 낭독하며 고백하도록 했다.

대은교회 사명 선언문

1. 우리는 누구인가.
   십지기의 피와 부활의 은혜로 된 하나님 자녀요, 대은 가족입니다.
2. 우리는 무엇을 해야 합니까?
   예배를 우선하며, 은혜의 복음을 나누며/ 섬기며/ 전합니다.
3. 우리는 왜 이 일을 해야 합니까?
   사람의 본분이요, 기쁨입니다. 은혜의 보답이며, 천국의 상급입니다.

4. 어디서 이 일을 해야 합니까?
   내 자신부터 가정과 광명, 조국이며, 세계가 우리의 무대입니다.
5. 우리는 어떻게 이 일을 합니까?
   양육을 받고 훈련을 통해 합니다.

대은교회는 다시 한 번 작은 자 사명에 충성의 작은 종, 허리띠를 당겼다. 성도의 숫자는 줄었다 늘었다 반복했다.[52] 계속해서 말씀 가운데 사명을 확인하면서 충성을 다져 나갔다.

"그리고 맡은 자들에게 구할 것은 충성이니라. 고전4:2"

"충성된 사자는 그를 보낸 이에게 마치 추수하는 날에 얼음냉수 같아서 능히 그 주인의 마음을 시원케 하느니라. 잠25:13"

이와 더불어 계시록의 일곱 교회 가운데 칭찬을 받은 서머나와 빌라델비아 교회를 모델 삼아 힘차게 달렸다.

대은교회 SNS 카페에 공지*

이제부터 저에게 누군가가 "목사님. 교회 성도는 몇 명이나 되요? 혹은 얼마나 되요?"하고 묻는다면 앞으로 이렇게 답을 하렵니다.

"예스. 대은교회는 서빌대 교회로 많이 작습니다^^" 이에 또 "서빌대교회가 뭔가요?"라고 묻는다면 "네, 성경 요한계시록에 나오는 7교회 가운데 그래도 좀 더 하나님께 칭찬받는 두 교회고요, 바로 서머나. 빌라델비아 교회인데 줄여서 '서빌' 그리고 대은교회 포함해서 '서빌대교회'라 했습니다" 이에 혹여 더 궁금해한다면 좀 더 설명을 해 드려야 하겠죠^^

---

52) 허리에 띠를 띠고 등불을 켜고 서 있으라. 눅12:35

서머나교회는 가난하고 환난이 많으나 부요한 사역을 하였다.

칭찬과 더불어 더욱 충성을 부탁함이란 지속적으로 해 왔다는 것이다. 대은교회의 재정은 늘 부족했다. 그럼에도 주님 이름으로 교회에 나오는 작은 자들을 포함하여 마을 이웃을 섬기는 교회로 가고자 소망하며 기도했다. 언제나 엡1:23 말씀을 붙들었다. "교회는 그의 몸이니 만물 안에서 만물을 충만케 하시는 자의 충만이니라"

그러자 대은교회는 점점 서머나 교회처럼 가난하여도 부자처럼 줄 수 있는 능력으로 주님은 채워주셨다. 베드로가 가득 채워진 그물을 혼자 들 수 없어 그 형제들을 부른 것처럼, 지역의 목회자들을 불러 함께 그 부유함들을 맘껏 나눠 쓸 수 있었다.[53]

또한 빌라델비아 교회는 비록 적은 능력이나 열어주신 작은 자 사명을 인내로써 주신 말씀을 충성스럽게 감당해야 했다.(마25:40)

특별히 대은교회의 사명에 대한 재 다짐에 있어서 작은 자들을 향한 그 충성의 구체적인 기본은 이러했다.

첫째, 주님처럼 값없이 작은 자의 필요를 지속적으로 채워주는 충성이었다. 처음 쓰레기 더미 빈집에 거했던 중독자를 교회로 인도했다. 그리고 당장 깨끗한 잠자리를 위해 교회 유아실을 내 주었다. 더불어 먹는 문제를 해결해야 했다. 먹는 문제를 해결하려 교회에서 푸드마켓을 열었다. 감사하게도 기부 받은 음식이 남아서 교회 이웃의 무의탁 어르신들과 다른 작은 자들에게 제공하였다.

---

[53] 그 때에 네가 보고 희색을 발하며 네 마음이 놀라고 또 화창하리니 이는 바다의 풍부가 네게로 돌아오며 열방의 재물이 네게로 옴이라. 사60:5

한 번은 술 없이 살 수 없는 두 여자 분이 '푸드마켓'에 오셨다. 동사무소에서 추천했다고 했다. 어르신들은 술 먹지 말고 오라고 다그쳤다. 점점 예민해 졌다. 하루는 봉사자들이 적은 음식을 나눠 주다가 늦게 와서 두 여인을 그냥 보냈다. 그리고 다음 날 술에 취한 남자 한 분을 데리고 왔다. 그리고 봉사자와 아내를 욕하면서 때리려고 싸움이 났다. 이에 나는 만류했다. 그러자 나에게 욕을 했다. 이에 어르신들이 화가 나셨는지 모두 술 취한 남자와 여자 분을 향해 고함을 치면서 욕하기 시작했다. 목사님을 건드렸다는 것이다.... 그리고 나에게 할머니들은 "그렇게 좋은 일 하신다고 욕먹으면서.... 차라리 푸드마켓을 그만 두세요. 그리고 저런 자들은 받지 마세요"라고 권했다. 그래서 그랬다. 나는 그러고 싶은데 주님은 그걸 원하지 않으세요.[54]

둘째는 무엇보다 작은 자들에 대한 가장 우선적인 충성의 마음은 그들이 구원의 복음 은혜를 먼저 입게 하는 것이었다. 설령 이 땅에서 작은 자로 살더라도 주님 안에서 새사람이 된다면 나사로처럼 영원토록 천국 백성으로 살아갈 수 있도록 하는 것이었다.(눅16:25)

셋째는 하나님 아버지 안에 한 가족처럼 끝까지 책임을 다하는 충성

작은 자들의 마음속에는 대체로 버림받았다는 상처가 있다. 때문에 삶의 소망을 접은 경우도 많다. 그리고 매사 극단적으로 치우치기 쉽다.

때문에 지난 그들이 겪은 버림받았다는 상처를 회복하려면 거듭남 그리고 자립 혹은 독립까지 부모처럼 붙들어 줘야 했다. 그러나 나는 본래 인

---

[54] 잠25:13 "충성된 사자는 그를 보낸 이에게 마치 추수하는 날에 얼음 냉수 같아서 능히 그 주인의 마음을 시원케 하느니라."

내심이 많이 부족한 사람이었다.

중학교를 졸업하면서 서울에 올라왔다. 그러나 몇 개월 공장 생활은 그렇게 벗어나고 싶었던 고향 집으로 귀향하며 실패로 끝났다. 그리고 고향 이웃 동네의 광산에 들어갔다. 틈만 나면 막장 인생의 친구들이 즐기는 술과 담배를 배우면서 나름 즐기고 있었으나 두 계절을 지나면서 탄차에 떨어져 깔렸다. 죽음의 사고에서 기적같이 살아나 몇 개월의 병원 생활을 하고 다시 서울을 향해 고향을 떠났다.

지난 첫 상경과는 달리 막장 광산 일과 사고를 통해 잡초의 생명력이 생긴 것일까? 이제는 웬만한 조롱도 견딜 수 있었다. 그러나 공장 좁은 단칸방 기숙사 생활과 단순한 반복 공장 일에 미칠 것 같았다. 그래서 다시 공사판 일에 나섰다. 공부를 위해 독서실 생활에서 병을 얻었다. 그리고 친구와 자취생활을 하였다. 그리고 부대도 옮겨 다녔다. 항상 자의든 타의든 수없이 나그네처럼 한 곳에 오래 머물지 못했다. 그리고 주님을 만난 이후에도 결혼을 한 이후에도 주거지도 봉사 사역지도 기껏해야 한 두 해를 넘기면서 무수히 옮겨 다녀야 했다.

그러나 대은교회 담임목사로 작은 사명을 시작하면서 달라졌다.

무거운 책임은 옮겨 다녀야 할 사안이 아니었다. 평균 2년 이상을 한 자리에서 머물지 못했던 나에게 사명은 달랐다.

지하 교회성전에서 십년 이십년을 갈지도 모를 일이었다. 당장 작은 자들의 의식주의 생계를 지원하는 것에서 때때로 주민등록 말소도 다시 살려 주고 자립을 위해서 온갖 사고의 해결사처럼 보호자가 되어야 했다.

지난 혈육의 가족과 겪었던 더 힘들고 어려웠던 일들보다 더 힘든 상황이 오더라도 이 자리를 지키며 충성으로 버티어야 했었다.

더불어 서로의 약속에 있어서 절대로 내가 먼저 변경하지는 않았으며, 등을 보이지 않았다. 하찮은 약속이라도 신중하게 여겼다. 어린이 교사로부터 그 일은 중요한 믿음으로 간직하고 있었다. 그래야 하나님의 약속에 대한 말씀뿐 아니라 서로의 신뢰가 잘 지켜지기 때문이었다.

그리고 친밀하게 지내다 보면 반드시 어떤 갈등이 찾아왔다. 그러면 절대로 내가 먼저 등을 지는 경우는 없었다.

아무리 나나 공동체에 몹쓸 짓을 하였여도 기회를 주었다. 회개하면 용서를 준비하였다. 주님처럼 목사님은 항상 그 자리에서 여전히 사랑으로 기다리고 있다는 믿음을 주기 위함이었다.

네 번째는 <u>스스로 자립을 돕고 독립을 돕는</u> 것이었다.

우선은 유아실에 숙식을 도와주는 것에서 시작하지만 자립 생활이 목표였다. 적어도 세례를 받고 최소한의 외부 숙식생활 여건이 되면 내어 보냈다.

지난 신혼 초 아내와 봉사했던 작은 자 교회에서의 다짐이었다. 장애인들이 시설에 평생 갇혀 지내는 모습을 보았다. 때문에 교회에서는 보호소나 요양소 같은 시설에 애초부터 관심이 없었다.

작은 자들이 이웃과 스스로 관계하면서 자기 삶을 만들어 가도록 돕는 것이었다.

그럴 려면 교회에서 당장 의식주를 챙겨주는 것에서 벗어나 기초수급이나 장애등급을 받도록 돕거나 일을 할 수 있도록 의지를 돕는 것이었다.

때문에 긴급지원 같은 일들로 동사무소와 복지기관으로, 보호자 역할로 병원과 경찰서와 법원을 내 집 드나들 듯 해야 했다.

몇 개월 만에 자립하고 독립하는 기쁜 일들이 계속 늘어났다. 독립해 나

가면 다시 그 자리를 또 다른 사람이 채워지기를 십 수 년이 넘도록 반복되었다.[55]

작은 자들은 대체로 '순종하고 다시 무너지고'를 반복하면서 조금씩 세워졌다. 때로 무너지는 과정에서 많은 경우 돈으로 무너졌다. 그래서 통장 관리를 나에게 맡기는 경우도 있었으나 아주 특별한 경우 일시적으로 관리를 하지만 스스로 실수를 돌아보고 책임을 지도록 훈련했다. 끝내 자립하기까지 옆에서 지지하고 격려하였다. 자립과 더불어 옛 멀어졌던 가족과 혈육의 관계를 다시 회복하도록 도왔다.

다섯 번째는 교회 밖에서 일자리를 갖고 당당한 사회 구성원으로 서게 하는 것이었다. 이 단계에서는 교회에서 제공하는 의식주에서 자립하여 교회 밖 주거지를 얻고 외부 사람들과 만남이 되는 경우였다. 목회자와 늘 마주하는 교회 울타리 안에서 받는 갈등에서 벗어나 밖에서 만나는 새로운 갈등들이 생겨났다. 이에 자신 스스로 방어할 수 있는 지도를 하였다. 이를 테면 스스로 통성기도하면서 회복하는 훈련, 함께 기도를 요청하는 용기, 올바른 약복용과 정신적 쇼크를 견디는 법으로 스스로 견디기 어려운 혼란이나 위기 상황이 되면 스스로 병원을 찾아가 자 입원하도록 하는 것이다. 이 과정까지 순종을 해 내는 작은 자들은 가정을 이룰 수 있도록 지도해 주었다. 그와 더불어 봉사 리더자가 되도록 격려했다.

여섯 번째는 과거 자신과 같은 작은 자를 돌보며, 교회의 일꾼이 되는 것이었다. 작은 리더자로 교회에서 직분을 갖고 봉사하는 단계였다.

---

[55] 물론 독립해 나가면 세상 속에서 다시 무너지는 경우도 많다. 그리고 또 다시 찾아온다. 다시 세워지는 경우도 있고 그렇지 못한 경우는 더 많다.

봉사와 전도하면서 자신이 주님과 교회로부터 받았던 사랑을 다른 작은 자에게 줄 수 있는 리더 일꾼이 되는 것이었다.

이 단계는 교회에서 직분을 받는 것이 기본이었다. 책임있는 리더자가 되는 것이었다. 그리고 가능한 쉽고 단순하게 만든 대은교회의 멘토링 제자 양육 교재들을 소화한 경우였다.[56] 더 나아가 본인이 원하면 신학을 진심으로 추천하기도 하고, 더 나아가 마을 골목의 멘토로 인정받는 과정이었다.

이런 작은 자를 향한 사명의 충성을 소홀히 하지 않으려면 나의 삶부터 매우 단순화 시켜야 했다.

대은교회 이전 설립과 작은 자 사명 후 십년 동안 지하 사택 그리고 지하 교회만 알고 살아왔다. 노회도 목회자들과의 친교도 거의 할 수 없었다. 친한 친구들과 지인들 그리고 일가친척들과의 왕래도 거의 할 수 없었다. 미안했다. 그들에게는 때로 양심 없는 죄인이 되었다. 그러나 사명이 우선이었고, 충성이 우선이었다. 흔히 대단히 큰 목회도 아닌데도 이런저런 처리해야 할 사건은 연속이었다. 한마디로 늘 전쟁이었다.

비록 작은 자들과 작은 목회를 하면서 지하 교회와 집만 아는 일을 10년이 되도록 반복했다. 충성을 다하고자 하니 나름은 단순하고 행복했다.

찬송가 ♬~이전에 주님을 내가 몰라~~ 내 작은 일들이 하도 적어~~~
날 불러 주시니 고마워라 ♪ 고백처럼....

더불어 주님의 사명에 충성한다는 것은 늘 한계를 넘어야 하는 일이었다. 언제나 영적인 일들은 세상 지식으로는 이해할 수 없었다.

---

[56] 대은교회는 작은 자들과 일반인들이 소화할 수 있는 여러 귀납법 교재들을 만드는데 심사숙고 했었다.

훈련소 이후 단기 사병으로 집에서 부대로 출퇴근 할 때였다.

어느 날, 누나가 이상해졌다. 갑작스런 정신이상 증세를 보였다. 누나가 다니던 교회에서 손님들이 찾아오셨다. 그리고 기도를 했다. 그 때만해도 나는 별로 관심도 없었다. 솔직히 성령님이 내 안에 계셨으나 개입할 만한 믿음이 없었다.

그러나 수년이 지난 뒤 발생한 동생은 달랐다. 내가 책임져야 하는 상황이었다. 그래서 믿어지지 않던 성경의 귀신 행동들을 보았다. 도저히 상식으로 이해 안 되는 생각과 행동, 눈빛, 마술, 일곱 장정의 힘, 거품, 온몸의 경련.... 그리고 주님 십자가의 사랑에 굴복하고, 예수 이름에 굴복하고, 말씀과 기도와 찬양에 굴복하여 한없이 착해진 동생으로 돌아왔던 은혜는 의학과 과학으로는 도저히 설명이 불가능 했다. 그리고 점점 일반인이라는 정상인들 속에서도 이 포장된 악한 영들이 하나님의 영과 함께 늘 생각과 삶 속에 존재하고 있음도 알았다.

대은교회에서는 늘 작은 자들이 머물고 있었다. 그리고 상식이 되지 않는 일들이 매우 자주 벌어졌다. 한 예로 교회에 모인 작은 자들이 무료해 하면 자주 광명에서 가장 좋다는 실내체육관 약수터로 물을 뜨러 갔다. 그 물을 떠서 주변 약을 드시는 어르신들에게 배달했다. 그리고 마을 사람들이 언제든 떠 갈 수 있게 하였다.

한 번은 약수터에 사람들이 매우 많이 줄이 서 있었다. 혜경 자매가 답답했는지 갑자기 큰 소리로 '서울역 빡빡이를 온갖 욕을 하였다'[57] 주변 사람들은 매우 당황하는 눈으로 쳐다보았다. 그리고 갑자기 혜경자매는 나를 보면서 "아빠, 맞지...."하면서 웃었다. 나 역시 매우 곤혹스러웠다....

---

57)항상 대머리로 다니던 노숙자였으나 대은교회에서 은혜 받고 생활하던 사람이었다. 그런데 어느 날 갑자기 소리 없이 교회를 떠나 서울역에서 다시 노숙자들위해 봉사한다고 떠났다.

나중에 다시 교회에서 욕한 그 이유를 천천히 물었다. 그랬더니 "전에 나에게 할머니"라고 말했단다. 그래서 또 물었다. 말없이 몰래 교회를 떠났다는 것이었다. 그래서 "거기서 그 말하면 사람들이 좋아할까요?"그러자 자매는 대답을 못했다. 아직 서로가 지킬 상식적 양심, 윤리 도덕이 잘 안 되었던 것이었다. 다만 이런 경우 상식과 주님의 관용적 사랑이 필요했다. '만약 악한 영이 너를 지배한다'라고 하여 '회개해요'라고 한다면 면전에서 순종은 했겠으나 말 못할 상처가 될 것이다. 그래서 '함께 기도하며 빡빡이 축복합시다'하고 무릎을 꿇었다. 그러자 기도 후 "미안해요"하고 다시 웃었다. 그렇게 대화 속에서 조금씩 수치와 부끄러움 그리고 주님의 사랑도 세워가는 것이다.

이런 상식이 무너지고 조금씩 세워지는 일은 매우 흔한 경우였다.

그럼, 주로 세상의 의학과 상식을 뛰어 넘는 하나님 능력이 나타내는 때는 언제였던가?

첫때, 그 무엇보다 주님의 십자가 아가페 사랑이었다.

앞에서 언급한 하나님으로부터 받아온 내 자신 십자가 기적의 은혜는 그 무엇보다 놀라운 것이었다. 그 사랑의 능력은 귀신들린 사람, 정신질환, 중독자, 장애인, 전과자, 노숙자.... 이들 앞에서 십자가 능력은 치유, 인격변화, 회개, 헌신....가장 큰 능력으로 나타났다.[58]

둘째, 하나님의 오묘한 치유와 변화 기적은 십자가를 바라보며, 함께 통

---

[58] 십자가의 도가 멸망하는 자들에게는 미련한 것이요 구원을 얻는 우리에게는 하나님의 능력이라. 고전1:18

성으로 기도할 때에 많이 나타났다.

새벽 함께 부르짖는 기도 중에도 나타났고, 매일 저녁 기도회에 나타났다. 그리고 스스로 성전에서 간구하는 중에도 많이 나타났다.

셋째, 설교 중에 그리고 말씀을 나눌 때에 나타났다.

어느 목회자든 설교 중에 성도들의 변화 반응을 보이는 것은 가장 바라는 것이다. 나에게 그런 경우는 많은 부족함으로 남아있다.

다만 말씀을 나누고 적용할 때에 작은 변화들이 많았다. 인지나 감성이나 의지적으로 약한 작은 자들에게 무척 힘든 일이나 중요한 일이었다.

일반인처럼 많은 양이나 시간제한을 갖고 하기보다는 작은 양으로 충분한 시간을 갖고 하는 것이 좋았다. 그래도 언제나 십자가 설교를 많이 했다. 내 자신이 그랬던 것처럼 작은 자들에게나 성도들에게 십자가를 가까이하도록 강조했다.

넷째, 대화 중에도 나타났다.

> 목양실을 개방하고 자연스럽게 대화하고 나면 성도들이 그랬다. 나는 새벽마다 이사야 선지자가 기도한 것처럼 주님께 기도하면서 준비했다.
> "주 여호와께서 학자의 혀를 내게 주사 나로 곤핍한 자를 말로 어떻게 도와 줄 줄을 알게 하시고 아침마다 깨우치시되 나의 귀를 깨우치사 학자 같이 알아듣게 하시도다. 시50:4"

한 번은 같이 식사 중에 한 대은교회 집사님이 그랬다. '우리 교회에 열심히 드나드는 사람들은 다 변한다. 특히 목양실만 몇 번 드나들면 변한다....' 그러자 권사님도 '나도 그것이 참 신기했다....'고 그러셨다.

감사한 것은 언제부터 말씀 안에서 G2S2멘토링 다섯 손가락 관계 법칙이 세워졌다. 이는 작은 자들위한 나의 기본 관계 법칙이었다. 언제든 대화를 좀 더 쉽게 주고받을 수 있었다.

다섯째, 끊임없는 관용과 용서의 기다림 속에서 하나님의 손길이 나타났다.

사실 우리는 흔히 정상인 중에서도 큰 자라고 말하는 고학력 엘리트들에게서도 종종 상식이나 양심이 어긋나는 경우를 많이 본다. 그것은 매우 아이러니하다.

대체로 그들은 높은 지식과 과학의 상식 능력은 있으나 본래 불순한 목적과 의도가 숨어 있는 경우가 대부분이다. 그렇지만 작은 자들에게서 상식이 벗어나는 행동은 대부분 불순한 목적과 의도 없이 이루어지는 경우가 많았다.

그러기에 조건 없는 관용과 용서가 항상 전제될 수 밖에 없었다. 그리고 하나님의 때에 깨우치심을 기다림이었다. 만약 불순한 의도 없는 어긋난 상식을 쉽게 판단하여 정죄를 한다면 더 큰 상처로 몰리게 되었다. 이런 경우는 하나님보다는 사람 의도대로 되는 경우가 많았다.

오성도는 알코올 중독자였다. 대은교회에 오기 전에 천주교에 다녔다. 신부들에게 술을 얻어먹었다. 그러나 나는 단호하게 술 한모금도 금하라는 원칙에 늘 따졌다. 술을 많이 먹고 때로는 난동이 심하면 보호자로써 정신병동에 데려다 주었다. 그러면 하나를 더 추가하여 '강제로 정신병원에 넣었다'는 오해로 따지고 위협까지 하였다. 때로는 작은 자들과 술을 먹으면서 나에 대한 불평이 컸었다. 주님 십자가를 바라보면서 입을 닫고 견디어야 했다. 얼마나 힘든 시간인지 옆에서 지켜보다가 이 사실을 더 이상 두고 보지 못하던 다른 형제가 나도 모르는 사이에 주먹을 휘둘렀다. 나는 오히려 불러 주먹을 휘두른 형제를 나무랐다. 그리고 나를 괴롭힌 오성도님을 따뜻하게 대화하면서 대해주었다. 그러면서 조금씩 신뢰가 생겼다. 그리고 술에 대한 성경말씀을 보여 주었다. 그와 더불어 이제는 따끔하게 야단도 치게 되었다. 그렇게 변화되어 갔다. 그리고 더 이상 나를 괴롭히지도 않았다. 그리고 술도 조심하면서 신앙생활에 더 열심이었다.

이런 일들이 생기면 주변에서 "내 보내세요"라는 말이 나왔다. 그러나 '내 입에서 양에게 "나가요"라는 소리는 "목사를 그만 두겠습니다"라는 것입니다.'라고 답할 수 있었다.

반복되는 한계를 넘어야 하는 사건들 속에서 어느 순간부터는 하나님의 새 일을 기대하게 되었다.

작은 자들과 씨름 한계를 반복하면서 하나님 앞에 드는 확신이 있었다. 하나는 내가 잘못되어 생기는 회개였다. 회개하면 주님은 새로 시작하는 은혜가 있었다.

또 하나는 내가 잘못하지 않은 일의 고난이었다. 이는 하나님께서 더 잘 견디는 새로운 마음을 주셨다.[59] 그리고 남은 삶의 마지막을 비춰보는 것이었다.

그러기에 늘 회개하는 기도의 삶이 연속이었고, 또한 잘 인내하는 온갖 평안의 힘과 지혜로 더욱 자라게 하셨다.(벧전2:20)

그와 더불어 당장 막막한 사건이 생길 때마다 하나의 큰 습관이 생겼다.

하나님은 '이번에는 또 어떤 오묘한 일을 시작하실까…?'하면서 내가 당장 오늘 할 수 있는 이미 주어진 순종의 확신과 충성에 집중하였다.

---

[59] 내 형제들아 너희가 여러 가지 시험을 만나거든 온전히 기쁘게 여기라……인내를 온전히 이루라 이는 너희로 온전하고 구비하여 조금도 부족함이 없게 하려 함이라. 약1:2,4.

그 습관은 심지어 위암 수술을 앞두고 의사선생님이 '어쩌면 내일을 넘기기 힘들 수도 있습니다'라고 했을 때에도 하나님의 또 다른 좋은 일을 기대했었다. 그리고 이 순간 감히 천국에서 주님을 대면해도 기쁘게 여기실 것이 무엇인가? 하루의 시간을 쪼개어 '내가 지금 할 수 있는 선한 일을 찾았었다....' 기도, 쓰는 것, 전화 격려.... 주님 안에서 작은 매일 행복, 그리고 늘 아브라함처럼 별의 소망을 갖고 나아갈 수 있었다.[60]

순종, 작은 자들의 변화와 일꾼

"나는 심었고 아볼로는 물을 주었으되 오직 하나님은 자라나게 하셨나니. 약3:6"

작은 자들에 대한 교회의 사명 확신과 함께 작은 일에 충성하기 시작하자 하나님께서는 변화의 놀라운 열매들을 이루기 시작하셨다.

80 평생을 사신 박춘서 권사님께서 대은교회로 나오셨다. 그리고 95세까지 강건하게 사시면서 교회에 충성을 다하셨다. 권사님께서는 거의 매일 교회를 방문하셨다. 그리고 기도하시면서 모든 교회 예배와 작은 자 사역에도 함께 하셨다. 권사님께서 여러 번 그러셨다. "내 80 평생 별의별 사람 많이 겪었다고 생각했어요, 그런데 대은교회에 와서 이렇게 희한한 사람들이 다 있고 달라진다는 것을 알았어요"

대은교회는 인생의 가장 바닥에 있었던 작은 자들 그리고 정 반대의 박사님들과 사장님들이 함께 신앙생활을 하였던 것이다.

---

[60] 마13:32겨자씨, 요12:24 밀알, 행1:8 증인, 모두 작은 것이나 큰 꿈을 지향하고 있다.

그 중에 작은 자들을 통한 사건과 변화에 대한 사례 이야기는 너무도 많다. 그러나 자칫 당사자의 인격에 상처가 될 것을 고려하여 일부만 기록하고자 하였다.

하찮은 잡초라도

그 어떤
인간의 예술 작품보다도
때로는
길 가에 핀 한 송이 꽃이
더 큰 감동과 기쁨을 줍니다.

종종 이웃 아줌마의 거친 손에 뽑혀
내동댕이쳐지는
아스팔트 바닥과 시멘트 담벼락에 솟은
들풀에게서
생의 오묘하고 신기한 감격을 느낍니다.

위대하신 하나님 생의 한 작품으로
저마다 자기 모습으로 이 땅에 살아가며,
때로는
버거운 생으로 떨군 인간 고개를 향해
불굴의 의지로 생의 소중함을 말하듯
서 있는 것일 진데
너무 쉽게
우리 인간은 하찮은 취급으로 버려집니다.

오늘도
집 안팎의 시멘트 사이로
모질게 피어난 진선미 그대에게
한 마디 건네 봅니다.
"너의 생이 다하기까지

너의 모습 그렇게라도 보기 좋구나"

하나님은 지난 나 같은 하찮은 작은 잡초를 변화시켜 주셨다. 그리고 귀하게 들어서 쓰시는 하나님께 감사했다. 그리고 나와 같은 작은 인생들을 변화시키는 곳에 사용하셨다.

모든 성도들과 마찬가지로 작은 자들도 양처럼 순종하는 변화 되었다.
적어도 처음 교회에 나오기 시작한 작은 자들은 대체로 순종을 잘했다. 기도를 비롯해서 예배며 뭐든 말하면 "네"하고 대답했다. 그러나 이들이 진정으로 주님을 받아들이는 마음의 문이 열릴 때까지 그리고 계속 성장하여 일꾼이 되기까지 나는 주님께 늘 통성으로 무릎 기도하면서 말씀을 받았다. 그리고 성령님께 적용 지혜를 구했다. 그리고 성도들을 권면하면 주로 "예"라고 대답하는 사람들이 있었다.

이런 사람은 반드시 하나님께서 영혼을 만져 주셨다. 그리고 변화를 주셨다. 한 마디로,

"문지기는 그를 위하여 문을 열고 양은 그의 음성을 듣나니. 요10:3"

물론 잘 듣다가도 순간의 유혹에 못 이겨 넘어지는 경우도 있다. 실수로 불순종하는 경우도 있었다. 그러나 다시 잘못을 인정하고 순종의 길로 가면 반드시 변화되었다.

물론 안타깝게도 거부하는 자도 있었다. 또한 순종을 억지로 하다가 불평하면서 떠나는 이도 있다. 다시 돌아오는 이도 있고 오지 않는 이도 있다.

처음에 가졌던 기대감에 실망하면서 내게 수시로 상처도 되었다.

그럴 때마다 주님의 십자가 은혜는 모든 것을 새롭게 해 주셨다. 새벽이

고 밤이고 부르짖는 중에 성령님은 말씀으로 다시 세워주셨다.

그렇게 주님 안에서 씨름한 세월이 쌓이면서 어느 정도 일관된 지도력이 생겼다. 작은 자 개인을 이끌어 가야할 하나님 은혜의 가이드라인과 공동체 내에서 함께 지켜야 할 기본 순종의 수칙이 되었다.

첫 번째가 '목사의 말에 순종할 수 있나요'의 질문이다.

교회를 등록하는 작은 자에게 요구하는 첫 번째는 순종의 질문이었다. '목사의 말에 순종할 수 있느냐?'를 묻는 것이었다. 양이 목자의 음성을 들어야 했다.

교회 유아실에 재활을 결심한 작은 자는 예외 없이 '네'라는 너무도 당연한 경우였다. 그러나 교회 밖에서 생활하는 작은 자의 경우 그 대답은 반반이었다. 그만큼 절박하지 않다는 것이었다.

둘째가 예배와 기도와 말씀 권면에의 순종이다.

순종을 표시하는 사람에게는 예배와 기도의 순종이 그 우선이었다.

'예배와 기도는 하나님 은혜 안에 스스로 자신을 돌아보게 한다.

그리고 하나님께 자신을 맡긴다. 지금까지의 삶을 다시 하나님 안에서 출발한다. 스스로 하나님 안에서 깨닫게 된다.

동시에 기도의 순종에 있어서 처음에는 새벽과 저녁 시간, 나와 함께 통성에 동참하도록 인도했다. 은혜를 받기까지 기도의 내용은 주로 복음과 회개가 주 내용이다. 그리고 여타의 기도 시간은 본인이 알아서 하는 것이다.' 이렇게 되면 먼저 영혼의 변화가 왔다. 그리고 태도에도 변화가 왔다.[61]

---

[61] 사랑하는 자여 네 영혼이 잘됨 같이 범사에 잘되고 강건하기를 내가 간구하노라. 요삼1:2

한두 달 하루 한번 혹은 두 번의 순종을 해내는 사람은 아무리 강퍅한 작은 자라도 거의 대부분 일단 마음에 은혜가 왔다. 다시 말해서 변화가 왔다. 그러나 얼마간의 기도에 순종하다가 달변의 말주변으로 몇 푼 받는 목적으로 끝나는 작은 자가 있었다. 그저 기도하러 왔으나 개방된 성전에 수시로 찾아와 잠만 자고 갔던 노숙자들이 있었다. 성품은 아주 착하지만 기도 시간을 견디지 못하고 떠나는 분들도 많았다.

세 번째가 구원의 은혜로 세례 받는 일에 모든 것보다 우선을 두는 것이다. 작은 자들이 처음 순종할 때는 양이었다. 그러나 언제 돌변할지 모른다. 어떤 작은 자의 경우는 이 교회 저 교회 떠돌아 다니면서 들은 것은 많았다. 심지어 성경도 알았다. 그러나 온전한 세례를 받은 경우는 드물었다. 그러기에 진심으로 주님을 마음으로 받아들이고 고백하면서 먼저 천국 구원의 문을 여는 은혜를 입는 것이 우선이 되도록 하였다.

작은 자나 일반인이나 물질에 시험드는 경우가 많다.

주님께서 오죽하면

'너희가 하나님과 재물을 겸하여 섬기지 못하느니라.마6:24'

그러셨을까?... 때문에 교회에서는 예배 중에 헌금을 걷거나 이름을 부르거나 하질 않았다. 자발적으로 헌금함에 넣도록 통을 설치했다. 그리고 어떠한 경우도 작은 자들의 돈 관리는 본인이 하게 하였다. 돈을 잘못 사용하여 오히려 해가 되는 상황이 되어도 끝까지 본인이 하게 하였다.

그들에게 바울 사도처럼 복음 은혜를 입는데 장애를 받게 받지 않기 위함이었다.[62] 다만 세례 받기까지는 남에게 피해를 주지 않는 이상 모든 필

---

62)고전9:12~15

요를 공급해 준다. 교회 유아실을 재활실로 작은 자들에게 독립할 수 있는 공간으로 사용해 왔었다.

전혀 한 푼 없는 노숙자로 왔어도 순종하는 자는 물질이 생겼다. 그러면 누구나 고비가 되었다. 아무리 돈 욕심이 없다고 하였어도 막상 본인이 수급이든 일이든 돈이 생기면 십일조에 시험 들었다. 헌금에 시험 들었다. 그럼에도 떠나지 않거나 극복하는 자들은 조금씩 변화하며 자라갔다.

봉사도 마찬가지였다. 교회에서 숙식을 제공해 주면 자발적으로 봉사를 하였다. 그러나 인격이 준비가 안 되어 나중에 불만을 하는 경우를 종종 보았다. 해서 항상 일보다 돈보다 세례 받는 일이 더 중요함을 반복 주지시켰다.

네 번째가 교우나 이웃에게 무례하게 피해를 주지 않고 기쁘게 하는 것이다. 작은 자들 가운데는 남에게 이용을 당하거나 착하고 순박한 작은 자들이 많았다.

그런가하면 식구들로부터 어려서 온갖 상처 난 버림받은 가슴으로 증오와 분노가 쌓인 작은 자들도 많았다. 주님이 그랬듯이 나 개인에게는 어떤 해를 가해도 용서하고 다시 사랑해 줄 수 있었다. 그러나 연약한 교우나 이웃에게 피해를 주는 것은 반드시 그 대상자에게 사과와 용서의 절차를 밟게 하였다.

이런 면에서 교회 유아실 숙식하는 경우는 술을 먹었다면 반드시 깨고 돌아오게 하였다. 같이 있는 다른 작은 자를 배려함이요, 교우들을 배려함이었다. 담배도 교회 주변이 아닌 몰래 피고 들어와야 했다.

반면에 이웃을 기쁘게 하는 것을 즐거움을 삼도록 끊임없이 반복했다.

기도에 순종하여 은혜를 받으면 율동을 같이하여 배우게 하였다. 그리고 예배 시간에 발표를 하게 하였다. 어설픈 율동은 성도들을 기쁘게 하였다. 성도들은 더 큰 격려 박수를 보태어 나누게 하였다.

지금도 지난 작은 자들의 에피소드를 말하며 웃는 경우가 있다.

원숭이 박수의 인씨, 인민군 박수의 석씨, 어영차 배 저어라~~율동에는 양씨가 생각난다….

이미 술이나 정신병 재발로 주변 사람들을 위협하는 작은 자를 어떻게 제압할 것인가? 술을 먹거나 정신발작이 일어나 칼을 들거나 병을 들거나 아니면 욕을 하면서 위협하는 경우가 있다. 그러나 주님 아가페 사랑이 들어간 자는 누구나 예외 없이 내가 나서는 순간 말을 들었다. 양심이 살아났다. 때문에 그 사랑의 통로가 된 교회나 목사를 해하는 경우는 거의 없었다. 오히려 일반 성도들 보다 더 순종을 잘하지 않았다 싶었다. 악한 영은 하나님의 사랑 능력을 먼저 안다고 했던가….?

심지어 주민센터나 시청에서 복지 혜택을 요구하며 행패를 부리다가 전화가 오는 경우도 있다. 그러면 주님의 사랑이 들어간 자는 '목사님이 온다'라고 시켰다. 그러면 순한 양이 되어 나가는 경우도 있었다.

때문에 목회자는 먼저 주님처럼 조건 없는 사랑을 주기에 힘써야 했다. 인간의 양심을 가장 잘 두드리시는 하나님 사랑! 난 지금도 그 주님의 위대하신 사랑의 능력이 최고임을 찬양한다.

이 형제는 정신지체에다 알코올 중독자다. 체격과 근육이 황소 같은 자였다. 힘이 어찌나 장사였던지 그가 동네에서 한 번 설치면 누구도 막지 못하였다. 병을 깨서 설치고 칼을 들고 설치고…. 함께 하는 가족들이 자살을 여러 번 시도도 했었던…. 그럴 때마다 사람들은 나를 찾았다. 처음에는 오직 주님을 바라며 주님 평안의 마음과 눈빛으로 진정시킴이 우선이 되었다. 그러다가 조금씩 예배와 기도에 순종이 되었다. 그리고 서로 신뢰가 된 뒤로는 때로는 등짝을 때리며 이런저런 반복 조언을 하였다. 병원에도 함께 동행하면 따랐다. 무엇이든 좋게 받아들여 주었다.

다섯 번째 순종 훈련은 무엇이든 솔직하게 말하도록 하는 것이다.

처음 작은 자들은 솔직했다. 그러나 은혜를 받고 자존감이 생기면 달라졌다. 사람은 양심과 염치, 부끄러움이라는 것이 있기 때문이다.

부모를 미워서라기보다 부모에게 죄송하여 솔직해지지 못하는 경우도 많은 것처럼…. 그래서 솔직해지고 싶어도 그렇지 못한 경우로 더 큰 화를 당하는 경우를 많이 보아 왔다.

때문에 나는 끊임없이 작은 자들이 홀로 독립하여 일꾼이 되기까지 늘 솔직하기를 주문했다. 그리고 내 자신이 용서의 주님이요, 긍휼의 아비 심정으로 늘 준비하며 살고자 했다. 그리고 항상 편하게 마음을 열고 있는 그대로 받아 주었다.

솔직해지면 상담 중에 눈물을 보이는 이들이 많았다.

여섯 번째가 다함께 좋은 공동체 관계훈련이었다.

작은 자들은 대체로 자신 중심의 생각이 강했다. 공동체 훈련은 매우 어려운 훈련 중 하나였다. 일찍이 가정이나 주변의 사람들과 철저히 배척을 경험했던 사람들이 많았다. 어느 정도 자존감이 회복된 후에 서로 간의 갈등이 오면 더 분명하게 그런 자기중심의 생각이 드러났다. 아마도 이런 이유로 작은 자의 삶이 된 연유도 있었으리라. 그럼에도 항상 어떤 경우도 이웃에게 피해를 주지 않는 것은 우선의 강조 사항이었다.

그리고 공동체 훈련에 있어서 가장 먼저 목회자인 나와의 관계가 일차적이다.

자식이 부모와 갈등 속에서 인격이 형성된다. 나는 목회자로 무너진 작은 자들의 인격이 크고 작은 갈등에서 목회자의 영향을 받으리라 믿었다. 다시 말해서 목회자로 성숙한 대처는 작은 자가 상처를 잘 극복하며, 다른 사람들에게도 더 잘 관계하는 기회가 되었다.

일곱 번째가 자기 자신을 잘 이해하고 스스로 대처하는 훈련이었다.
귀신들리거나 정신질환이나 중독자들 가운데 순종자들이 있다. 이들은 거의 대부분 은혜를 받고 기도와 말씀에 훈련을 받았다. 그리고 봉사를 했다. 그럼에도 간혹 무너지는 경우를 본다. 이 고리를 멈추게 돕는 것이 필요했다.
그것은 자신을 잘 알도록 돕는 것이었다.
우선 중독이나 정신질환의 재발에 늘 자신이 알고 대처하도록 깨어있게 하였다.
이를 테면 중독이나 정신병의 재발은 각 사람에게 반복적으로 내면에 올라오는 힘든 상황이 있다. 그들이 스스로 그것을 인지할 수 있게 된다는 것은 매우 중요한 훈련이었다.
먼저 기도시켰다. 혹은 솔직하게 목회자와 상담하게 하였다. 십자가와 말씀 붙들고 다시 기도하게 하였다. 그래도 안 되면? 자신이 무너지기 전에 스스로 자 입원하도록 하는 것이었다. 누군가에 의해서 병원에 강제 입원당하기 전에 스스로 입원할 수 있는 힘이었다. 자 입원은 언제든 스스로 퇴원도 가능하였다. 이렇게 되는 작은 자는 매우 고무적인 발전이었다.
그리고 대체로 자립 단계까지 올라갈 수 있었다.
자신의 장점을 발견하여 자존감을 높이고 공동체에서 인정받을 수 있도록 돕는 것이었다. 그 장점을 찾기위해 찬양, 율동, 그림, 텃밭농사, 봉사,

반찬, 축구, 농구, 탁구 등 함께 공동체 놀이를 하였다.

이를 테면 장애인 30대 박형제가 있다. 조금만 실수하면 친구들이 바보라 놀렸다. 박형제에게 장점이 무엇일까? 어느 날 학생들과 작은 자들이 농구하는데 박형제가 함께했다. 그리고 농구골대에 넣기 시합을 했다. 그런데 누구도 예상 밖에 박형제가 우승을 했다. 그는 오래 동안 쓰레기 청소차를 따라 일했다. 그래서 쓰레기봉투 던지기를 많이 했다. 그 몸에 배어있던 습관이 실력이 되었던 것이었다.

또한 50대 무학자이자 언어장애를 갖고 있던 이 자매님이 계셨다. 이 자매님 역시 늘 웃고 소심한 까닭에 이사람 저사람 쉽게 여김을 받았다. 좀 거친 분들은 아무것도 못하는 '바보'라고 업신여겼다. 그런데 교회 유아실에서 생활하면서 말문이 열렸다. 그리고 봄이 되니 산에를 갔다 와서 나물을 뜯어왔다. 두릅, 혼닢, 미나리, 냉이, 고사리, 장록.... 사람들은 놀랐다. 산에서는 대은교회에 가장 유식한 사람이었다.

여덟 번째가 독립할 능력이 생기면 주저 없이 나가게 한다.

작은 자가 순종하는 것과 하나님 은혜 받는 것은 가장 우선이다.

그리고 공동체 훈련을 통하여 자존감과 자립심을 키운다.

더불어 자립심과 함께 독립할 수 있는 경제적인 준비를 시킨다.

수급자로 준비하는 경우가 있고, 수급과 함께 폐지를 주우면서 더 풍성한 물질을 누리는 경우도 있다. 혹은 수급보다는 일자리를 더 원하는 경우가 있다.

어쨌든 자립할 능력이 되면 주저 없이 내 보내야 했다.

그래야 독립심이 더 키워지고 스스로 책임감이나 봉사 일꾼으로 성장할 수 있다.

그러나 안주하여 안 나가고 싶어 하는 경우도 있다.

이런 경우는 매우 냉정해야 했다. 본인을 위해서나 다음에 들어오는 다른 사람을 위해서라도 그랬다. 지속적인 순종자들은 가정의 식구들과도 다시 화목하게 되었다. 개중에는 결혼까지 하여 가정을 이루게 되었다. 그리고 가정 구원의 도구로 쓰임받기도 하였다. 주님의 교회에 귀한 일꾼으로 세워졌다.

이러한 변화의 생각도 그리고 진행도 결국 하나님께서 하신다.

아홉 번째, 넘어졌으면 반드시 언제든 돌아오라

작은 자 목회 일지 중에서

올 겨울 추위가 본격적으로 몰려오던 대설부터 이형제의 얼굴을 볼 수도 들을 수도 없었구나. 형제를 찾아 교회 오기 전 있었다던 공원도 가보고 혹여 싸우나에 있을까하여 가보나 모두 허탕이구나. 어찌 그리 갑자기 보름이 지나도록 소식이 없는거냐? 교회 올 때에 초췌하여 병든 몸 의지할 곳 없어 왔다가 이제 국가의 지원에 막노동에 살아갈 힘이 되니 떠난 것이더냐? 이형제, 그럼 어디에서 어떻게 잘 있고요, 죄송해요 라고 전화 한 마디라도 이리 어렵더냐..?
그런데 한 주 전에 술에 만취해 교회에 와서 장애형제들 앞에서 쓰러졌었다면서,, 그리고 119에 실려갈 뻔 했다고.. 이 소리를 들으니 형제는 어디서 잘 있기보다는 다시 방황하고 있겠다는 짐작에 마음이 더 아프구나.
형제가 비록 처음에는 노숙 신세같던 모습으로 왔었으나 참 겸손하고 착했지.. 불과 한 두 달 만에 환골탈태하여 성전의 방에서 기타소리가 들리고 신나게 찬양하며 봉사하던 그 모습이 선하여 몇 날 잠자리도 힘들더구나.
이형제야, 혹여 이 글을 보거든 어서 돌아오거라!
형제가 머문 방에 여전히 깨어진 안경도 성경도 속 옷들도 모두 모두 그대로 있단다. 혹여 형제에게 갑자기 생겨난 몇푼 돈이 그랬다면? 그래, 빈털 털이 되거든 즉시 돌아 오거라. 변함없이 성전 문은 24시간 열려 있고 나도 모든 교우들도 가족처럼 주님처럼 형제를 기쁘게 환영하마..
그리고 지난 주 새벽, 형제가 방문을 두드렸다면서? 그런데 장애동생들이 열어 주지 않았던 이유는 형제의 술취하여 내뱉는 그 목소리가 무서워서 그랬다니 이해하시고.. 이형제여, 어서 돌아 오거라.. 날이 몹시 추워지기 전에...
전화도 안 되니 답답하여 '형제가 이전에 SNS에서 나의 글을 보았다' 하기에 그곳에 지금 내 지금의 심정을 살짝 올려본다~♡

교회에서 인내로 순종하는 자들은 끝내 변화와 함께 일꾼 되었다.

작은 자들은 대체로 넘어지고 다시 일어서면서 조금씩 변했다. 어린 아이가 성장 통을 겪으면서 자는 것과 동일했다. 대은교회에서 작은 자들이 밟는 단계는 순종 –변화 –성숙 –일꾼 –리더 멘토가 있다. 이 과정을 순탄하게 실수 없이 가는 작은 자는 없었다. 아니 그건 애초 일반 성도라 해도 어려운 일이었다. 때문에 잦은 실수와 시험으로 넘어졌어도 다시 일어서기를 반복하며 전진하는 자들에게 감사했다.

심지어 어린아이들에게까지 놀림감이 되었던 형제가 교회에서 누구나 인정받을 만할 봉사 상을 받게 되었다.

교회에서 봉사 상을 받은 한 형제는 20대 중반에 교회 나온 지적 장애 형제였다.

부모를 일찍 여의고 누나가 보호자였다. 이 형제는 동네 중독자의 집에 자주 왕래하였다. 그리고 놀이터에서 동네의 아이들에게까지 놀림을 받고 살았다. 불량 학생들은 이 형제에게 담배 심부름을 시켰다. 돈을 빌려주고 이자를 받았다. 심지어 자위행위까지 가르쳐 주고 온갖 갈취를 하였다.

나는 그런 불량 학생들을 볼 때마다 혼내 주었다. 그러자 조금씩 나를 따르기 시작하였다. 그리고 교회에 나오기 시작하였다. 그러자 같이 다니던 형제 한 명도 나왔다. 역시 많은 관심이 필요한 형제였다. 두 형제들은 시간만 되면 교회에 머물도록 하였다. 그러자 불량학생들도 교회를 몰래 들락 거렸다. 나는 주님께 기도했다. "두 영혼을 건지는 것이 옳을까요? 다른 무리들까지 끌어 들일까요?"

하나님은 한 영혼의 귀중함을 원하셨다.

"지극히 작은 자 하나에게 한 것이 내게 한 것이라" 순종을 조금씩 늘려 나갔다. 기도, 예배, 그리고 세례와 반복 실수와 다시 순종, 솔직함....

형제의 식구는 먼 지방으로 이사했다. 같이 떠나야 되는 상황이었다. 그러나 박 형제는 며칠을 울면서 안 가겠다고 버티었다. 그래서 결국은 금요일 저녁에서 주일 저녁까지 교회에서 지내기로 하였다. 쉴 때면 아예 교회에서 지냈다. 교회에 지내면서 늘 봉사하기를 좋아했다. 그러나 예배도 기도하기도 힘들어 했다. 예배 중에도 혼자 중얼거렸다. 함께 기도 중에는 슬그머니 자주 사라졌다. 봉사 중에도 자주 사고를 쳤다. 그러나 그렇게 몇 년이 되면서 변해갔다. 그리고 모든 성도들이 박수의 격려 속에 교회 봉사상을 받게 되었다.

대은G2S2 푸드마켓에서 행패를 부리던 사람이 변화되어 일꾼 되는 경우도 종종 있었다.

푸드마켓 일지에서

1) 어제 아침에,
집 담벼락 나무에서 죽은 호박덩굴 걷다가 인중에 벌에게 쎄게 한 방 쏘였습니다^^ 그리고 오늘은 무료 푸드마켓에서는 술에 찌든 한 중독자와 봉사자가 크게 사단이 나서 그들 대신 제가 오랜만에 벌침처럼 크게 두 방 쏘였습니다.
때로는 보이는 것보다 안 보이는 것이 더 아픕니다^^
그런데 주님 말씀의 능력이 있습니다. 막16:17, 18 / 롬12:14
벌침을 무력화시키고 오히려 축복이 되게 하시는 주님....사랑합니다!
그 중독자는 언제부터 교회도 나오시고 이제 급식 봉사에 화단에 물도 주십니다...
원수 앞에 상을 베푸시고 내 잔이 넘치나이다....
이 작은 변화에 목사는 하나님을 찬양하지 않을 수 없습니다.

2) 고물을 팔아 번 돈으로 교회에 헌금과 필요 물품을 샀습니다.
교회에서 담벼락 안에 자립의 기초를 닦는 고물 작업장으로 내어 주었다. 교회에서 순종을 잘 견디어낸 작은 자들에게 내어준 배려였다. 사람들이 보기 때문에 곧 교회의 얼굴이 되기 때문이었다. 그들은 열심히 일해서 어렵게 번 돈으로 하나님께 십일조도 드리고 교회가 필요한 작은 물품들을 알아서 사다 놓았다. 한 번은 옆에서 지켜보던 어떤 형제가 그랬다 "벼룩이 간을 빼 먹지....교회가 저런 사람 것을 받냐....?" 그럴 때마다 나는 스스로 물었다. "저 분은 진짜 어떤 마음으로 하는 것일까?" 그리고 확인도 했다. 그러면 한결같이 "내가 좋아서 하는 일이예요, 나도 내 손으로 벌어서 교회에 좋은 것을 사 드리고 싶었어요...." 이런 경우는 거부하면 오히려 상처가 되었다. 작은 자에게도 스스로 기뻐서 하는 헌금도 기부의 자존심이라는 것이 있었다.

실제로 교회도 대은G2S2도 연맹도 통장에는 늘 zero이거나 마이너스에도 자유하고 감사할 수 있었다. 그리고 교회에서 큰 헌금보다는 과부의 1000원에서 진실한 100원의 십일조 헌금을 하는 성도들의 가치를 인정할 수 있었다.

작은 자들 가운데는 변화되어 일꾼으로 잘 자라가는 중에 간혹 신학교를 지원하고 싶어 하는 경우도 있었다. 대체로 교회에 성실한 신앙지도를 받고 성장한 경우였다. 작은 자들이 성장하는 단계에서 신학이나 멘토가 된다는 것은 매우 신중해야 했다. 만약 잘못 목회 안수를 받으면 평생 교회도 적응 못하고 방황하기 때문이었다. 교회 주변에서 여러 번 그런 사람들을 만났다.

그런데 대은교회에서 간혹 열심히 기도하다가 '자신이 하나님께 받은 감동이라 하거나 다른 목회자로 부터 예언을 받았다'고 신학을 시도한 사람들이 있었다.

작은 자도 있었고 청년, 일반인도 있었다. 그 때마다 나는 주님으로부터 위임받은 목사로 어찌 권면을 해야 할지 기도해야 했다. 그러나 담임목사인 나의 축복 기도도 없이 일방적으로 신학을 하고 떠나는 이도 있었다.

그러나 나를 담임목사로 따랐고, 진정 자신을 사랑했던 목사로 알고 확인한 작은 자 일꾼에게는 반드시 자신 사명에 대해 확인하도록 과제를 주었다.

'한 영혼을 인도하고 전도해서 양육하고 가르쳐서 다시 전도할 수 있는 사람으로 세워보세요'

처음에는 전도도 맡겨준 새 신자들과 관계를 잘 하였다. 그러나 어김없이 갈등 관계가 진행되었다. 안타깝게도 이 과제에서 교회로부터 성실하다는 인정이 쉽지 않다. 대체로 지속적인 갈등 관계에서 리더 훈련은 대부분 실패했다.

그럼에도 교회를 떠나지 않고 끝까지 함께했던 자들은 귀했다. 그러나 한편으로 그 과제에 미치지 못하고도 떠나는 자들은 매우 난감했다.

사실 신학을 하지 않아도 전도사, 목사만큼 대은교회에서는 명예로운 성도와 작은 자들이 많았다.

입원 병원에서 봉사 상 받은 이 성도는.

동네에서 모두 알만한 알코올 중독자였다. 재건축 부지의 빈집에서 살았다. 쓰레기 더미의 집안에서 소변을 해결했었다. 얼마나 거칠었던지 별명이 "짱돌"이었다. 동네 술꾼들과 장애인들도 그가 거처하는 곳에 몇몇 모여들었다.

새로 개척한 교회에서 첫 전도 열매였다. 그는 적어도 내가 하는 말에는 무조건 순종하겠다는 자세를 가졌다. 그러다보니 술 먹고 울면서 기도하는 모습도 자주 보았다.

교회에 나오기 시작한지 얼마 되지 않아 동사무소에서 강제도 그를 정신병원에 입원시켰다. 혐오감을 주는 동네 사람들의 민원이 있었기 때문이다.

이에 기도했다. 그러자 짱돌형제님을 믿음으로 세우고 싶어졌다. 그래서 같이 어울리던 친구 중, 좀 기가 쎈 친구를 불렀다. 그리고 동사무소에 가서 인권을 따지면서 퇴원시키는 요령을 가르쳐 주었다. 뒤늦게 이 사실을 안 형제님은 퇴원한 이후 더욱 순종을 잘했다. 충성 맹세를 수없이 했다. 그러나 술에 매번 넘어지는 실수 연속이었다. 정이 많고 똑똑했다. 그러나 쉽게 오해도 많아 쉽게 낙심하며 무너졌다. 보호자가 되어서 때로는 병원에 가서 기도해 주고, 같이 밥도 먹고 틈만나면 상담 멘토링으로 신뢰를 더했다. 한결같은 주님사랑으로 대해줬다. 점점 순종하고자 매일 성전에 나와 기도하며, 찬양하면서 하루를 시작했다. 또한 배운 말씀을 외우며 스스로 화장실 청소며, 건물 청소도 했다.

그렇게 조금씩 변화되었다. 교회 목양실 창밖 지붕과 안쪽 울타리 한 공간을 내어 주었다. 고물을 모아 자립을 하도록 도와줬다. 동네 쓰레기 정리를 해줬다. 그러자 사람들이 고물과 간단한 일당 벌이로 도왔다. 그러자 짱돌형제님은 교회 필요한 것도 사 놓았다.

당뇨까지 심했던 형제님이 술에 잠시 너머 지거나 몸이 힘들면 자 입원을 가르쳐 주었다. 그리고 병원에서는 그의 변화를 인정받아 주일이면 예배생활을 할 수 있도록 협조적이었다. 병원에서도 어르신들과 만들기 봉사로 인정받아 봉사표창을 받아 내게 선물로 주었다. 그리고 중독자, 정신질환자들을 한 사람씩 교회로 인도한 사람도 많았다. 병원에서 봉사 상으로 인정받고, 교회에서는 권찰 직분까지 받아 일꾼으로 인정을 받았다.

작은 자들이 변화, 성장하여 교회에서 그리고 지역에서 봉사 일꾼으로 세워짐은 작은 목회자로 더욱 행복한 자존감을 누리게 되었다.

광명시 자원봉사자 대회서 대상 받은 한 여인.

대은교회에는 이복순 집사님이 계시다. 그녀는 대은교회가 작은 자 사명으로 나아갈 때 홀로 된 나그네 인생으로 유아실에 들어왔다. 어려서 아버지의 자살을 보았고, 어머니는 시장 좌판에 자신을 버려두고 다른 남자와 떠나셨다. 그리고 무당 할머니 손에 이끌려 밑에서 온갖 배고픔과 중노동의 학대를 받으면서 도망쳐 나왔다. 그리고 알코올 중독 남편을 만나 폭력을 당하면서 자녀를 낳았으나 또 다시 버림을 받았다. 그 충격으로 지적장애를 입고, 떠돌이 인생이 되었다. 둘째 날 밤에 유아실 담배 연기 가득하여 "여기서 또 피우실 겁니까?"하고 강한 어조로 물었는데 그날로 담배를 끊었다. 그리고 얼마 후에는 술도 끊고 모든 예배와 함께 순종의 사람이 되었다. 대은교회에서 인공장기 수술 지원도 받고, 비록 정신질환 남편이나 다시 가정을 꾸릴 수 있었다. 처음에는 많은 사람들이 이들의 결혼을 반대했다. 두 사람 다 겉으로 보기에는 매우 불안했다. 그러나 오직 목사님과 박춘서 권사님 두 분은 앞장섰다. 두 사람 다 하나님을 가까이 하면서 목사님의 순종을 잘 해냈기 때문이었다. 남편 역시 비슷한 처지의 사람이었다. 정신병원과 장애인 시설을 전전하면서 대은교회 유아실에서 먼저 생활했었다. 그리고 순종으로 변화를 받았다. 그리고 대은교회 노성도님 부부의 집 지하실에서 자립 생활을 하고 있었다. 정신질환을 극복하고 '마포걸레' 장사에도 성실했다. 이집사님은 니어커 박스를 주우면서 생활이 낳아졌다. 이런저런 순종하며 변화되는 두 사람을 대은교회에서 결혼을 준비하면서 모두의 잔치가 되었다.

이들은 틈만 나면 봉사와 전도에도 함께했다.

그리고 자신의 신혼집에 과거 자신들과 같은 이들에게 방을 내어 주고, 목사님이 시키는 데로 멘토가 되어 주었다. 다른 형제들과 문제와 갈등을 잘 처리하지 못해 여러 번 아픈 상처의 고비도 있었다.

누구든 이 집사님과 함께 봉사를 좀 하게 되면 '괜히 부끄럽다'고 말했다. 자신들 보다 한 참 작은 자인 그녀가 어찌나 순수하게 봉사를 잘 하는지…… 광명시 자원봉사자 대회에 광명시장 대상은 너무도 당연했다.

언제부터 이 집사님은 담임목사인 나를 아버지라고 불렀다. 나이 많은 딸을 둔 목사는 매일 아침마다 교회에서 커피 타주는 것을 마시면서 하루 일과를 시작했다. 그 이후로 두 번째 딸이 또 생겨났다^^"

작은 자 사역의 오해

주님께서 공생애 기간 동안 무수한 오해를 받으셨다.

로마 정치인들로부터 오해를 받아 고문과 심문을 받으셨다. 또한 기득권을 가진 유대 종교 지도자들로부터 무수한 오해와 핍박을 받으셨고 죽임에 던져졌다.

작은 자들에 관하여 '죄인과 세리와 창기들과 함께 먹고 마신다. 주일에 병을 고쳐 주신다. 귀신을 누구의 힘으로 쫓아주는 것이냐....등등'

심지어 가장 가까운 제자들로 부터도 오해를 받았다.

여전히 이 시대에도 주님의 사명을 받아 충성하는 종들은 종종 오해를 받아야 했다. 국가에서 여행을 금하는 곳에서 순교하는 선교사님들이 그러했다. 작게는 우리 일상에서 주님이 받으셨던 아주 작은 모욕과 수치를 받는 것도 당연한 일이라 여겼다.

지난 20년 간, 작은 자 종으로 감히 작은 자 사명을 감당하면서 여러 오해가 많았다. 같이 동역하는 목회자도 같은 교회의 성도들도 심지어 아내도 오해할 때가 있었다. 그럴 때마다 '오직 주님만이 아신다'는 위로로 넘어갈 때가 많았다.

하나. "우리 동네 다 버려놓는다"

처음 작은 자들이 교회 앞에서 담배를 피웠다. 술을 먹고 소리를 지르고 위협했다. 거칠고 지저분한 사람들이 모여서 싸웠다. 이에 동네 사람들은 불평이 생겼다. 심지어 집값 떨어진다고 하소연도 했다. 그러나 그 작은 자들이 교회에 순종하고 변화가 되어갔다.

건물 화장실 청소를 스스로 맡아 봉사했다. 동네 쓰레기 청소를 알아서 했다. 작은 자들 사이에서 발생되는 갈등을 서로 조용히 해결했다. 술과 담배를 사람들 없는 곳에서 피거나 끊었다. 그러자 핍박하며 욕했던 분들이 오히려 후원자가 되었다. 협력자가 되었다. 자영업하시는 분들이 자신들의 영업하는 일부를 기증하기 시작했다. 그리고 다른 작은 자들을 교회로 추천하여 보내기 시작했다. 심지어 좀 힘든 갈등들이 생기면 "저 사람 대은교회로 보내 사람 되게 하라"라는 농담반 진담반 소리들을 하기 시작했다. 이런 소리에 나는 목회자로써 하나님께 많이 감사했다. 주님 위대하신 사랑의 승리를 노래하며 감사 영광 돌렸다.

둘. 작은 자 사명이라는 오해

여러 지인 목회자들이 의혹을 품은 적이 많았다.

내게 여러 번 물었다. "목사님은 무슨 목회를 합니까?" 혹시 "특수 목회 합니까?" 난 한 번도 그리 생각해 본 적이 없었다. 주님께서 특수 목회하셨다면 당연 그럴 것이다. 그러나 성공 지향적인 목회 기준으로 보면 특수 목회로 보는 것이다. 그래서 '난 특수 목회가 아니고 주님이 당연히 하신 일 닮아 가고자 할 뿐입니다'늘 나의 답이었다.[63]

이는 교회 안에서 작은 자들을 지칭할 때에도 그렇다. 장애인, 중독자, 정신질환자 라고 달리 판단하는 경우가 있다. 때문에 '작은 자들이 일반 사람들과 다르지 않다'는 설교를 자주 해야 했다.

셋. "굳이 목회자를 멘토라고 불러야 하나요?"

멘토라는 용어는 '학생의 스승, 작은 자의 보호자....친구아닌 친구....'이다. 세상과 소통하기 위한 지혜였다. 교육청과 학교의 문을 열고 학교에 출입하여 학생들을 만나야 하는데 '목사'로 하면 그냥 장학금만 주고 끝내

---

[63] -예수께서 온 갈릴리에 두루 다니사 저희 회당에서 가르치시며 천국 복음을 전파하시며 백성 중에 모든 병과 모든 약한 것을 고치시니. 마4:23
-하나님이 나사렛 예수에게 성령과 능력을 기름붓듯 하셨으매 저가 두루 다니시며 착한 일을 행하시고 마귀에게 눌린 모든 자를 고치셨으니 이는 하나님이 함께 하셨음이라. 행10:38

야 하였다. 그러나 '멘토링 장학'은 계속 학생들을 멘토링 관계로 만나는 전제하에서 지원하는 것이었다. 그래서 목회자로 거부감을 주기보다는 멘토로 다가섰다. 이는 주님이 세리와 창기들에게 친구가 되어 주심과도 같은 것이었다.

넷. "그 일하면 전도는 잘 되나요?"

작은 자 사역의 근본 목적에 전도를 포함하는 것은 분명하였다. 그래서 나는 교회의 특별한 절기나 행사가 있으면 작은 자들을 초청했었다. 그리고 전도가 된 분들도 있었다. 그런가하면 미동도 안 하는 분도 계셨다. 오히려 교회라고 안 나오시는 분도 간혹 계셨다. 그리고 말만 "예"하고 열심히 도움만 받는 분들도 계셨다. 불교, 이단, 천주교 다니시는 분들도 계셨다. 함께 봉사하다가 '전도가 안 된다'는 판단이 서면 섬김을 그만 두는 목회자도 많이 보았다.

실제로 작은 자 사역은 평소에 교회를 많이 드나들게 하는 사역이다. 그만큼 가까이 전도할 수 있는 기회가 많아짐은 당연하였다. 그러나 설령 전도가 아니더라도 작은 자 사명은 전도 그 이상의 주님 말씀이 있으시다.

선한 사마리아인에 대한 주님의 비유를 보자.[64] 강도 만난 한 사람에게 교회 지도자인 레위인이나 성도들도 피했다. 그러나 이방인은 그를 섬겼다. 누가 과연 이웃인가?.... 주님은 "네 이웃을 네 몸과 같이 사랑하라" 하셨다.[65] 그리고 이웃에게 선을 행할 줄 알면서도 행치 않으면 죄[66]라 하셨다. 심지어 "선을 행함과 서로 나눠주기를 잊지 말라 이같은 제사는 하나

---

64) 눅10:33
65) 마22:39
66) 약4:17

님이 기뻐하시느니라. 히13:16"라는 말씀은 예배와 같이 견주셨다.

전도 그 이상의 하나님 뜻이 있으시다. 또한 나 역시 작은 자들을 섬기면서 전도에 전혀 진전이 없었던 때가 있었다. 그런데 쉼을 기도하면서 암수술 후 교회를 사임하게 되었다. 그 때에 다시 교회를 나오시는 어르신이 계셨고, 봉사하면서 출석하시는 어르신이 계셨다. 하나님의 하시는 일을 우리가 어찌 다 계산할 수 있으리요….

다섯. "목회의 에너지를 저런 사람들로 너무 빼는 것 아닙니까?"

교회 옆 약국 선생님은 대은교회를 오래 동안 지켜보시고 후원하셨다. 처음에 "저런 사람 한 명에 진을 다 빼느니 차라리 멀쩡한 사람 열 명, 백 명 상대하는 것이 훨씬 목회에 성공하지 않겠느냐?"는 말씀을 자주하셨다. 이러한 조언은 가까운 지인들에게서도 여러 번 들었다. 얼마나 변화되기 힘든 인생인지를 그래도 아시는 분들이 나를 걱정하고 사랑해서 주시는 말씀들이었다.

그 때마다 '목자는 양을 위해 목숨을 버리거니와'[67] 주님 앞에 감히 내 자신을 확인할 수 있어서 감사했다. '나를 부인하면서 주님 십자가를 지는 목회를 그래도 조금은 하고 있구나!' 오히려 감사하곤 하였다.

여섯. "나는 목회하는데 시간이 바빠서 못해요"

같은 지역에서 소문을 듣고 오셔서 작은 자 사역에 관심은 있으나 막상 시간을 들여야 할 때에 뒤로 빼는 목사님들이 계셨다. 지역의 작은 자를 위하는 일은 목회로 보지 않는 경우도 있었다. 그럴 때마다 '주님이 이 땅에 계실 때에 하신 목양이 어떤 것인지?'하고 반문도 많이 했다.

---

[67] 요10:11

이는 "봉사는 목회의 본질이 아니다."라는 말과도 유사하다. 예수님을 보시라!

예배는 봉사로 열매 맺는다. 주님을 사랑하면 주님이 불쌍히 여기시는 이웃에게 무엇을 해야 할 지 예배 가운데 저절로 감동이 온다.[68]

일곱. "우리보다 훨씬 목회 잘하는 선배를 보세요"

목회 잘한다는 선배의 기준을 뭘까?.... 난 여러 번 생각을 했다.

심지어 어느 큰 교회 목사님은 "우리 교회 부교역자들에게 배우세요"라는 소리도 들었다. 같은 목회 동역자들로부터 세미나 참석 권유을 받고 여러 번 거부한 적이 있었다.

그 생각의 기준은 일단 큰 교회 유명한 목사님께 있다. 성전을 크게 짓고 교인이 많은 숫자, 그리고 유명세가 있는 목사....

그 성공으로 은연중에 '하나님이 누구보다 많이 사랑하시고 역사하셨다'는 인정이 되는 것이다. 그리고 그것을 배우자는 것이다. 반면에 작은 교회 작은 성도를 목회하는 목사는 목회를 못하는 것이다. 그렇게 여긴다. 이는 일반적인 생각이다. 심지어 그에게서 하나님 역사의 소리는 하찮은 소리에 지나지 않는다. 그러나 이 기준은 주님이 보실 때에 맞을 수도 있고 아닐 수도 있다.

또한 작다고 하나님 역사하심이 없고, 목회를 못한다고 여기는 생각이 틀릴 수도 있다. 하나님 마음에 합하다고 인정받을 때의 아브라함, 다윗은 어느 경우인가? 계시록 서두에 칭찬받는 교회가 과연 그 기준에 부합할까? 작은 교회에서도 주님 역사가 있으시다. 성령님 일하고 계신다. 목사는 순종하는 종일뿐이다. 만약 교회가 크던 작든 주님이 일하지 않으신다

---

68) 오직 선을 행함과 서로 나눠주기를 잊지 말라 이 같은 제사는 하나님이 기뻐하시니라. 히13:16

면? 교회가 아니다.

세상 기업도 관공서도 문화교실도 복지관도 여타 종교 단체도 으리으리한 건물과 숫자의 사람들이 모여든다. 교회가 크든 작든 주님 일하심이 없다면 차라리 문을 닫아야 하는 것이 맞다.

교회와 목회자의 주임 사명은 감히 교회를 성장시키는 것보다 우선이라는 확신했다. 그것이 교만으로 비춰지든 어리석음으로 비춰지든 20여 년을 수일 같이 달려올 수 있었다. 그리고 지역의 작은 교회 목사님들과 힘있게 나눴다.

** '한국청소년멘토링연맹' 멘토 목회자 신년 인사말에서**

우리는 언제나 교회 성장과 자립의 압박 그리고 전도, 설교, 양육, 일꾼 세우는 거룩한 부담을 떠날 수 없습니다. 허나 하나님의 목회 사명 무게가 서로 같을 수도, 혹은 각각 다를 수 있습니다. 게다가 목회 성공은 정확히 은퇴 후, 주님 앞에 서야 아는 것입니다.
그러나 이 시대 목회자나 신학자들은 대다수 큰 교회 많은 성도를 원합니다. 그 것을 부러워합니다. 그래서 진정한 영혼구령도 있으나 죽기 살기로 사람 모으는 기대를 갖고 목회를 합니다. 이것이 모두 잘못되었다는 것은 아닙니다. 사람이 있어야 임대료도 내고 생활도 합니다. 그러나 그것이 잠깐이면 괜찮으나 계속되면 매우 위험합니다. 주객이 전도됩니다. 늘 하나님 없는 몽학선생[69] 같은 작은 목사로 살기 바쁩니다.
그러나 교회를 향한 마지막 성경의 말씀이 있습니다. 성령님이 운행하시는 계시록의 일곱 교회에 대한 예언에서 유일하게 칭찬받는 서머나, 빌라델비아 교회를 봅니다.
가난하다하나 부유한 서머나 교회 반대로 부유하다하나 실상 가난한 라오디게아 교회가 있습니다. 그리고 적은 능력이나 사명 말씀을 붙들고 인내로 인정받아 가는 빌라델비아 교회 반대로 파당, 이단, 인본주의들이 가득찬 변질된 교회들이 많습니다.

---

[69] 갈3:24. 율법이 우리를 그리스도에게로 인도하는 몽학선생

실제 우리 목회자가 우리 교회에서 가장 힘써야 할 것이 무엇인가요?

성령님은 교회의 운행자이십니다. 교회가 크던 작든 성령님께서는 작은 교회 작은 목사에게도 감동주시고, 일하시고, 통치하십니다.

성령님이 때에 따라 기적도 있고, 부흥도 있고, 성장도 있으시고 인내의 시간도 작은 것에 감사하면서 사명으로 고난을 감당하는 십자가도 있습니다.

여기 우리는 흔히 작은 교회들로 모였습니다. 우리는 서로 이웃 교회여서 자주 보게 됩니다. 폼 잡아봐야 쉽게 다 서로를 압니다.

우리에게는 주님이 어떤 큰 교회나 복지관도 흉내 낼 수 없는 큰 선물을 주셨습니다. (사60:22 말씀처럼 작은 자와 위기 가정 학생들을 돕기위해 장학업체 150군데나 되고, 후원하고 장학금 지원하는 곳이 많아 어느 날은 몇 억씩 지원하기도 합니다.)

주님의 재림을 준비하는 장이라는 마25장에 나오는 '착하고 충성된 종? 작은 일, 작은 자'에 대하여 나옵니다.

주님은 이미 이 땅에 계실 때에 목회 본을 보이셨습니다.

주일에는 회당에서 예배하셨고, 나머지는 거의 다니시면서 복음전파와 모든 병, 귀신 약한 것들을 고치셨습니다. 마4:23 그리고 9:35 그 지경을 넓혀 가셨습니다 (행1:8)때로는 무수한 사람들이 모여 들었습니다. 한마디로 큰 교회 성장을 하셨습니다. 그러나 천국 영생의 본질로 들어가면 흩어졌습니다.

주님은 오늘날 우리가 원하는 교회성장을 하실려면 얼마든지 하실 수 있습니다.

그러나 더 중요한 것은 주님이 원하시는 것! 성령님이 원하시는 것을 우리는 더 힘써 행하고 서로 나눠야 할 줄 믿습니다.

우리는 진정으로 목회 잘 하는 것이 무엇인지 늘 성경 말씀 안에서 분명하고 정직하게 확신으로 되새겨야 합니다. 모두가 존경하는 사도들이나 우리 조국의 '주기철, 손양원 목사님' 같은 분들의 목회를 더욱 흠모해야 할 줄 믿습니다!!

여덟. "죄송합니다! 교회라서 안 됩니다"

교회에서 그림교실, 공부방을 하였다. 시청에서 지원하겠다는 강사 지원받을 일이 있었다. 그런데 장소가 교회에서 하기 때문에 안 된다는 것이었다. 그 동안 교회 목사님들이 이런 저런 복지한다고 어지간히 부정을 보였는지 신뢰가 안 되었던 것이었다. 그래서 '알았습니다'하고 순수한 사명으로 역전의 하나님께서 하시는 일을 기대했다. 아무 보조 없이 매일 십수 년을 진행했더니 푸드마켓에 시청에서 확인 전화가 왔다. 사람들은 "그런 일은 교회이니까 가능합니다"하고 하였다.

수술 후 푸드마켓을 재개 한 후 일지

어제 추석 앞둔 G2S2푸드마켓은 지난 13년 중에서 가장 작은 섬김으로 나누었습니다. 나없는 사이에 그간 여러 곳에서 교회에서 한다고 기부를 포기했습니다. 그러나 다시 장소도 반 지하 사택 앞이고 그나마 남은 한 학교 기부 음식이 두 양푼에 그치니 봉사자 입에서 "오늘은 너무 적게 나왔네...." 한숨을 쉽니다. 그 소리에 나는 웃으면서 "우리는 늘 있는데서 콩 한쪽 나누기로 했지요"라고 말로 서로 격려는 했으나 속에서 제 마음은 연신 "그래도 추석인데.."
수술 전보다 1/3인 열 댓 분 어르신 생각에 순간 조급한 민망함으로 기도했습니다.
그리고 새로 봉사에 합류한 문권찰님에게 기도 부탁하고, 끝나자마자 저는 집안으로 향했습니다.
지난 번 아내가 비상시 쓰라고 냉동고에 얼려둔 백설기가 생각났습니다. 거기에 지난 한때 봉사 총무권사님이 사 주시고 가신 감도 보입니다. 또 집사님 주신 산 밤에, 보건소 알바 때 주신 여분 치약이며, 쓰레기봉투를 슬쩍 슬쩍 뒤로 빼돌려 신나게 나눠드렸습니다. 이단 교회 다닌다고 그간 지청구를 자주 먹는 만민교회 봉사 집사님과 불교 장보살님이 그러십니다 "목사님은 무슨 마술사 같으시다고...." 그래서 그랬습니다. "주님의 오병이어 기적을 혹시 아시나요?" 그러자 "목사님은 분명히 다르시니까요...."
그 소리에 홀려 다시 집에 안 간 추석 형제들에게 주려던 땅콩까지 뒤로 빼돌려 내 왔습니다. 모두가 돌아가신 한참 뒤에 택배가 왔습니다. "여기가 대은교회 맞나요?" "네, 거기 대문에 크게 써 붙인 것 보이죠, 여기는 집이자 교회입니다"

지난주에 삼 십 삼년 만에 만났던 고등학교 친구가 호두과자를 통 큰 박스채로 보냈습니다. 이에 아내는 제가 빼돌렸던 냉동실에 다시 열심히 채웠습니다. 목사님만이 하는 오병이어 다음 마술을 준비하는 것이죠....

아홉. "지역에서 힘 있게 하시려면 정치색을 분명히 하세요"

작은 자들을 더 많이 잘 돌보려면 현실적으로 돈도 힘도 권력도 필요했다. 그러다 보니 가까운 지인이 그랬다. 같은 색을 가진 사람들 안에 들어가야 그래도 힘을 받을 수 있다. 그럴 때마다 "나는 목회자요, 예수당입니다"라고 조심스럽게 대답을 하였다.

개중에 "혹시 정치에 뜻을 두고 있나요?"하고 물었다. 그래서 "하나님 나라 정치에 이미 뜻을 펴고 있습니다"라고 하였다.

하나님의 공의적 사명 안에 목회를 잘 이해하지 못하니 어쩔 수 없었다. 나를 향하신 모든 것의 가치 위에서 목회자로 부르신 주님의 과정을 이해할 수 없었기에 쉽게 판단할 수 있음이었다.

열. "아니, 돈이 없어도 계속 도울 수 있다고요?"

교회나 삶에서 늘 하나님의 주권 아래 있음을 우선했다.

모든 봉사는 자원봉사가 중심이었다.

그리고 돈이 우선이 아니라 관계가 우선이었다.

돈이 없으면 관계로 위로하고 격려하며 또한 도울 곳을 연결해 드린다.

혹여 행사나 프로그램으로 재정이 필요가 절실한 경우가 있다. 그러면 목회자가 자칫 권력이나 기관에게 편법 혹은 구걸아닌 구걸이나 성도나 지인들에게 강요아닌 강요를 하는 경우가 있다. 항상 이런 경우를 위해 돈이 없어도 진행되는 지속적인 자원봉사 기본 틀을 만든 것이 "대은G2S2

푸드마켓" 과 "바우처 장학 멘토링"이었다. 즉, 자원하여 움직일 몸만 있으면 언제든 봉사도 후원도 가능하도록 하였다.

열하나. "뭐라고요? 작은 자가 스승이라고요?"

마25:40 "지극히 작은 자에게 한 것이 내게 한 것이니라"

주님처럼 대하라 하셨다. 그들을 잘 돌보라는 의미였다. 그러나 내게는 또 다른 그들을 통해 주님의 가르치는 메시지를 들을 수 있었다. 때로는 어떤 세미나에서 들었던 유명 목회자들의 영적 감화보다도 훌륭한 산 스승들로 다가왔다.

작은 자들과 목양의 관계가 어느 정도 서기까지 항상 여러 갈등에 부딪혔다. 문제 있을 때마다 나는 나의 부족이 드러났다. 그들은 나의 연약함을 찔렀다. 자존심을 건드렸다. 은근히 떠보면서 나의 부족한 인격을 드러내었다. 나는 그 때마다 기도하면서 성령님의 가르침을 들었다.

매 번 연약함에 혹은 죄성에 회개하면서 나의 정체성과 사명을 확인해야 했다. 이를 테면 개척 수 년 후, 교회 사명을 선언하면서 교회 정문 앞에는 많은 화분을 놓았다. 그리고 여름이 되자 화초들이 시들어 갔다. 작은 자 중에는 투덜거리는 사람들이 있었다. 나는 가볍게 쉽게 지나쳐 들었다. 그러자 한 번은 술을 먹은 중독자 한 사람이 직설을 했다. "왜 교회는 화초를 갖다만 놓고 죽이는지 모릅니다. 갖다 놓을 때는 좋다고 해놓고 왜 관리를 않는지요...." 그 소리에 뜨끔했다. 기도하면서 돌아 보았다. '작은 자들을 전도해 놓고 무관심 하는 교회들 있으며, 하찮은 작은 생명이라고 소홀히 하는 내가 무슨 작은 자를 돌본다고 그러는지...' 회개했다. 그리고 그 뒤로 식물도 물주는 일을 소홀히 하지 않고, 작은 자들 멘토링하는 일도 다시 돌아볼 수 있었다.

작은 자들과 함께 무수한 눈물로 나의 못된 성품들을 쳐서 말씀 안에서 십자가 안에서 죽어지니 아팠다. 자존심, 조급함, 소심함.... 무너질 때마다 아프고 다시 주님 주시는 새로운 자존심으로 세워졌다. 부활의 은혜로 기쁨으로 일어섰다. 용서의 힘, 관용의 힘, 먼저 손 내미는 화해의 힘, 공감하는 힘, 오해를 참고 기다리는 인내의 힘, 배려의 힘, 순수의 힘, 친절의 힘, 함께 공존하고 원원하는 힘, 섬김의 힘, 때에 맞춰 복음을 전하는 힘, 마귀를 알고 대적하는 힘, 참고 또 견디는 등등 앞에서 언급한 대로 조금씩 성장하면서 감사했다.

열 둘. '복지한다고 변질되는 목사님 많아요'

작은 자 사역이 하나님 나라의 확장으로 절대로 변질되지 않도록 언제나 선교마인드로 운영되었다. 지역에서나 언론에서 복지 목회를 하면서 처음에는 존경을 받는 분들이 있다. 그러다가 변질되는 경우를 많이 접했다. 그 중에 사리사욕의 돈에 탐욕이 생겨 변질되는 경우는 가장 흔했다. 이는 하나님 나라를 오히려 막는 역행을 범하는 것이었다. 내가 복지 시설 운영을 스스로 피한 이유도 거기에 있었다.

주님은 따로 시설을 운영하시지 않았다. 그럼에도 늘 작은 자들이 찾아 왔고, 찾아 갔다. 그리고 치유하시고 복음을 전하셨다.

시설은 자칫 내 소유라는 유혹을 뿌리칠 수 없다.

작은 자 시설을 운영하면 후원금 모금도 비교적 수월하다. 교회 안에서 이루어지는 것 보다야 여러모로 더 수월하다. 작은 자 사역하는 목사의 생활은 어려웠다. 교회에서 생활비가 국가에서 정한 최저 생계비도 안 되었다. 그러기에 자칫 시설을 통해 안정적으로 들어오는 보조금 혹은 기부금이나 후원금 유혹이 많다. 그러나 시설을 운영하다보면 더 좋은 시설, 더 큰 시설을 원한다. 돈의 유혹도 많다. 기관 감독을 받아 자율성에 침해를 받게 된다. 그러다보면 변질이 된다. 나는 주변에서 돈에 변질되는 목회자를 많이 보아왔다. 때문에 내가 또 다른 시설을 설립하여 대표자로 서기보다는 이미 주변에 있는 시설들과 연계하고 합력하는 것이 더 낫다는 생각이었다. 그것이 인간의 감독과 규칙을 너머서는 진정한 하나님 나라 공동체를 세우는 주님 뜻이라 믿었다.

지난 날, 작은 자 교회에서 장애 학생부에서 봉사하던 때에 나는 다짐했었다. 외부 후원자들이 찾아오면 하던 일들이 중단되었다. 심지어 예배 중에도 밖에 나가 사진 찍는데 동원되어야 했다. 시설을 운영하기 위해서는 대표자는 부담이 많다. 그래서 원치 않는 일을 할 때가 있다. 정작 작은 자들에게 이런 일이 매우 자연스러운 일인 것처럼 상처가 될 수 있었다. 사람을 위한다는 것이 일을 위한 사람이 필요하게 되는 경우였다.

그래서 혹여 내가 리더자가 된다면 '필요 이상의 구걸에 동원해야 하는 시설을 운영하지는 않겠다' 하였다. 그래서 이후 20년 동안 교회 공간 하나와 1층 기부한 임시 작은 공간 하나만으로 만족해야 했었다.

열셋. 작은 자들로부터 오해

작은 자들로부터 오해는 어쩌면 작은 자 사역에 있어서 가장 힘든 부분일 수도 있다. 내가 순간의 상처받는 아픔 이전에 오해로 멀어지는 경우가 있었기 때문이었다. 그것은 인간적으로 감당할 수 없는 순간들이 너무 많았다.

"정말로 목사님! 술 한 잔도 안 됩니까?" "아니 의사 선생님도 한 잔 정도는 좋다고 하셨고, 신부님은 술도 사주셨어요?" "목사님은 정말 우리를 이해해 주시는 것 맞나요?" 알코올 중독 형제들 중이나 가까운 지인들 중에 하는 질문들이었다. 일반인보다도 작은 자들에게 술 한 잔은 더 쉽게 무너지는 두 잔 세 잔이 되었다. 성경에는 수십 번 이상의 술 해악에 대해서 말씀하셨다. 결국 술을 끊은 형제들은 고백했다. 한 잔 이라도 입에 안 대는 것이 옳았다고....

창준이 형제는 착했다. 복합 지체장애로 말을 못했다. 푸드마켓으로 인연이 되었다. 동네에서 한 참 낯을 익힌 후에 교회에 나오기 시작했다. 정신질환인 누나는 다른 교회에 다녔다. 창준이 형제는 교회 나오면서 더욱 착해졌다. 그런데 언제부터 거동을 못했다. 집에서 누워 있었다. 며칠을 살펴본 후 기도와 함께 입원을 시켰고, 건강하게 회복되었다. 이 소식을 들은 다른 둘째 누나가 찾아와 울면서 감사 눈물로 몇 번을 울었다. 그런데 얼마 후, 나의 어머니 장례식 때 전화가 왔다. 정신질환자인 자기 언니가 푸드마켓에서 왕따를 당했다고 했다. 같이 술을 먹으면서 대화하고 내게 항의 전화를 한 것이다. 폭언도 서슴치 않았다. 나와 봉사하는 사람들에 대한 비난을 하였다. 이에 확인하니 수혜 어르신이나 봉사자 모두가 황당하다는 반응이었다. 얼마 후 정신질환 누나는 태연히 푸드마켓에 나왔다. 나도 아무일 없다는 듯이 허물을 덮어줬다.[70] 작은 자와 서로 오해를 덮고 신뢰를 쌓는 기간은 인간적으로 참 힘든 시간이었다.

열넷. "목사님, 왜 이런 일을 해야 하나요?"

하나님 나라가 확장 되면서 협약하는 일들이 많아졌다. 학교, 학원 연합, 마을금고, 청소년종합지원센타, 라이온스, 복지관, 기업체.... 그 때마다 묻는 질문이 있었다. "왜 이런 힘든 일을 하는 겁니까?" 답은 일관 되었다.

---

70) 무엇보다도 열심히 서로 사랑할지니 사랑은 허다한 죄를 덮느니라. 벧전4:8

"회개하는 마음으로 나섰습니다. 그 동안 목사로 하나님 사랑을 잘 드러내지 못했습니다…." 이렇게라도 주님 이름으로 앞으로의 충성 다짐하고, 주님 사랑에 대해 좋은 마음으로 한 번 더 생각할 수 있도록 하고 싶었다.

열다섯. "아니 꼭 그렇게까지 해야만 해"
누구나 주님의 자녀로 산다는 것은 쉽지 않은 일이다. 주일, 십일조, 예배, 술과 담배, 말조심…. 그리고 사명자로 산다는 것은 더 어려운 일이다. 가까운 지인들의 애경사를 챙기는 미덕이다.

거듭난 후 가족이나 친척이 주일에 결혼식이 있으면 불참했다. 때로는 돈이 궁색하고 작은 자들과 한 참 씨름해야 하기에 아버지 상여를 졌던 친구 부모님 장례식에도 못 갔다. 연맹에서 목회자들과 모임을 시작하면서 애경사를 거의 챙기지 못했다. 오직 '작은 자 사역에만 하나 되자'는 생각이 컸었다. 심지어 나의 자녀들 학원도 놀이 시간도 제대로 챙겨 주지를 못했다. 그러니 나야 '주님이 하신 말씀으로 위로를 받는다'[71] 하지만 가족과 지인들은 겉으로는 말을 못해도 잘 이해를 못했을 것이다.

열다섯. "진정 망상인가? 은혜인가?"
작은 자들이 은혜를 받으면서 때로는 망상으로 치우치는 경우를 자주 보았다. 이런 경우는 윤리적 양심이나 상호 관계에서 존중이 무시되었다. 그러다가 다시 하나님이나 주변 사람들과 좋은 관계가 깨어지면서 무너지는 경우를 보았다.

사실 이런 경우는 일반 성도들이나 심지어 교회 지도자들 경우에도 종종 나타나는 일이었다. 예배에 신령과 진정을 다해 보이는 작은 자들이 있

---

[71] 죽은 자들로 자기의 죽은 자들을 장사하게 하고 너는 가서 하나님의 나라를 전파하라. 눅9:60

다. 매우 깊은 신앙 열정을 보이고 있는 경우가 있다. 심지어 직통 예언까지 쉽게 여기는 경우가 그랬다. 그런데 이들이 실제 삶에서는 매우 비양심적인 경우가 있다. 물론 일반 성도들도 마찬가지다. 때문에

> 히13:15~16 "이러므로 우리가 예수로 말미암아 항상 찬미의 제사를 하나님께 드리자 이는 그 이름을 증거하는 입술의 열매니라. 오직 선을 행함과 서로 나눠주기를 잊지 말라 이같은 제사는 하나님이 기뻐하시느니라"

또한 "행함이 없는 믿음은 죽은 믿음이다"[72]를 강조하게 되었다.

이와 반대로 '하나님을 믿다가 종교 망상에 빠지면 안 된다'면서 오히려 인간 의술에 모든 것을 의존하여 주님을 떠나는 경우도 보았다.

대한민국 역사 이래로 가장 훌륭하다는 허준 의사는 노년에 당대 최고 궁궐의사들과 동의보감을 집대성하였다. 그러나 그의 어머니에게 치매가 찾아왔으나 손을 쓸 수가 없었다. 알코올 중독 또한 정신병의 하나로 의사들은 본다.

현대 의사들 역시 알코올 중독을 포함하여 정신질환은 약으로 그 증세를 완화하고 제어할 뿐이지 아직 확신을 할 수 없었다. 즉, 완치는 없다고 말한다.

그러나 하나님의 종인 목사는 다르다. 하나님의 능력을 믿는 목사는 완치를 믿어야 했다. 그리고 계속해서 다시 가정의 회복도 사회에서 자립할 수 도 있음을 믿어야 했다.[73] 하나님의 능력과 의사의 손길 사이에 언제나 지혜가 필요했다. 그리고 하나님을 먼저 믿는 우선순위는 있되 어느 한쪽으로 치우치지 않는 분별이 필요했다.

---

72) 약2:26
73) 주의 성령이 내게 임하셨으니 이는 가난한 자에게 복음을 전하게 하시려고 내게 기름을 부으시고 나를 보내사 포로된 자에게 자유를 눈 먼 자에게 다시 보게 함을 전파하며 눌린 자를 자유케 하고 주의 은혜의 해를 전파하게 하게 하려 하심이라. 눅4:18~19

이방인의 뜰, 교회 24시간 열린 문

대은교회 작은 자 사명으로 개척을 시작하면서 성령님은 성전 문을 개방하도록 감동 주셨다.

그 첫 번째 이유는

"내 집은 만민이 기도하는 집이라. 마11:17"

그리고 행2장의 초대 마가다락 교회는 성령 충만했다. 그리고 매일 열려있는 열린 문의 교회였다.

예배와 행사 때에만 교회가 열려 있기를 원치 않으셨다.

더욱이 뉴스에서 겨울에 노숙하며 얼어 죽는 일들이 언론에 보도 되었다. 그리고 지난 내가 작은 자로 살았던 청년 때 처음 가까운 교회에 가서 기도하고자 했을 때에 문이 닫혀 있었다.

어떤 성도에게든 불신 이방인들이든 교회를 한번이라도 더 가까이할 수 있는 기회를 줘야 했다. 언제든 기도할 수 있도록 문을 열었다. 구약의 '이방인 뜰'처럼 언제든 드나들 수 있도록 하였다.

구약 성전에는 '이방인을 위한 뜰'이 있었다. 선민의 제사 흠향과 함께 이방인들이 성전 가까이 머물 수 있도록 사랑하시는 하나님을 보이셨다. 하나님은 먼저 택한 백성이 있으나 모두를 구원하시고 영광받기를 원하시는 하나님이셨다.

신약에는 예수님으로 모든 구약 제사 의식은 없어졌으나 하나님이 이 세상을 향한 사랑은 여전히 유효하다.

교회를 24시간 개방을 하자 예상대로 문제가 생겼다.

온갖 도난, 파손, 더러움, 역겨운 일들이 빈번했다. 교회 안의 유아실이나 목양실, 재정부실의 방 열쇠가 수시로 망가졌다. 학생들 혹은 노숙인, 도둑이 들어와 문 열쇠를 부수거나 돈, 필요한 물품을 갖고 가기도 하였다.

또한 사람 똥, 개똥이 생겨났다. 새벽에 간혹 양동이에 물을 담아 청소하기 바빴다. 간혹 노숙인들이 늦은 밤에 성전에서 자고나니 새벽에 그 냄새가 진동했다. 밤새 석유를 다 소멸시키는 사람, 가스난로로 의자를 태우는 사람, 강단에 있는 것을 마음대로 사용하는 사람이 있었다.

때로는 위험한 상황을 목도하고 나무라자 '목사가 화냈다'고 오히려 적반하장으로 큰 소리를 쳤다. 사실 이런 분들이 여럿 기억이 났다. 아니 협박하는 분들도 계셨다. 만약 교회가 내 소유라는 생각이 앞섰다면 더 이상 멈춰야 했다. 교회 문을 사용할 때만 열어야 했다.

'성전이니 깨끗하게 관리해야 한다'라고 말하는 사람도 있었다.

더불어 인근 주민들도 문제를 삼았다. 교회 주변에서 술 취한 사람들이 모여서 담배를 피우고, 때로는 서로 싸우기도 하며 소리를 질러대니 문제였다. 어떤 분은 '자녀들이 피해를 볼까봐 걱정된다. 어떤 분은 집값이 떨어진다. 심지어 교회 성도님 중에는 교회는 부흥되기 틀렸다'고 말하는 분들이 있었다. 욕을 먹고 오해를 받아도 감수했다. 사명에 충성을 이루고자 함이었다.

하나님 아버지의 집이요, 만민의 집이요, 주님의 몸이란 믿음이 우선이었다. 그러기에 자유하면서 견딜 수 있었다. 훗날 반드시 주님께서 화를 복으로 바꿔주시리라 믿었다.[74]

---

74) 앞에서 '작은 자 사역의 오해'에서 주민들이 오히려 후원자가 된 하나님 영광을 밝혔다.

실제로 수시로 기도하는 성도들이 생겨났다. 그리고 다른 교회성도들도 드나들었다. 기도의 소리가 늘 멈추질 않았다.

도둑으로 구형 마이크와 TV를 떼어가니 새 것을 누군가 기증하였다....

난로 심지를 다 태우니 더 화력 좋은 석유난로가 들어왔다.... 또한 이웃들이 교회 사역에 함께하기 시작했다. 2층 성전 확장을 기도한 우리에게 1층 한 켠 작은 자들을 위한 사무실을 허락하셨다. 지역 봉사와 더불어 교회건물 1층에 '이방인 뜰'의 장소인 대은G2S2의 '멘토링 센터'를 기부 받게 되었다.

교회 성전 개방 이후 시련의 충성은 곧 복이 되었다. 더불어 성령님은 '열린 문'[75]의 말씀을 통하여 더 개방하라는 확신을 주셨다.

첫 번째는 교회 성전을 24시간 개방한 것에서 아예 유아실까지 재활실로 개방할 것을 결정하였다. 이는 단순히 돕는 작은 자 사역에서 한 단계 도약하고자 했던 것이다. 도움을 바라는 사람들에게 잠자리와 재활의 의지를 묻고 숙식을 제공하기 시작했다. 그리고 그들이 세례를 받고 기본 생활비가 확보되면 스스로 독립을 시키기로 하였다. 그렇다고 시설을 따로 한다는 생각은 전혀 없었다.

두 번째는 숙식 유아실 개방과 함께 아예 목양실, 재정부실까지 개방하기를 원하셨다. 언제든지 수시로 성도들과 작은 자들의 삶을 나누기 시작하였다. 삶을 이야기 하다보면 자연스럽게 서로 영향을 받게 되어 있다. 만약 내 자신이 올바른 영적 상태라면 하나님의 향기와 빛이 저들에게 미쳤다. 그렇게 변화되는 것이었다.

---

75) 계시록 3:7.

신대원에서 준비한 멘토링 목회 계획이 이렇게도 하나님은 진행시키는 것이었다. 언제나 하나님의 일하심은 감히 측량할 수가 없었다. 일대일 멘토링 사역이 된 것이었다.

늘 열린 상담실이 되었다. 누구나 교회에 기도하다가 들어와 차 한 잔하고 대화하였다. 처음에는 많이 귀찮고 방해도 되었다. 그러나 몇 년이 익숙해지니 모든 것이 소화되었다. 때로는 나는 설교를 준비하고 작은 자들은 놀다가 가기도 하였다. 재정부실은 필요시 마다 코칭 일대일 상담 혹은 공부방으로 사용하게 하였다.

세 번째 성전, 유아실, 목양실 그리고 교회 창문 울타리 쪽 공간도 개방하였다. 재활하고자 하는 작은 자들에게 박스와 고물을 쌓아놓는 창고와 작업장이 되게 하였다. 먼저 자매님이 시작했다. 그리고 뒤 이어 형제님이 시작했다. 이들은 모두 은혜를 받고 세례 받고 봉사하는 이들이었다. 동네에 영향이 바로 미칠 수 있어서 아무나 허용할 수는 없었다.

목양실 업무에 때로는 작업 소리에 약간 방해를 받기도 했으나 작은 자들의 성실히 사는 모습을 보면 오히려 감사하고 기쁨이 되었다. 그들은 일을 하면서 동네 쓰레기 관리도 하고 건물 청소도 하게 하였다. 그러면서 교회를 아름답게 알리는 성도들이 되었다.

그리고 계속해서 성전 입구를 개방하여 무료 푸드마켓과 약수 식수대를 시작하였다. 진짜로 밥 한 끼도 힘들어서 드리는 이도 있겠으나 정이 그리워 드리는 이도 있었다. 교회를 개방하여 푸드마켓을 오후 3시부터 두 시간하였다. 그러면 1시부터 와서 계시는 분들이 있었다. 찬양을 틀어 놓으면 어떤 이는 기도를 했고, 어떤 이들은 교회가 사랑방이 되었다. 간혹 '찾아와서 교회라는 실망으로 다시 안 오시는 분도 계셨으나 대체로 여기가

천국이야! 하면서 즐거워 하셨다'

교회 상가 앞에는 화분을 일렬로 늘어놓았다. 그리고 탁자를 놓았다. 1층 멘토링 센터에서도 늘 작은 자들과 주민들이 드나들었다.

이렇게 대은교회는 언제나 주님의 품이요, 누구나 찾아와서 기도, 교제, 봉사, 전도를 할 수 있는 주님의 집이라는 인식을 심었다.

대은교회는 모든 것을 개방하였다. 작은 자 사람들과 이웃들이 더 쉽고 편하게 "이방인 뜰"사역을 통해 매일 찾아올 수 있었다.

교회를 개방하면서 20여 년이 지나는 동안 찾아 온 무수한 작은 자들과 함께 교회 울타리를 너머 하나님 나라 마을과 도시 공동체 사역으로 확대 되었다.

"네 양떼의 형편을 부지런히 살피며 네 소떼에 마음을 두라. 잠27:23"

3

하나님 나라,
또 다른 교회 공동체

하나님은 크신 은혜로 아주 작은 나를 부르셨다. 그리고 목회자 사명과 더불어 대은교회의 작은 자 사명 하나를 더 힘쓰게 하셨다. 작은 자 사역은 교회 울타리를 너머 또 다른 교회 공동체로 이어지고 있었다. 마을 공동체, 목회자 연합 공동체, 도시 공동체로 그리고 세계 선교 공동체로 하나님 나라가 확장되어 나갔다.

주님이 하시는 일들 가운데는 참으로 놀라운 일들이 많았다. 어떤 경우는 매우 하기 쉬운 일인데 안 되는 경우가 있다. 아무리 열정을 쏟아도 허사인 경우가 있다. 반대로 별로 열정을 쏟지 않아도 잘 되는 경우가 있다.

교회 울타리를 너머 마을 공동체와 도시 공동체로 나가는 대은G2S2나 한국청소년멘토링연맹은 교회에 비하면 그리 열정과 힘을 쏟아 붓지를 않았다. 그럼에도 크게 뻗어 나갔다. 때로는 '교회가 이렇게 되었으면 얼마나 좋을까' 하는 마음이 저절로 들었다.

주님이 주관하시고 통치하시는 하나님 나라 일에 알 것 같으나 모르는 일이 많았다.

작은 마을 공동체, 대은G2S2[76]

"형제가 연합하여 동거함이 어찌 그리 선하고 아름다운고. 시133:1"

"주의 성령이 내게 임하셨으니 이는 가난한 자에게 복음을 전하게 하시려고 내게 기름을 부으시고 나를 보내사 포로된 자에게 자유를 눈 먼 자에게 다시 보게 함을 전파하며 눌린 자를 자유케 하고. 눅4:18"

대은교회는 작은 자 사역을 통해 교회를 24시간 개방했다. 처음에는 나 자신이 중독자와 귀신들린 자, 장애인 재활을 개인적으로 상담하면서 시작했다. 그리고 작은 자들이 교회에서 숙식하면서 푸드마켓을 열게 되었고, 교회 제직들이 일꾼이 되어 섬기게 되었다. 그리고 마을 통장님들이 봉사에 참여하면서 대은교회를 중심으로 새로운 대은G2S2 마을 공동체가 형성 되었다. 마을 사람들은 수혜자로 혹은 봉사자로 누구나 쉽고 친숙하게 교회를 드나들 수 있었다.

대은교회는 작은 자 사역의 사명이 시작되면서 모든 일회성 행사를 중단했다.

---

76) G2S2는 하나님의 큰(grate) 은혜(grace)로 종(servant)처럼 섬긴다(service). 대은교회 목회자와 중직들은 주님의 작은 종이 되어 독거노인, 중독자, 한 부모, 위기가정의 생활을 지원하고 돌보는 지역민들이 참여하는 봉사단체다.

대은교회 설립하면서 매년 1회성 행사로 무의탁 어르신을 섬겼다.

어르신들을 위한 것도 있었으나 교회를 알리는 일이었다. 솔직히 전도하고자 하는 일이었다. 많은 어르신들과 유지들이 고마운 인사를 했었다. 그러나 그것으로 끝났다. 뭔가 허전했다. '이런 일들은 일반 봉사단체에서도 많이 하는 일이 아니었던가....?' 진짜로 교회에 얼마나 고마워할까....

다시 신학대학원에서 쓴 목회논문을 보며 반성했다.[77] 그리고 기도했다. 작은 자들의 삶에 영향을 미치려면 우선 주님처럼 작은 자들과 친구가 되어야 했다. 그리고 그들의 삶으로 들어가야 했다. 그리고 하녀나 머슴처럼 겸손히 그들의 필요를 수시로 받들어 채워주려 했다. 그리고 그들이 교회 성도가 되면 앞에서 언급했던 가족처럼 맞아 들여야 했다.[78]

여기서 대은G2S2의 가장 중요한 기본 신념은 '종처럼 섬기다'의 'Servant Service'인 'S2'였다. 이는 작은 자들의 꼭 필요한 것을 머슴처럼 찾아 수시로 섬기는 것을 말한다. 일반 사람들이 결코 소하하기 힘든 주님의 일꾼들이 끝내 받을 수 있는 영광임을 가슴에 새겼고, G2S2로 봉사단체를 결성하여 마을 사람들과 함께 작은 자를 통한 행복한 소통되기 시작했었다.[79]

대은G2S2는 비록 외부 봉사자들이 참여하고 있다하나 언제나 대은교회와 한 공동체로 연결되어 있음을 주지 시켰다. 때문에 교회 외에 어떤 기관에 감독과 예속이 되지 않도록 늘 깨어 있었다.

쉽게 말해서 'G2S2 봉사단체가 욕을 먹으면 곧 교회가 욕을 먹는다'는

---

77) 논문 제목은 '내적치유와 멘토링 소그룹 목회를 통한 선교 공동체'였다.
78) 작은 일에 충성
79) G2는 대은교회의 '대은'인 Great Grace이다.

부담을 늘 앉고 갔었다. 세상에 소금이 되고 빛이 되어 교회에 소망을 둘 수 있도록 주의했다. 때문에 일체 정부 지원의 감독을 지속적으로 받는 그 어떤 재정에 관여하지 않았다.

한 편으로 재정적인 좀 더 편하고 안정적인 길을 갈 수 있었다. 그러나 교회의 권위와 목회를 판단 받을만한 변질에 늘 깨어 있어야 했다. 뜻밖에 건물 1층 작은 자들을 위한 사무실도 건물주께서 먼저 나서서 자발적 기부로 이루어졌다. 다만 공기관의 1회성 봉사 고유 목적을 위한 공모사업까지는 응하곤 하였다.

작은 자를 섬기는 일에는 언제나 순수한 자원봉사가 가장 중심이 되었다. 한 번은 푸드마켓을 통하여 짜장면을 기부하는 단체가 있어서 어르신 초대 잔치를 했다. 그런데 마침 선거철이라 정치후보자들이 어깨띠를 두르고 방문했다. 그래서 나는 모른체 했다. 그랬더니 봉사자 임원이 "인사를 시키면 어떻겠냐"고 묻길래 "그냥 두세요"라고 했다. 그랬더니 후보자들이 눈치를 보면서 명함을 돌렸다. 그래서 "즉시 중단하세요"라고 단호하게 말했다. 그러자 당황하면서 눈치껏 자리를 빠져 나갔다. 나를 얼마나 오만하게 봤을까....? 그러나 그 후보자 중에 대뜸 손을 걷어 부치고 봉사하는 분은 그냥 두었다. 그 뒤로 누구든 미숙한 마음이라도 봉사로 나서면 환영할 일이었다.

대은G2S2는 돈이 없어도 봉사를 지속할 수 있도록 하였다. 우리는 오래도록 '누군가를 돕는다'하면 먼저 돈을 생각해 왔다. 돈이 없으면 봉사를 할 수 없다고 생각했다. 가난한 작은 교회도 지역 구제와 나눔 실천이 어렵다고 생각한다. 물론 큰 교회도 돈으로 하다면 결코 지속적으로 시행

하기는 어렵다. 하나님은 기존의 모든 봉사 생각을 바꿔 주셨다. 바울의 부유한 고백을 이루도록 하셨다.[80]

대은G2S2 푸드마켓은 오병이어의 말씀에서 시작되었다.

유아실 개방으로 작은 형제들이 거주하기 시작했다. 그들에게는 하루하루 먹는 것이 시급했다. 요구르트를 누군가 교회에 기증을 하였다. 그래서 함께 나누고 남은 것으로 새벽 기도를 마치고 버스 정거장에서 전도지와 함께 나누어 주었다. 그리고 얼마 후 누군가 또다시 기부를 하였다. 그러면서 기도를 하는데 오병이어 말씀이 생각났다. 유아실 형제들에게도 이 말씀이 이루어지길 기도했다.

시청 홈페이지를 보는 중에 우연히 교회가 있는 동사무소에서 푸드마켓이 중단되었다는 소식을 보았다. 그리고 기도하는 중에 다시 오병이어의 기적 말씀 가운데 주님이 제자들에게 "너희가 해결 해 보아라" 라는 말씀이 생각났다.

그래서 당시 전국 최초로 푸드마켓을 진행하고 있던 '지역복지봉사회'에 전화를 넣었다. "중단된 동사무소 대신 우리가 하고 싶다고...." 그러자 운영 장소를 물었다. 교회와 지하 성전.... 전혀 조건이 안 되었다.

대은G2S2 푸드마켓은 대은교회가 처음 설립할 때와 비슷한 상황이 되었다. 기도하고 한 주가 지나고 다시 연락이 왔다. '지역복지봉사회의 이사회에서 있을 수 없는 결정으로 대은교회에서 푸드마켓을 진행하도록 선정 되었다고....'

푸드마켓 진행을 전국에서 처음 교회에서 하는 것이고 지하도 처음이라

---

80) 내가 비천에 처할 줄도 알고 풍부에 처할 줄도 알아....일체의 비결을 배웠노라. 내게 능력 주시는 자 안에서 내가 모든 것을 할 수 있느니라. 빌4:13.

했다. 일주일에 한 번씩 푸드마켓은 그렇게 시작 되었다. 그러나 매일 식사 문제가 해결 되지 않았다. 그리고 하나님께 또 기도했다.

우연히 인근 고등학교에 졸업증명서를 떼러 들렀다. 거기서 학교 영양상 선생님과 우연한 대화를 하던 중 손 안대고 버리는 음식이 많다는 이야기를 들었다. 이에 교장 선생님의 허락으로 푸드마켓은 이제 매일 하게 되었다. 교회에서 작은 자를 위한 식사와 더불어 남는 음식의 많은 양은 동네 무의탁 어르신에게 배달이 되었다.

그리고 봉사자들과 함께 기부한 학교의 학생들을 추천받아 바자회 장학 후원을 하였다. 그렇게 점점 교육청과 학교 문을 여는 계기가 되었다. 더 나아가 지역의 많은 업체들이 작은 자들과 어르신들 그리고 추천 학생들의 필요를 후원하였다.

하나님은 돈이 없어도 할 수 있는 봉사에 더 많은 기관과 연계하게 하셨다. 주민센터와 협력하게 하셨다. 작은 자들의 병원비 그리고 입원, 기초생활 수급비, 주소 말소 회복.... 일자리... 긴급지원....

노인정, 복지관과 협력하게 하셨다. 시청과 연계된 기관과 협력하게 하셨다. 특히 자원봉사와 밀접한 관계가 되었다. 봉사자 모집에 수요처로 학교와 지역 자영업체와 협력하게 하셨다.

교회 위 태권도, 앞 분식집, 수선집, 미용실, 학원들, 반찬집, 떡집, 약국, 안경점에서 제공하는 일부 바우처와 같은 무료 제공... 이외에 다양한 후원과 헌금의 길을 열어 놓을 수 있다.

가난한 작은 교회는 주님 약속대로 점점 부요한 교회가 되어 갔다.(사 60:4/ 엡1:23 / 계2:9)

그 밖에 대은 G2S2 사역은

- 비가 오는 날을 위해 상가 교회 입구 문에 무료 우산대를 설치하였다. 10년 넘게 우산이 끊이질 않고 누군가 채우고 또 채워졌다.
- 앞 도덕 산 약수터에서 물을 길어다가 개방된 교회에 비치하였다. 수시로 지나가는 이들과 동네 주민과 아이들이 찾아 마셨다. 또 다른 도시 샘물이 되었다.
- 교회 밖에 의자를 놓고 탁자를 놓았다. 그리고 화분을 나열했다. 지나가는 이들이 쉬었다 갔다. 또 하나의 이야기 장소가 되었다.
- 치과나 심장수술비 지원 그리고 휠체어와 목발, 비치된 도서를 언제든 빌려갈 수 있게 하였다.

대은G2S2 봉사자에 대한 감사도 컸다. 처음 몇 년은 봉사자가 없어 어느 날은 나 혼자서 봉사하는 경우도 있었다. 한 해 두 해 지나자 변화된 작은 자들이 봉사에 나서기 시작했다. 수혜 어르신들이 거동이 힘드신 옆집 어르신들에게 배달해 주기 시작하였다. 작은 어른이 더 작은 어른을 섬기게 되었다.

푸드마켓 일지에서

오늘 따라 나눠야 할 푸드마켓 양이 너무 많아서 은근 슬쩍 젊은 봉사자 손길이 애탔다. 그런데 일찍 오신 수혜 어르신들께서 제 얼굴의 수심을 보셨는지 "사람 없으면 우리가 하면 되지" 하시면서 주저 없이 손을 걷어 부치십니다. 그리고 배분을 시작하자고 하십니다....
중간에 제가 "편히 계시지 못하게 해서 죄송합니다" 하니 어르신들은 힌결같이 "무슨 말씀을 그리하시냐"면서 "이렇게라도 움직일 수 있는게 감사요, 아, 우리 같은 늙은이 누가 끼워주는가?.. 목사님! 봉사할 수 있으면 더 감사한거지요..."
이 말씀에 저는 어르신들을 그리고 자원봉사를 다시 생각했습니다. 어르신들도 봉사에 동참시켜야 하겠구나! 앞으로 봉사자 부족 부담에서 자유할 수 있겠구나! 할렐루야!!
더하여 대은 G2S2는 언제든지 봉사자들을 모집할 수 있는 1365 봉사 수요처로 인정이 되었다.
개중에 어른도 있겠으나 대부분 학생들은 봉사 점수를 얻기 위해 왔다.
교육 중심에는 직접적인 복음을 말할 수는 없다. 그러나 이들에게 어르신 효의 양심과 사회적인 공의의 중요성을 심어주고자 하였다.
푸드마켓 봉사 그리고 주말 말벗 봉사, 음식 만들기, 생수 길어오기......
그리고 새로운 자원봉사를 얼마든지 준비하여 움직일 수 있게 되었다.
G2S2 봉사가 20년이 되면서 나는 수술로 잠시 쉬게 되었다. 그리고 자연을 가까이 하면서 작은 자들에게 필요한 '도시생태' 사역에 눈을 열게 되었다.
봉사자만 있으면 얼마든지 같이할 수 있었다. 감사하게도 대은G2S2가 언제든지 봉사자들을 모집할 수 있었다.
그 학생들을 봉사 교육하는데 할머니들 중에 귀감이 되시는 분들을 잠시 세워드렸다. 그 어떤 강사들 보다도 박수를 크게 받았다.

푸드마켓 일지에서

학생들 주말 자원봉사 교육 시간에 평소 푸드마켓서 거동 불편하신 어르신 배달 봉사하시던 80대 장할머니를 강사로 세워 주셨다. 장할머니는 과거 적십자와 새마을 봉사회에서 봉사하셨던 이력이 있으셨다. 그래서 그런지 학생들에게 더 따뜻한 할머니의 정을 느낄 수 있게 하셨다. 어른 공경에 대한 몇 말씀에 예상 밖 학생들의 뜨거운 박수가 나왔다. 정말 누구도 예상할 수 없었던 반응이었다.

대은G2S2는 대은교회 사명에 기초하였기에 늘 일반인의 봉사 한계를 뛰어 넘는 봉사로 하나님 영광이 되기를 원했다.
처음에는 교회 유아실에서 숙식하는 작은 자들의 식사 문제로 시작한 푸드마켓이었다. 점차 이웃의 무의탁 어르신들이나 학생들로 확대 되었다. 그리고 노인정과 다른 교회 그리고 아동센터나 그룹 홈까지 확대 되었고, 학교 및 복지관이나 주민 센터에서 추천한 학생 및 가정까지 확대 되었다. 많게는 매 년 300가정이 넘게 지속적으로 지원할 때도 있었다.
10년 20년 꾸준한 지속성에 있어서 그러했다. 전혀 후원금이나 재정이 부족하거나 없어도 계속해야 했다. 봉사자가 있든 없든 계속해야 했다. 어떤 문제가 있어도 계속해야 했다.

✟ 암 수술 후 다시 재개한 푸드마켓 일지에서

오늘도 "목사님 편찮으신데 왜 자꾸 하시려 하냐"고 걱정 반 질문하시는 할머니가 계시다. 처음 대은 GS2가 푸드마켓을 시작할 때만 해도 한국지역복지봉사회에서 유일했었다. 그러나 십 수 년이 지난 지금은 희망나기, 적십자, 복지관, 경륜장, 짜장차.. 여러 큰 기관에서 매우 잘하고 있다.
그럼에도 왜 G2S2가 계속 해야하는가? 나는 이 일을 처음 시작할 때에 주님께 기도했다. 99년, 지하 교회에서 재활하는 중독,장애 형제들 식사 위해... 그리고 "지극히 작은 자에게 한 것이 내게 한 것이라"는 주님 말씀의 순종에 시작했다. 그리고 십 수 년 무의탁어르신, 청소년에 이르기까지 그 무엇보다 주님께 순종한다는 믿음으로 달려 왔었다.
그리고 제 작년부터 좀 쉬고 싶다는 기도를 한동안 했었는데, 큰 병을 얻어 진짜 잠시 쉴 수밖에 없었다. 몇 달 후, 몸이 회복되면서 한 두 어르신의 사각지대 눈물 소식에.. 다시 푸드마켓 재개를 위해 몇몇 지인께 협조를 구했다. 그러나 '시나 정치인들에게 찾아가면 좋을 것 같다'고 말하는 분들이 있었다. 그럴 때마다 괜한 구걸 짓거리 생각에 적당히 둘러대곤 하였다.
내가 지금 주변에 거대기업 같은 무료 식당들이 있어도 더 그만두지 못하는 가장 큰 이유 가 있다. 그것은 주님과의 사명 약속이었다.

도시 공동체, 한국 청소년 멘토링 연맹

내은교회 '작은 사' 사명의 목회에서 대은G2S2 공동제로 확대 되었다. 그리고 주님의 작은 나와 봉사자들의 충성을 보셨다.

"잘 하였도다 착하고 충성된 종아 네가 작은 일에 충성하였으매 내가 많은 것으로 네게 맡기리니 네 주인의 즐거움에 참예할 지어다. 마25:21"

주님은 말씀의 약속대로 많은 부유의 주님 기쁨을 허락하셨고, 대은교회 작은 사명에서 점점 겨자씨 하나님나라 나무로 자라게 하셨다.[81]

그 토대위에 위기가정 학생들을 지원하는 '한국청소년 멘토링연맹'이 세워졌다. 드디어 대은교회가 성도들에게 사명 선언한 후 7년 쯤 되어 부흥회 잔치로 얻은 교훈과 작은 자 섬김의 연합 기도를 하나님은 성취할 수 있게 하셨다.

우선 한국청소년멘토링연맹의 작은 자 봉사 중심에는 작은 교회 목회자들이 있었다. 이 사역으로 내 교회와 교파를 떠나 더 큰 주님의 하나 된 공동체 지역 교회로 눈을 열게 하셨다.

봉사의 목회자들은 누구보다 섬김의 무게나 영혼구령의 무게를 잘 이해할 수 있었다. 물론 그렇지 않은 분들도 많았다. 처음에는 하나님의 사역으로 참여했다가 쉽게 판단하고 돌아간 목회자도 많았다. 참고로 지역에서 봉사 멘토로 함께했던 목사님들의 교단은 매우 다양했다. 이단만 아니면 모든 교단의 목회자와 함께했다.

목회자는 멘토링 관계 과정에서 학생들 전도의 기회를 얻었다. 그리고 같은 지역 안에서 목회자 친목과 더불어 가정의 자녀와 교회의 가난한 성도들에게도 도움이 될 수 있는 은혜를 얻게 되었다.

연맹의 목회자가 친목이 우선이 아니었다. 때로는 애경사 불참으로 오해가 있었다. 또한 노회 모임이나 지역 교회연합 성격도 아니었다. 오직 같은 지역에서 작은 자를 섬김으로 하나 될 수 있었음은 큰 하나님 나라 영광이었다. 그러다 보니 지역의 작은 교회를 담임하는 작은 목회자들로

---

81) 천국은 마치 사람이 자기 밭에 갖다 심은 겨자씨 한 알 같으니 이는 모든 씨보다 작은 것이로되 자란 후에는 나물보다 커서 나무가 되매 공중의 새들이 와서 그 가지에 깃들이느니라. 마13:31,32

주축이 되기 시작했다.[82] 더불어 주님이 사도 제자들에게 당부하셨다.

"내가 너희를 사랑한 것 같이 서로 사랑하라. 요13:34"

언제부터 이웃 교회간에 경쟁의 목회가 되었던 현실이었다.

그러나 주님께서 제자 사도들에게 주신 '서로 사랑'의 가르침에 따라 지역의 '작은 자'를 섬기면서, 목회자가 서로의 가정을 돌보고, 목회를 세워주는 관계로 만들어 주셨다. 교회 목회자가 연합하고 더 나아가 교회 성도들이 연합하여 주님 안에서 한 가족임을 확인할 수 있었다.

"하나님이 나사렛 예수에게 성령과 능력을 기름 붓듯 하셨으매 저가 두루 다니시며 착한 일을 행하시고....행10:38"

작은 교회 목회자들과 착한 목회를 많이 할 수 있었다. 과거에는 가난한 학생들은 학교 진학이 어려웠으나 지금은 학원가는 것이 어렵다. 작은 가정의 청소년들에게 꿈을 꾸게하고 그 꿈을 맘껏 지원할 수 있게 하였다.

장학금과 더불어 급식비, 교복, 참고서, 수확여행비, 장학금.... 다양한 것들을 해결할 수 있었고, 더불어 다양한 장학지원과 함께 학생들을 향한 전도의 문을 새롭게 열 수 있는 길을 허락하셨다.

그와 더불어 학생들을 전도하는 기회를 갖고자 하였다.

"보라 내가 너희를 보냄이 양을 이리 가운데 보냄과 같도다 그러므로 너희는 뱀같이 지혜롭고 비둘기 같이 순결하라. 마10:16"

2000년이 들어서면서 갈수록 학교에서 복음의 모임들이 설 자리를 잃었다. 학교에서 기독 동아리가 사라져 갔다. 바로 근처 고등학교 기독 동아리 밴드 모임이 대은교회에서도 있었다. 그러나 언제부터 중단 되었다.

---

[82] 지역에서 큰 교회 목사님들과는 대체로 지속적인 교제가 힘들었다. 작은 교회나 목회자가 곤경에 처한 것을 소화하거나 약속을 소중하게 여기지 못하였다.

나중에 안 일이지만 학교장 아래 기독 동아리가 해체 되었다고 하였다. 심지어 미션스쿨에서도 채플이 사라져 갔다. 너무 안타까웠다.

나는 중, 고등학교 때에 미션스쿨에서 하나님을 배웠으나 만나지는 못했다. 그러나 뒤늦게 주님을 만난 후에 중, 고등학교 때에 배운 말씀과 찬양이 처음 떠올랐다. 그리고 작은 어머니의 밝은 가족 얼굴과 작은 어머니의 나의 유일한 졸업 축하 앨범에서 뒤늦게 주님 사랑이었다는 것을 알았다. 이런 기회를 얻고자 마10:16 말씀을 붙들고 많이 기도했었고, 하나님은 학교 문을 열어 주셨다.

하루는 대은교회 앞에 사는 이웃 동네 교회 집사님 가정에 사건이 생겼다. 남편이 술 초기 중독 증세로 힘들어 하셨다. 교회는 24시간 문을 열어놓으니 어느 때든 기도하시면서 울고 가셨다.

하루는 연락이 왔다. 지금 아들이 휘발유 통과 칼을 들고 있다고 말했다. 경찰도 왔다가 그냥 갔다고 말했다. 일전에 양동에서의 일들이 다시 떠올랐다. 비록 우리 교회 성도는 아니나 위급한 상황이었다. 그래서 이번에는 주님! 선한 사마리아인! 주님 평안! 주님 보혈의 사랑! 속으로 기도하면서 방 안으로 들어갔다. 학생의 눈에 살기가 가득했다. 그래서 칼을 잡았다. 두 시간 그 잡은 칼과 함께 버텼다. 그리고 진이 빠지고 학생은 다시는 안하겠다는 다짐을 받고 진정되었다.

이 일 후에 다음 날 주님께서 기도 가운데 대은G2S2 푸드마켓을 열어가실 때처럼 역사 하셨다. 국민일보 신문을 보는데 '한국청소년육성연맹'의 학교사역을 보게 되었다. 이미 우리 대은교회는 그 학교 사역을 진행하는데 G2S2를 통해서 모든 것이 준비 되어 있었다. 그렇게 2009년, 교육청과 학교를 여는 또 하나의 '하나님 나라 열린 문'[83]을 시작하게 해 주셨다.

모범적인 학생들 중에 가난한 학생들을 학교에서 추천받았던 것이었다. 그리고 이미 함께하고 있던 지역의 업체들 이외에 다양한 학원을 비롯하여 안경점, 교복, 미용실....자영업체들의 장학 컨텐츠 문이 무수히 열렸다.

> "내가 모든 사람에게 자유하였으나 스스로 모든 사람의 종이 된 것은 더 많은 사람들을 얻고자 함이라. 고전9:19"

목회자라는 권위를 낮추어 '멘토'라는 시대의 작은 종 호칭으로 섬김을 향해 나설 수 있었다. 그것은 그 당시 목회자가 세상과 소통하는 가장 적절한 용어라 확신했기 때문이었다. 그러나 교육청과 학교가 열리고 목회자들이 멘토로 활동하면서 사람들은 금새 목회자라는 것을 알았다. 그럼에도 멘토로 많은 장학 지원을 준비하고 지원하고자 했으니, 누구도 거부할 수 없었다.

> "그 때에 네가 보고 희색을 발하며 네 마음이 놀라고 또 화창하리니 이는 바다의 풍부가 네게로 돌아오며 열방의 재물이 네게로 옴이라. 사 60:5"

광명시 120여 곳 이상의 업체에서 장학 컨텐츠 지원을 도왔다.

이는 이전의 대은 G2S2와 비교할 수 없는 기부 후원자로 확대 되었다.

가장 우선적으로 '광명시 학원연합회와 협약'을 하였다. 연맹에서 추천을 하면 50% 혹은 10% 혹은 무료로 등록이 가능했다. 그리고 학생들에게 필요한 교복, 안경, 분식, 신발, 목욕, 이발, 문구...... 그리고 새마을금고, 라이온스, 카네기, 다수의 개인 후원자들로 함께 하였다.

이 많은 후원으로 교육청을 통한 지역의 45개 각 학교에서 음지 청소년

---

[83] 계시록3장 빌라델비아 교회를 통한 열린 문

200여 명을 추천하면 면담을 한 후, 각각의 필요에 따라 지역 자영업체에서 후원하도록 연결하였다. 그리고 여분으로 어려운 목회자 자녀들을 서로 돌보면서 또한 교회 소속의 어려운 성도들에게까지 다양한 혜택을 누리게 하였다.[84]

심지어 동사무소, 시의원이나 복지관에서도 연맹의 도움을 받기도 했다. 이런 영향력은 마을을 넘어 광명시 전 지역으로 확신되어 갔다.[85] 주님께서 하시는 일들은 참으로 오묘한 일이었다. 그리고

> "예수께서 이르시되 애들아 너희에게 고기가 있느냐 대답하되 없나이다. 가라사대 그물을 배 오른편에 던지라 그리하면 얻으리라 하신대 이에 던졌더니 고기가 많아 그물을 들 수 없었더라. 요21:5,6."

많은 교회들이 전도 열매에 힘이 되었다.

더불어 오늘 열 두 분이 대은G2S2와 같이 각각의 교회를 통하여 1365 봉사 단체등록을 마쳤다. 바우처 장학지원 멘토링을 시작으로, 무료 급식, 식료품 나눔, 효 봉사가 가지를 치고, 다양한 문화교실이 생기고, 다양한 마을 멘토 영웅들이 탄생될 것이었다.

이 외에 함께 하는 목회자와 교회 가운데는 아름다운 열매들이 있었다.

- 멘토링 장학지원하는 학생들을 비롯하여 노인 전도 그리고 토요 노인 복음 집회와 더불어 음식과 빵을 제공 받아 나누면서 노인 부흥 성장을 이룬 교회가 있다.
- 학교 출입이 자유로운 멘토링 사역을 통해 어린이 부흥을 이룬 교회

---

84) 단, 성도의 수평 이동을 받아들임에 대해서는 엄격하게 서로의 목회자에게 상처가 되지 않도록 매우 유의한다.
85) 대은교회 중심의 지역민과 함께하는 봉사 단체 G2S2 와 30여 작은 교회 목회자를 중심으로 지역 150여 장학업체를 통한 바우처 장학사업으로 교육청을 통해 매년 어려운 가정의 학생 300여 명을 추천 받아 멘토링한다. 무료 미용, 안경, 문구, 목욕, 문상,진로상담... 학원 50%, 치과 할인, 전기, 성전 수리 봉사...등 사)한국청소년육성연맹광명지회. *****다음 카페// '광명대은교회' 그리고 '광명 홉킹'에 자세한 활동 사례들이 있다.

가 있다.
- 멘토링 장학 추천 학생을 통해 청년부 멘토들이 개입하면서 청년부와 학생부 부흥을 동시에 이룬 교회가 있다.
- 한 지역 안에서 서로 품앗이 전도로 전도 교회로 뿌리를 내려 간 교회들이 있다.
- 고문 목사님께서 주관하시는 다양한 목회 및 전도 세미나와 이단 세미나를 나누고 있다. 발전하여 자체 소그룹 모임과 다양한 활용의 공간으로 멘토링 센터를 확보할 수도 있었다.
- 자연스럽게 자발적으로 다양한 소그룹 목회자 모임이 생겨났다. (영어성경교실, 악기교실, 자격증교실, 건강 예방 친목의 족구와 탁구교실 등의 질 좋은 혜택을 누릴 수 있게 되었다.
- 서로에게 불필요한 물품의 정보나 필요한 부분에 대해 수시로 SNS를 통해 교환하며 나눌 수 있다.
- 매 년 말이면 지역 연합 청소년 멘토링 대회 및 연주회 등
- 교회에서 감당할 수 없는 가출 청소년을 데려 왔다. 혹은 노숙하면서 목회자를 위협하는 사람들을 보내거나 서로 정보를 공유했다. 지역에서 교회를 배회하면서 사기 치거나 위협하는 사람들 그리고 이단의 정보를 서로 주고 받을 뿐 아니라 가짜 성도들을 대처할 수 있었다.

더불어 세상 속에서 소금의 맛을 잃어 실추된 교회의 권위가 지역에서 다시 힘을 얻을 수 있었다.

대은교회가 새로이 작은 자 사명으로 출발하면서 주님은 세상에 소금이 될 사명을 주셨다.[86] 조국의 실추된 교회의 권위를 조국의 초대 교회의 영

---

86) 마5:14

광으로 다시 회복하기를 소망했다. 그래서 회개하는 마음으로 세상 속으로 작은 목회자들과 함께 소금 노릇을 하였다.

"곧 선행으로 어리석은 사람들의 무식한 말을 막으시는 것이라. 벧전 2:15"

멘토링 일지 가운데

학원연합회와 미래교육 네트워크 멘토링 장학지원 협약이 체결된 후에 첫 해 학생들을 추천했다. 임원 멘토 목사님들이 앞장서서 학생들을 멘토링하였다. 상담과 함께 무료수강와 30% 수강료 장학으로 연결한 학생들이 대략 50명이 넘어섰다. 그 중에 광명동에 한 학생은 수강 몇 개월 지나 학교 시험에서 올백 성적이 나왔다. 이는 학교의 기쁨이고 연맹의 기쁨이요, 학생 가정과 학원의 기쁨이었다.

그 동안 교회를 비난했던 지역 언론이나 유지들 가운데 오히려 팬으로 돌아서기도 하였다. 여러모로 하나님께 큰 감사 영광이 되었다.

나는 함께하는 멘토 목회자들의 대표 멘토로써 주님이 제자들에게 주신 막10:43~45 말씀을 항상 내 자신 머리된 자로 명심했다.

즉, 제자 사도들 사이에서 '장차 누가 큰 자냐' 라는 명예 야망의 다툼을 보시고 '누구든지 섬기는 자라야 큰 자' 라는 말씀을 품고 늘 목회자들을 섬기고자 하였다.

목회자들이 한 두 번 모일 수는 있으나 지역의 삽 십 여 목회자가 일 년, 십 년 자주 지속적으로 모이기는 쉽지 않은 오늘날 현실이다. 그러나 그것을 가능하도록 주님은 하셨다. 그것은 주님의 가르치신 '종' 으로 섬기는 자가 되는 것이었다. 작은 교회의 필요들을 섬기고자 하였다. 봉사와 전도의 필요들을 섬기고자 하였다.

서로 주 안에서 형제가 되고자 하였다. 작은 자를 향한 봉사가 결코 목회에서 벗어나지 않은 것이며, 하나님 나라를 위한 확신과 땅에 짓밟히는 작금의 교회권위, 목사 권위를 세우는 확신임을 전하고 본이 되기를 힘썼다. 목회자들이 작은 자를 향한 목회 말씀들로 늘 무장하도록 하였다. 항상 같은 지역에서 함께하는 공동체로 함께할 주님의 소망을 나누었다. 먼저 시작한 대은교회의 작은 자를 향한 사명과 충성의 말씀들을 나누었다.

이방인 뜰 사역의 대은G2S2 하나님 나라 소망에 대한 말씀들을 나누었다. 교파를 초월하여 예수 그리스도의 한 제자요, 목회자로 끈을 나누었다. 함께하는 사역을 통해서 현실적인 교회와 가정의 유익을 끊임없이 나누었다.
이 시대 교회의 권위에 대하여 목회자의 진정한 권위 회복에 대해 나누었다. 교회의 전도 확신이 작은 자에 있음도 나누었다. 멘토로 활동하는 방법은 항상 G2S2 멘토링의 기본원리에 있음을 나누었다.[87]
주님은 이렇게 작은 자 사명의 겨자씨 대은교회에서 또 다른 교회 공동체로 확대하여 하나님 나라를 보기 좋으시게 만들어 가셨다.

더불어 도시 공동체 사역으로 지역에서 일꾼 부름 요청이 많았다.

주민센터에서 단체장으로 다문화단체에서, 장애인단체에서 봉사단체에서 교육단체에서 어린이 단체에서 체육단체에서…… 지역에서 여러 직함으로 함께하기를 요청 받았다. 거부하고 또 거부하면서 작은 목회자로 그 정체성을 늘 되새기곤 하였다.

한 번은 모 신문사 기념행사에 참석했다. 축사에 불교 스님, 천주교 신부님 그러나 나는 간단한 일반인 자리에서의 목례 인사뿐이었다. 순간 인간적 서운한 마음이 들었다. 목사보다는 한 단체장으로 참석해서 그랬거니 이해는 했다. 그리고 내 서운한 감정을 놓고 기도했다. 그러자 작은 내 자신이 '언제부터 작은 목사가 아니다'라는 생각이 자리를 잡고 있었다. 순간 나는 회칠한 바리새인이란 생각에 부끄러웠다. 그리고 회개했다. 내가 마음이 높아지고 있었구나….

위암 수술 후 나는 다시 작은 종으로 온전히 내려갈 수 있는 좋은 기회를 만났다.

2009년부터 수님은 마을 작은 자 공동체를 너머 도시 공동체로 세워 주셨다. 그리고 나는 위암 수술로 교회사임과 함께 주님께 기도했다. 지금까

---

[87] 바로 뒤 장의 '선번트 강연'에서 G2S2 다섯 손가락 멘토링 기본원리를 다뤘다.

지 "나의 모든 한 것이 있다면 그것은 주님이 하셨습니다" 그 고백을 하였다. 그리고 '한국청소년멘토링연맹' 설립의 10년 대표사임을 결정했다. 다시 작은 자로 내려 가고자 하였다. 아내도 목사님들도 이사들도 만류했다. 그래서 다시 또 기도했다. 교회도 사임하고 스스로 양심상 목사님들 앞에 설 수도 없었다. 그리고 다시 한 번 '작든 크든 나를 통한 한 업적이라면 내가 한 것이 없음을 보여주고 싶었다.'[88] 오직 주님이 하신 것으로 주님께서 내가 아닌 누구를 통해서든 일하심을 믿었다.

끝내 많은 지인들과 아내도 아쉬워했다. 쌓아놓은 그 곳에 아무런 조건 없이 손을 놓다니…. 지금도 내가 없는 상황에서도 하나님의 선한 사업을 잘 이어받아 섬김을 이루시는 여러 임원목사님들께 감사드린다.

소금, servant leadership(서번트 리더쉽) 강연

길가의 잡초같이 하찮은 이 작은 인생에 찾아오셨던 주님! 빛으로 세우시사 주변을 밝히셨던 주님! 그리고 목회자로 부르시고 작은 밀알과 소금같이 작은 자 사명으로 이끄셨던 주님!

작은 종으로 늘 주님께 순종하고자 했다. 설교를 시작으로 새신자, 교사, 제직, 사역자 교육 그리고 작은 자를 봉사하는 봉사자, 멘토 목회자와 리더자 교육에 힘써야 했다. 매 번 기도하면서 성령님 주시는 말씀과 지혜가 있으셨다. 그 세월이 수년이 지나면서 '종의 리더쉽/G2S2'이란 하나님 말씀의 지식이 하나씩 세워져 갔다.

---

88) 이와 같이 너희도 명령 받은 것을 다 행한 후에 이르기를 우리는 무익한 종이라 우리가 하여야 할 일을 한 것 뿐이라 할지니라. 눅17:10

주님은 작은 자들과 씨름하면서 아무리 망가진 작은 인생이라도 세워 줄 수 있으며, 리더자로 자신을 점검할 수 있는 G2S2의 핵심적 다섯 가지 종의 멘토링 원리를 다음과 같이 주셨다.[89] 이것은 한 영혼을 세우는 핵심적 가치에 가장 큰 의를 두고 있다. 그리고 널리 하나님 나라 공동체 확산과 함께 하나님 은혜를 널리 알리고자 함이었다.

하나. 약지 손가락의 링/ 관계를 분명히 한다.
목회자와 성도 관계임을 분명히 한다. 이것이 정확하지 않으면 나중에 갈등 시 목회자의 나이를 따지거나 하며 당황스럽게 된다.

둘, 가장 긴 장지/ 믿음의 소망을 나눈다.
학생이나 어른이나 꿈이 확실하면 삶이 분명해진다.
나는 처음 서울 상경에 실패하고 다시 귀향하여 광산 일에 뛰어 들었었다. 그리고 탄차에 깔려 수 개 월 입원한 후에 약간의 장애를 입고 있었다. 그 당시 서울에서 귀향한 작은 형이 있어서 많이 위로가 되었었다. 함께 바둑도 두면서 지냈다. 어느 날 형은 내게 물었다. "앞으로 무슨 일을 하고 살거니?" 당황스러웠다. 대답을 못하자 다시 물었다. "하고 싶은 거나 좋아하는 것이라도 있을 것 아니니?" 그래서 선뜻 "권투를 하고 싶다고...." 대답은 했으나 그것으로 끝났다. 그리고 며칠 뒤 나는 형과 바둑 한판을 끝으로 다시 눈 내리는 초겨울 홀로 무작정 상경을 하였었다. 고향에서는 다시 광산 일밖에 답이 안 나올 것 같았었다....
오래 동안 작은 자들과 씨름하면서 안 사실은 보통 작은 자들은 오늘도 내일도 살아야 하는 분명한 이유도 꿈도 없었다. 사소한 것이라도 살아야

---

[89] 다섯 손가락 멘토링 원리는 망가진 작은 자를 세우는 관계 리더쉽의 성경말씀 원리다.

되는 이유나 가치가 없었다. 그러나 건강한 삶을 회복하는 것과 앞으로 무엇을 해야 할지 소망을 갖게 되면 달라졌다. 그리고 함께 같이 갈 수 있는 중요한 끈이 형성되었었다.

셋, 지시하는 검지/ 실천할 목표를 확인시킨다.

소망을 향한 작은 실천이다. 기도, 성경읽기, 술, 담배.... 한 주 한 달 실천하면 칭찬하고 밥을 사준다. 그래서 성취감을 준다. 자존심을 회복시켜 준다. 만약 목표를 이루지 못하면 다시 격려한다. 그래도 못하면 다른 우회적 목표를 제시한다. 그리고 그 목표를 이루기위해 필요한 것을 제공한다. 주변 사람의 도움도 받는다.

넷, 아픈 새끼 손 가락/ 끝까지 신뢰하도록 돕는다.

작은 자는 마음이 더 잘 변한다. 그 때마다 멘토는 은근 낙심이 된다. 그럼에도 믿어줄 수 있어야 한다. 먼저 흔들리지 않는 인내의 본을 보여야 한다. "아! 우리 목사님은 항상 그대로이구나!" 신뢰가 깊을수록 혼내는 것도 편하다. 다시 일으며 세우기도 쉽다.

다섯, 최고의 엄지/ 항상 아가페 주님 사랑을 점검한다.

가장 중요하다. 일단 작은 자와 관계를 시작했으면 주님처럼 주님이 내 대신 죽어주심처럼 사랑을 준다. 그리고 작은 자에게 사랑을 느끼도록 한다. 항상 주님 사랑을 사모하도록 돕는다. 지지해 준다. 나중에 자립하고 독립하면 교만해지는 경우를 많이 보았다. 그것은 주님 사랑이 어설프기 때문이었다. 십자가 은혜를 받는 것에서 지는 것을 소화할 때까지 반복하며 돕는다.

강의는 민들레 홀씨처럼 관내 평생학습원과 기타 대학, 아동센터, 어린이집 학부모, 단체들 앞에서도 널리 강의할 수 있는 기회가 되었다.

G2S2 멘토링 리더쉽 수료 소감문 중에서

"멘토링 리더쉽의 실제 수업을 통하여 저 자신을 들여다 보고 반성하는 좋은 시간을 가질 수 있었습니다. 이제까지 저의 삶 속에서 행하였던 많은 실수들을 떠올려 보면서 일상적으로 해 왔던 교육적인 가르침과 지시, 명령, 판단, 비판, 조급함, 결과 집착 등으로 일관되게 가까운 가족, 주의 여러 사람들을 판단하고 평가하며 너무나 많은 재단을 하며 살아온 날들을 보면서 스스로 앞으로의 삶의 자세에 대한 다짐을 해 봅니다. 나 자신과 사람들에게....서로를 존중하며 인정하며 사랑하는 행복한 관계를 형성하도록 노력하겠습니다." (최금숙/주부)

"나는 어떤 사람이 될것인가, 그로 이 어떤 영향을 주며 받으며 사는가? 내가 꿈꾸는 비젼은 바로 이것인데, 빛된 삶을 살며 그 빛을 반사하는 것이다. 멘토 스쿨을 통하여 더욱 명확하여 진 것은 바로 이것이다. 섬기는 자에 대한 꿈(그림), 목표와 방향, 여러 리더쉽 도구, 시행 착오의 상처와 인내 등등...." (강한나멘토/음악인)

"멘토링 전문과정을 통하여 배운 것을 토대로 하여 지역 아동센터에서 봉사하면서 실전에 사용하는 계기가 된 '멘토의 5분 강연'은 또래 멘토로서 중고등학생들을 대상으로 진행하는 멘토링 프로그램입니다. 나는 그들과 함께해서 그들을 또 다른 아이들의 멘토로 성장 시키고 싶습니다." (심병효멘토/고3 입시생)

"사람은 살아가면서 알게 모르게 누구나에게 영향을 받고 또 영향을 준다. 따라서 누구나 멘토가 될 수 있다는 것이다. 하지만 누구는 한사람의 인생을 세우는 선한 멘토가, 누구는 한 사람의 인생을 망치는 악한 멘토가 될 수 있다. 이번 멘토링 강좌를 통해 여러 가지를 알고 깨닫게 되었는데..새로운 세대 어린이들을 향해 뿌리기를 소망한다" (박영수멘토/전도사)

"처음에는 아이들을 잘 돌보는 것으로 교사 생활을 하다가 보니 아이들을 훈육하고 가르치기에 너무 급급했다는 것을 절감했다. 이번 강좌를 통하여 깊이깊이 부모 심정으로 양육해야지 다짐했다"(이인희멘토/어린이집교사)

대은G2S2에서도 교회에서처럼 매월 월례회가 있었다. 이들 가운데는 불신자나 다른 종교 그리고 천주교 혹은 이단까지 있었다. 이들을 교육할 때에 항상 주님께 기도하며 지혜를 구했다. 때로는 빛으로 주님을 드러내면서 때로는 소금으로 덕으로 교육했다. 그러면서 반복적으로 나눴던 기본적인 훈련이 있었다.

봉사 멘토의 되새김
1. 몸으로 하는 봉사만이 다 아니다. 그러면 뭐가 또 있는가?
 ♥ 멘토링 사람 관계가 있다
2. 일이 우선이 아니다. 그러면 뭐가 우선인가?
 ♥ 사람 그리고 위에 계신 하나님이 우선이다.
3. 가르치려 함이 우선이 아니다. 그러면 뭐가 우선인가?
 ♥ 보듬는 양육과 사랑의 본이 있다.
4. 당장 필요를 주는 것만이 다가 아니다. 그러면 뭐가 또 있는가?
 ♥ 앞날의 소망과 영혼 구령의 믿음이 있다.
5. 이 세상의 행복이 다가 아니다. 그러면 또 뭐가 있는가?
 ♥ 영원한 하늘나라 기쁨이 있다.
6. 나보다 함께가 좋고 함께보다 하나님 좋으심이 있다.
 ♥ 나도 좋고 너도 좋고 하나님도 좋으심 있다.
7. 한 가지 보다는 나눔이 있고, 나눔보다는 섬김이 있다.
 ♥ 두레나 상부상조 이상으로 머슴의 섬김이 있다.

G2S2의 봉사 지속에 대한 과제
1) 봉사하고자 생각할 때에 가장 먼저 몸의 수고와 시간 그리고 후원금을

생각한다. 때문에 봉사와 기부에 대하여 무겁게 생각하는 분들이 많다. 그러나 후원금 이외에도 물품 기증, 반찬기증, 우산 기증 심지어 운동 삼아 약수물을 떠다 제공할 수도 있다. 자영업체에서는 바우처 컨텐츠 제공으로 숟가락 하나를 더 놓을 수 있음이다. 더불어 최근에는 말벗 이외에 노래와 악기를 통한 재능 봉사가 있다. *G2S2의 봉사 신념은 작은 관심만 있다면 누구나 지역 마을 안에서 봉사를 생활화 한다는 신념으로 "이웃을 내 몸같이 사랑"이란 슬로건이 있다.

2) 정기적인 시간 봉사에 대한 부담의 경우는 봉사단체에 소속하면 조금은 편해 질 수 있다. 누군가 내가 못하는 부분을 대신 채울 수 있기 때문이다. 더욱이 봉사는 공익성을 존중하기에 한 개인에게 전적으로 의존하거나 책임을 지우는 것을 절제한다. 단, 서로의 약속에 대한 존중은 매우 중요하다.

3) 봉사를 하는 중에 은근히 더 많은 봉사와 기부에 대한 부담이 온다. 그것은 개인으로 부터나 혹은 단체로부터 올 수도 있다. 때문에 항상 시작할 때에는 자신이 솔직하게 어느 정도 분량을 정하고 일부 책임성을 갖고 출발하는 것은 중요하다. 예) 예정보다 길어지는 시간이나 활동들 또한 봉사 회원에서 임원을 맡게 됨으로 오는 이중 부담의 경우

4) 수혜자로부터 실망되는 경우다. 이를테면 '생각보다 살만하더라! 혹은 도움을 주니 감사하는 맘이 없고 오히려 당연하고 당당하더라…' 위에 사항이나 본 사안이나 봉사자들이 혼자서 많은 갈등과 고민을 하게 되는 경우다. 이런 경우는 봉사자로써 충분한 기본 교육이 중요하다. 예) 봉사자의 순수한 이타성 정신 혹은 무 대가성..

5) 지속적으로 봉사하는 중에 자신 스스로 허물이 드러나는 경우다. '네 가정이나 잘 돌봐라' 라는 소리를 듣거나 스스로 반문하는 경우다. 이런 경우를 위해 자신과 가정을 위한 자원봉사의 가치에 대한 미래를 분명히 할 수 있음이 중요하다. 예) 가문의 이웃 사랑 가훈.. 볼런티어의 어원에 담긴 의미들…등등

6) 자신의 봉사 소속 단체에 대한 여러 불신에 대해 표면적으로 보고 들어 실망하는 경우다. 이런 경우는 반드시 추측으로 단정하지 말고 정식으로 관리자로부터 사실 확인을 하여 풀어야 힌디. 봉사자의 관계는 서로 계급적 관계가 아니라 공익적이며, 시민적으로 수평적인 관계이기 때문에 얼마든지 묻고 함께할 수 있는 것이다.

*G2S2는 종의 신념으로 섬김을 우선한다. S2의 servant service.

7) 기타 봉사의 지속은 보람과 함께 끊임없는 부족을 해결하기 위하여 역

량 강화 교육에 힘써야 한다. 어쩌면 이로 인하여 자신을 더 풍성하고 행복하게 하는 자아실현의 혜택을 누릴 수도 있기 때문이다.

교회와 G2S2 그리고 한국청소년멘토링 연맹도 매 월 월례회가 있었다.
주로 작은교회 목회자나 목회자뿐만 아니라 평신도나 불신자들도 때로는 함께하였다. 먼저 말씀으로 은혜를 나누고자 하였다. 더불어 참석 못하는 분들위해 편지로 함께 섬김의 비전을 나눴다. 항상 기도하면 성령님의 감동하심은 '작은 교회 목회자로 자존감을 잃지 않고 목회자의 권위를 세우도록 준비하게 하셨다.' 더불어 작은 자 목회와 세상 속에서 멘토의 지혜로 섬겨야 할 지침을 끊임없이 성경 속에서 찾아 설교했다.

하나. 목회자가 작은 종(머슴) 되어야 하는 말씀

1. 가난한 자, 포로된 자, 눌린 자에게 전파되는 복음. 눅4:18
    *다시 깊은 데서 오른편에 던지는 그물. 요21:6
2. 비천한 곳으로 임재하신 주님. 눅2:7, 요1:46. 빌2:5~,
3. 스스로 작은 종이 된 바울. *사울에서 바울로 개명
    *고전9:19 더 많은 사람 얻으려고
4. 머리(목사)가 되고자 하는 자는 섬김의 종이 되어라. 막10:40~45
5. 감독(목사)은 마땅히 선한 일을 사모하는 자이다. 딤전3:1/ 딛1:8,
    *딤전6:18
6. 주님 재림 때를 향한 약속. 마25:21 작은 일에 충성
7. 작은 자는 곧 주님을 대하심이다. 마25:40 *무슨 일이든 주께하듯..골3:23
8. 주님은 주일에 회당에서 예배 설교하셨고 대부분 성전 밖에서 전도

와 작은 자들을 회복시키시고 돌보셨다. 마4:23~25/ 9:35

9. 선을 행하는 것도 하나님이 기뻐하시는 제사라 하였다. 히13:16

10. 구약에 주님을 가장 많이 예언한 선지자 이사야도 늘 곤핍한 자들을 돕는 기도하였다. 사50:4

11. 깨끗한 경건은 고아와 과부를 환난 중에 돌보는 것이다. 약1:27

12. 바울도 봉사한 것을 노회에 보고하였다. 행21:19

   *야만인 어리석은 자들에게 빚진 자라 하였다. 롬1:14

13. 구약에 많은 경고성 예언은 고아와 과부와 나그네를 압제 말며 돌 보라. 슥7:10,겔22:7, 그러나 시94:6

14. 너무 많은 성도로 설교, 기도에 전무 그러나 주님처럼 교회 밖에서 늘 돌보며, 전도하는 것으로 자유하자. 요8:32/ 고후3:17

둘. 작은 자를(작은 일) 돌 볼 때의 실천 가이드

1. 돌볼 때에 먼저 가까운 형제를 돌보라. 갈6:10

2. 필히 형제가 아닌 이방인까지 돌봐야 상이 있다. 마5:46

3. 양떼의 형편 부지런히 살피고 소 떼에 맘을 두라. 잠27:23

4. 하나님 주시는 힘으로 봉사하는지 돌아본다. 벧전4:11/골3:23

5. 거져 받았으니 거져 주어라. 마10:8 *give and forget~♡

6. 사랑의 빚외에는 아무 빚도 지지 마라. 롬13:8

7. 구제에 원망을 듣지 않게 하라. 행6:1~4, / 대접에도. 벧전4:9 *빌 2:14

8. 개인으로는 은밀하게 구제함이 기본이다. 마6:4 *소금이라.마5:13

9. 아름다운 덕을 선전케 하라. 벧전2:9 *빛이라. 마5:14

작은 자 사역의 동역자들

바울은 로마서 16장에 주님 안에서 함께 동역하면서 충성된 사람들을 회고했다. 지난 사명을 추억하면서 함께 짐을 나눴던 이름들을 일일이 열거했다. 나에게도 비록 내세울 것 형편없는 작은 일이었지만 지난 20여 년 간 함께 작은 자 사역에 동역했던 감사한 사람들이 있었다.

대은교회에서 일꾼이 된다는 것은 결코 쉽지 않은 일이었다.
장로교회에서는 중요한 정책을 제시하는 당회와 그 실무를 담당하는 제직회가 있다. 이곳에서는 대체로 교회의 무거운 짐을 목회자와 함께 앞장서서 나눠진다. 대은교회는 당회가 없었으니 제직회에서 항상 그 짐을 나눠지고자 하였다.
그러나 성도들의 책임감에는 언제나 그 한계가 많았다.
특히 작은 자들을 향한 무거운 짐들이 그랬다. 그들의 숙식과 생활 지원 그리고 함께 교회 생활을 한다는 것이 그리 쉽지 않은 부분들이 많았다.
대체로 성도나 멀리서 지켜보는 사람들 가운데는 "목사님! 작은 자 목회가 훌륭하시다"라고 말할 수 있다. 그러나 막상 그 짐을 나눠야 되는 상황에서는 전혀 다른 상황이 나오는 경우가 있었다. 앞서 언급했으나 작은 자 사역 때문에 교회를 떠나는 분도 계셨다.
더불어 앞에서도 언급했지만 작은 자들과 함께해야 하는 공동체였다. 원치 않아도 일꾼보다 더 작은 자들에게 스스로 판단을 받을 수 밖에 없다. 또한 목회자로 나 역시 본이 되어야 하듯이 일꾼들 역시 작은 자들의 본이 되어야 했다. 때문에 설교 메시지가 때로는 너무 직석적인 헌신과 희생이 요구되기도 하였고, 질책이 쏟아지곤 하였다. 설교 후에는 평범한 일반 성도들에게 인간적으로 너무 심한 십자가 희생을 요구한 것 같아 미안한 적이 많다. 설령 이런 일꾼다운 헌신의 요구로 떠나는 성도가 있다하여도 하나님은 나를 책망하지 않으리라는 믿음이 있었다. 그래서 그런지 대은교회를 떠나 다른 교회에서 신앙생활을 하는 성도들은 대체로 잘 하고 있었다.

  작은 자 사명을 수년에서 십 수 년을 넘겨 오면서 대은교회 직분자들은 대은교회 목회 방향이 '섬김'이란 단어로 스스로 익숙해져 있다. 때문에 육신적 정신적으로 웬만한 시험이나 힘듦은 조금도 두려워하지 않았다. 십 수 년을 혹은 수년을 섬겨 온 봉사자들이 있다. 이는 목회자가 주님을 닮고자 하듯이 중직자들 역시 목회자를 닮아가는 듯하여 매우 감사했다.

    목회 일지 중에서

지난주에 술과 고약한 냄새로 찌든 한 분이 G2S2푸드마켓에 나오셨었습니다.
오래 전 한 때, 대은교회에 출석했었던 용역회사 김사장님 소개로 나오셨답니다.
그저 몇 주를 지켜만 보다가 이번 주 상담과 함께 그 분의 생활을 돌보기 시작했습니다. 혼자서 들판 외떨어진 밭에 비닐하우스에서 생활해 오시면서 작년 수도가 동파난 후, 물을 아직 쓰지 못하고 있었습니다. 그러나 냄새가 날 수 밖에요....
60대 초반으로 간혹 하루 막노동으로 생계를 이어 왔으나 올 봄부터는 쇠약한 몸이 그마져 감당키 어려웠답니다. 유일한 혈육인 동생이 국가의 도움을 받게 하려고 이리 저리 뛰었으나 모두 다 허사가 되었답니다. 우선 고장난 전기장판부터 새로 구입해 드리고 언제나 비슷한 경험이 있던 대은교회의 성도들에게 "자, 우리 작은 자를 섬깁시다" 하니 주저없이 나서기 시작했습니다.
우리 봉사왕 여집사님은 자신의 새 운동화로 떨어진 운동화를 교체해 주고.. 유아실에서 숙식하는 전형제님은 자신의 양말, 팬티와 속 옷.... 그리고 일전에 기증한 이웃목사님의 패딩.. 더하여 따스한 반찬과 밥을 지어 대접하는 장애 형제들..
오늘은 한 영혼이 많은 주님의 사람들로 사랑을 받으며 몸과 마음이 거듭나는 새 출발을 본격적으로 시작했습니다.

사실 대은교회가 작은 자 목회와 더불어 지역의 대은G2S2로 그리고 선교와 한국청소년멘토링연맹을 이끌어 가는 데는 첫째는 하나님 그리고 뒤에서 한 마음으로 기도하고 후원한 제직들이 있어 가능했다.

진돗개와 황소, 독수리처럼 작은 자 사역에 앞장서 주신 권사님, 집사님 제직은 교회의 일꾼이다. 말 그래도 주님의 교회를 위해 충성해야 할 자들이다. 목회자와 함께 십자가를 져야할 자들이다.

때문에 작은 자에서 직분을 받았든 일반 성도로 직분을 받았든 매우 엄격했다. 주일 예배만 하는 형식 종교생활하려는 제직들에게는 '차라리 큰 교회로 가라'고 말했다.

그 이유는 작은 자들에게 본이 되어야 하기 때문이었다.

작은 자들은 예민하였다. 또한 마음이 약하고 거칠어 쉽게 판단하곤 하였다. 때문에 십자가 헌신으로 압박을 했었다. 기꺼이 교회 사명의 짐을 함께하지 못한다면 차라리 보내주고 싶었다. 실제로 이런 연유로 대은교회를 떠나 교회 출석을 멈추는 이는 없었다. 아프지만 오히려 이웃교회에서 더 충성하는 제직도 있었다. 그것이 하나님 편에서는 더 유익하다는 나름 위로를 받기도 했었다.

그런 요구에도 끝까지 남아서 충성했던 권사님들, 집사님들께 감사했다. 그리고 내가 수술 후 사임하는 날까지 함께했던 제직들을 더 더욱 고

맘게 가슴에 남아 있다.

　때로는 교회 앞에서 홈패션 가게를 운영하셨던 김경숙 집사님은 작은 자들이 수시로 드나들면서 두서없는 하소연을 들어줘야 하고, 같은 말을 또 다시 반복해서 이해시키는 고문을 치러야 했던 김집사님이 있었다. 비록 끝까지 남지 못하고 아쉬운 미련을 남기고 떠났던 충성스런 집사님들 중에는 최명숙 집사님 외에 많은 제직들의 봉사와 헌신으로 충만했던 분들이 많았다.

　더불어 목회자 대신 보듬고 싫은 소리 악역도 마다하지 않으셨던 권사님들이 계셨다. 특별히 박춘서 권사님은 진돗개라는 별칭이 붙었다. 교회가 작은 자들에 대한 이해가 없었을 때에도 목사님 편에 서서 충성하셨다. 때로는 작은 자들이 술을 먹고 기도하실 때 방해를 해도 전혀 그 기세가 꺾이지 않으셨던 권사님, 작은 자들끼리 교회에서 짝을 맺어줄 때에 대다수가 반대를 했으나 목사 편에서 힘을 보태셨던 권사님, 90세가 되도록 대표기도며, 심방이며 함께하셨던 권사님, 그리고 교회공동체를 어지럽게 하면 목회자 편에서 엄한 훈계도 마다하지 않으셨다. 내가 암 수술을 얼마 앞두고 권사님은 소천하셨으나 늘 그리운 충성의 빚에 감사하고 있다.

　더불어 작은 자 사역에 가장 큰 짐으로 함께해 주셨던 황소 이송희 권사님께도 큰 충성의 빚을 지고 있다. 설교시나 주보에 작은 자를 위한 행사나 선교를 게시하면 가장 먼저 봉사에 참여하시거나 아들과 함께 물질의 짐을 많이 자원하셨다. 사실 대은 G2S2나 한국청소년멘토링연맹이나 해외 선교에 하나님 뜻을 세우고 선포하면 항상 먼저 짐을 지셨다 멀리 지방으로 이사하시고 암 수술하신 후에도 교회를 계속 출석하셨다. 그리고 내가 수술하고 사임하기까지 늘 충성을 다하셨다. 지금도 연로한 몸으로 언제나 사랑을 빚을 주시는 권사님이시다.

작은 자가 다시 작은 자들을 전도하고 돌봤던 성도님들이 있었다.

교회 설립 후 작은 자 사명으로 교회가 방향을 잡기 전까지 혼자 전도했다. 작은 자들이 교회에 정착하여 변화되었을 때에 그들은 아름다운 헌신을 하기 시작했다.

그들에게 반복적으로 준 비전과 믿음대로 움직이기 시작했다. 자신이 작은 자로 고통스럽게 혹은 죄인으로 살았을 때에 주님이 일으켜 세워주신 것처럼 자신과 같은 이들을 섬기는 것이었다. 서너 해가 지나자 작은 자들 가운데 권찰, 집사로 제직에 참여하게 되었다.

그리고 자신과 같은 작은 자를 전도했다. 이는 대은교회에서 가장 자랑스러운 하나님 영광이요, 목회하는 나에게 큰 자존감이었다.

지하 방에서 두 장애 남매가 살고 있었다. 푸드마켓을 통하여 연락이 왔다. 그들의 집 안은 엉망이었다. 언어 장애를 앓고 있던 남동생은 동네를 배회했다. 술을 즐겼다. 그는 먼저 된 작은 자들과 친했다. 푸드마켓으로 교회에 발길을 딛기 시작했다. 그리고 자연스럽게 교회로 동행하기 시작했다. 그리고 유아실 재활 교우들과 친해졌다. 몇 개월 기도에 동참하고 술도 줄었다. 그런데 한 동안 교회와 푸드마켓에 보이질 않았다. 누나에게 물으면 웃으면서 아무일 없다고 하였다. 누나는 정신질환자였다. 방문하니 웃으면서 맞이하였다. 그리고 또 한 주 지나 물으면 여전히 웃으며 잘 있다고 말한다. 그러다가 작은 자 교우들에게 가서 함께 데리고 오라고 하였다. 그러자 걷지 못한다는 사실을 알았다. 동에서도 몇몇 단체와 가정을 방문했었는데 이 사실을 전혀 모르고 있었다. 그래서 걷지 못하는 치료를 말했고 병원에 입원하여 다시 걷게 되었다. 결국 작은 자 교우들이 작은 자를 일으켜 세웠다.

이런 사소한 동역에서부터 함께 십자가 멍에를 지는 성도들이 있었다.

알코올 중독에서 회복된 짱돌 성도는 자신이 한 때 자신이 입원했던 병원에 일부러 찾아가서 전도하였다. 그리고 작은 자들의 친구와 형과 아우가 되어 주었다. 교회와 목회자의 자랑스런 심부름꾼이 되어 부지런히 섬겼다. 자신이 받았던 은혜처럼 다른 작은 자들을 도왔다. 그리고 은혜를 받고 자립을 할 때면 자신이 있는 고시원으로 인도하기도 했다.

이 밖에 교회 유아실에서 독립하여 자신이 얻은 지하 월세방으로 작은 자들을 자청하여 함께 생활했던 성도들도 여럿이 되었다.

더불어 수혜 장학생으로 인연이 되어 교회에 출석하면서 교회에서 운영하는 공부방 학생들을 지도 자원 봉사하는 학생도 있었다.

그리고 일일히 다 기록할 수 없는 대은교회 성도들과 함께 교회에서나 교회 밖에서 작은 자들이 주님 안에서 변화되는 것만으로도 크게 기쁜 일이었다. 변화되고 가정이 회복되고 자립을 할 수 있는 것은 더 기쁜 일이었다. 게다가 스스로 봉사하는 것만으로도 기쁜 일이었다. 거기에 다른 작은 자들을 돌보는 짐을 질 수 있는 이들을 보면 주님께 눈물로 감사도 했다.

비록 대은교회에 함께 출석하지는 않았으나 함께 작은 자들 사역에 오래 동안 수고해 온 동역자들이 있었다.

작은 자 교회에서부터 함께한 정원기 집사님은 봉사로 맺어진 주님의 인연이 25년 세월이 넘었다. 신혼 초, 작은 자 교회로 봉사를 자원해 가면서 장애 학생부를 맡아 지도하였다. 주일과 행사가 되면 출석과 귀가가 큰 일이었다. 봉고차에 휠체어를 접어 올리고, 상당수 학생들은 일일이 앉아서 자리에 앉혔다. 땀이 범벅일 때가 많았다. 원기 형제가 함께하여 이 일을 맡아 줌으로 좀 더 예배 설교와 준비에 집중할 수 있었다. 처음으로 주 안에서 함께 협력하고 동역한다는 말씀의 뜻이 마음에 와 닿게 이룰 수 있었다.[90] 그 이후로도 대은교회를 개척하면서 작은 자 사역은 계속 되었다. 철도 공무원으로 정기적인 후원과 푸드마켓 봉사를 함께 이어갔다.

대학교 기독 동아리에서부터 함께한 친구 송흥규 교수님은 30년 지기 호텔 대학에서 친구로 만났다. 호텔리어로 깨끗한 인상과 인품이 훌륭한 친구였다. 홀로 주경야독하면서 자수성가의 인간승리 주역이기도 했다. 친구 교수님은 학생들에게 좋은 진로 멘토링에 기꺼이 재능 기부를 해 주었다. 그리고 해 마다 후원 기부자가 되어 주었다.

교회를 떠난 후에도 변함없는 후원자 오장근, 박은혜 집사님이 계셨다. 국립공원 연구원으로 근무하고 계셔서 언제나 먼 거리를 이동하시며 생활하시는 오집사님 내외분이셨다. 그럼에도 교회의 예배나 행사에 항상 앞장서서 힘이 되셨다. 박사님이시면서도 목회자로부터 배우는 것을 조금도 소홀히 하지 않으셨다. 심지어 새벽 기도 후에도 그 겸손한 열정이 있으셨다. 그리고 올바르고 건강한 판단으로 제직회에 함께해 주셨다. 멀리 지방으로 발령이 나서 교회를 옮기실 때에도 한동안 교회를 출석하셨다. 교회를 떠난 십여 년의 세월이 지나도 여전히 작은 자 사역을 위해 후원을 보내 주셨다. 감사했다.

같은 지역 안에서 작은 자를 위한 후원자로 기부자, 봉사자로 함께한 이

---

90) 나는 심었고 아볼로는 물을 주었으되 오직 하나님은 자라게 하셨나니. 고전3:6.

들이 많았다.

　대은G2S2 푸드마켓을 시작하면서 그 기초가 되었던 지역복지 봉사회의 후원과 급식 잔반 외부 기부의 어려운 결정을 해 주신 명문고, 광문고 교장선생님들과 영양사 선생님들..... 그리고 처음 봉사로 함께했던 대은교회 제직들과 마을 통장님들에게 감사했다. 뒤이어 담임하는 각 지교회에서 함께 푸드마켓을 운영하였던 목사님들이 있다.

　여러 목사님들과 음식을 나누면서 내가 교회를 사임한 후에 방황하는 어르신들을 잘 받아 주었던 박찬일 목사님, 딸과 함께 봉사도 참여하고 추천한 학생들에게 바리스타 교육도 해 주신 최정철 목사님, 조금은 멀지만 늘 같은 마음으로 푸드마켓을 운영하시며 지금도 잘 하고 계신 박수현 목사님, 김진선 목사님 그리고 알코올, 정신병의 사람들을 입원하고 지도할 때 많이 도움을 준 계요 및 여타 정신의료원 의사 선생님들 그리고 같은 교회 상가 건물 2층에서 태권도 체육관을 운영하면서 어려운 아이들을 앞장서서 무료로 태권도 지도를 해 주시며, 아이들과 함께 작은 자 자원봉사로 함께해 주시던 이재한 관장님, 또한 저금통 설치로 후원한 1층 슈퍼 사장님과 인근 가게들, 교회 바로 맞은 편 부동산 사장님, 그리고 봉사 학생들이나 어려운 학생들에게 무료 분식을 제공해 주시던 호야 함영숙 권사님, 그 옆에서 중고 가전제품 가게 하시면서 철마다 선풍기, 카세트를 기부해 주시던 유관준 권사님, 그리고 그 옆에서 새한 약국을 운영하시면서 늘 행사 때마다 후원하시고 응원해 주셨던 이어영 선생님, 그리고 그 옆에 어려운 친구들 무료로 컴퓨터 수리해 주셨던 강병석 사장님, 매달 10여 사람의 머리를 봉사해 주시던 까치미용 김인숙 원장님, 한나미용원장님, 절기마다 떡을 기증하셨던 송도 방앗간, 매달 반찬으로 후원하셨던 입맛땡기네 권사님, 피자로 후원하셨던 전수옥 권사님, 짜장면으로 후원하셨던 짜짜루 김쥬리 사장님, 시립푸드마켓의 정한구 복지사님, 피아노 후원과 재능기부하신 이춘희 원장님, 재료값으로 봉사하신 배남준 치과원장님, 후원해 주신 밝은 치과 윤순임 이사장님, 후원과 함께 탁구 재능 기부까지 하셨던 이숙자 권사님, 이한상 서점 사장님, 매달 안경 무료쿠폰을 기부하신 투리스 사장님, 소리문구 안미엘 집사님, 학원연합회와 협약하는데 맹진영 회장님과 앞장섰고 후에는 시의원이 되기 전까지 공동대표를 함께 했던 안성환 의원님, 몇 명이고 추천하는 학생들을 무료 혹은 50% 장학으로 받아주셨던 왕수학 신광표 원장님, 학생들과 함께 어르신들까지 믿음으로 후원하고 봉사하셨던 박양종 원장님 그리고 학생들 학원 장학생으로 받아 주셨던 중앙학원 노진수 원장님, K2학원, 현진학원, 글벗학원, 관악학원, 김재남간호학원, 로빈스커피, 창조의아침 팝 미술학원, 엘사랑 실용음악학원…. 무료 빨래방, 용인대 태권도 정명석 단장님, 천사태권도, 억울한 추천자들을 무료 변호해 주셨던 장영기 변호사님, 절기마다 후원과 봉사로 함께해 주신 봉사센터 가족봉사단 7기와 농가주부회, 미술 재능기부 봉사와 후원하셨던 문창수 미술협지부장님과 여러 선생님들, 학생들 코치 봉사하신 이성훈 회장님과 선생님들, 매달 무료 싸우나 티켓의 철산자수정, 항상 이름을 알리지 말라면서 후원해 주셨던 불교신자 할머니, 노인정 어르신 회원들 지원 위해 G2S2와 항상 함께 수고하신 유춘자, 강재연 회장님, 광명일보의 허정규 대표와 김지철 국장님, 농협 이인용 지점장님 그리고 십 수 년이 지나도록 함께 몸으로 자원 봉사해 온 백용순, 김경은 씨, 최인희, 박춘단, 오세훈, 김삼진, 문영화 그리고 짧은 기간 동안 함께 했던 무수한 봉사자들과 학생들께 감사했다.

그리고 한국청소년멘토링연맹에서 공동대표로 함께 수고했던 안성환 시의원님, 이형노 목사님, 손대홍 장로님, 멘토링을 운영 기초로 삼도록 항상 먼 걸음을 하셔서 지도해 주신 박건 교수님, 멘토 목사님들의 고문으로 후원과 함께 목회세미나도 해주셨던 권영구 목사님, 어르신 마음으로 격려하며 후원하셨던 최복후 이사장님과 권세도 경찰서장님, 이사로 수고하시면서 마을금고 후원, 금융상담으로 함께했던 최범권 지점장님, 큰 손 후원자이셨던 임익준 박사님, 심상록 보좌관님, 윤승모 대표님, 언제나 큰 누나처럼 조언을 주셨던 임무자 자문님, 봉사자들을 가까이 격려해 주시던 이문찬, 조미수 장원봉사센터 소장님과 김은영 부장님, 신수경 선생님외 직원들, 후원과 재능기부의 박은정 오페라 단장님, 희망나기 윤철, 박미 본부장님, 오케스트라 재능기부의 김승복 단장님, 학원연합의 지원을 아끼지 않았던 윤영식 학원연합 회장님, 홍보로 재능기부로 함께해 준 김동현, 김유신 선생님 그리고 조화영, 문현수, 고순희, 서정식, 권태진 전 의원님 그리고 한결같은 헌신으로 함께해 주신 임원 목사님들과 같은 지역에서 함께 봉사하신 50여 목사님과 사모님이 계셨다.

그리고 일일이 다 기억할 수 없는 더 많은 기업체와 개인 후원자들이 함께했다. 그 동안 지역의 작은 자 사역에 함께 동역했던 모든 분들에게 감사했다.

민들레 깃털, 해외 선교

현존하는 비행 생물체 가운데 가장 작으면서도 가장 에너지 소모 없이 안전하고 멀리 날 수 있다는 민들레 깃털은 바람만 잘 타면 대륙을 이동할 수 있다고 말한다.

하나님 나라의 일을 하나님이 여시면 누구도 막을 수 없다. 또한 닫으시면 누구도 막을 수 없다.[91] 하나님 나라의 교회 선교 방식은 너무 다양하셨다. 먼저 준비를 시키고 하시거나 전혀 다른 방법으로 일하심이 많으셨다.

나는 청년 때에 주님을 영접하고 한 해를 지나서 행1:8 말씀을 받았다. 그 이후로 선교의 소망을 품고 불어 주시는 마음 속 성령님의 인도로 작은 후원과 기도로 함께 했었다. 그리고 선교사 지망생을 준비하면서 선교사님들을 흠모하고 존경해 왔었다. 부교역자 시절 논문으로 좀 더 구체적인 선교 공동체 교회를 품었었다. 그리고 주님은 해외 선교지가 아닌 지역 대은교회로 인도하셨다. 게다가 작고 미천한 사람들이 모이는 작은 자 사명으로 인도하셨다. 현실적으로 자기 앞가림하기도 바쁜 교회였다. 그러나 주님은 민들레 깃털처럼 작은 자들이 모인 대은교회를 통해 해외 선교에 대한 사명을 허락하셨다. 그리고 대은G2S2와 한국청소년멘토링연맹까지 해외 선교 공동체에 함께할 수 있도록 인도하셨다. 이로써 청년 때의 말씀과 부교역자 시절의 민들레 깃털의 꿈은 대륙으로 훨훨 날아가 그 씨앗을 뿌릴 수 있었다.

대은교회가 선교 후원을 시작한 때는 대은교회 작은 자 사명을 확신 받을 때였다. 교회가 작은 자와 함께 선교의 순종은 매우 중요한 사명의 답이었다.

대은교회의 해외 선교에 있어서 먼저 교회에 출석한 외국인 근로자가 나왔다. 대은교회에는 중국 교포와 함께 방글레데시아 외국 근로자가 출석하였다. 늘 한 두 사람이 출석하였으나 항상 이들이 고국에 돌아 가 선

---

[91] 거룩하고 진실하사 다윗의 열쇠를 가지신 이 곧 열면 닫을 사람이 없고 닫으면 열 사람이 없는 그이가 가라사대. 계3:7

교사로 활동하기를 기대하면서 함께했다. 수 년 전 귀국한 방글라데시아 성도로부터 와서 교회를 세우라 하였으나 대답을 하지 못하고 연락이 끊어졌다. 정말 부족함으로 많이 미안했었다.

대은교회 해외선교는 본격적으로 청년 때부터 기도하고 후원했었던 중국 선교로부터 시작했다.

대은교회 설립 후, 신학원 동기생들이 교회에서 모임을 가졌었다. 그 때에 한 동기 목사님께서 중국 선교사를 소개했었다.

중국 각 지역에서 올라온 소수 민족의 학생들을 훈련하는 신학교였다. 그들은 초대교회 핍박을 피해 카타쿰에서 신앙을 지켜가던 것처럼 비밀스런 작은 음지의 장소에서 신학 훈련을 받았다. 그리고 중국 전역에 파송을 받았다. 이 일에 대은교회는 후원하기 시작하였다. 그리고 나는 비밀리 신학교 강의에도 참가했다. 그리고 중국에 대은교회를 세우는 문이 열려 모금을 하였다. 저축했던 건축헌금도 모두 보냈다. 그리고 담임교역자 생활비를 감당하기 시작했다. 작은 자 목회로 어떻게 이런 일들이 이뤄지는지는 하나님의 기적이라는 말밖에 달리 설명할 수 없었다.

그런데 이런 일에 본인을 진정 아끼고 사랑했던 선배 목사님들께서는 자신의 교회를 더 세우지 못하고 마치 낭비하고 있다는 조언을 여러 번 받기도 했다. 2층 상가를 매입하고자 기도하면서 저금했던 건축헌금을 보낸다는 것은 오직 하나님만 아시는 은혜로 감사할 따름이었다.

그 뒤로도 광명에 오기 전, 선교 공동체로 함께했던 '세선회 선교 단체'의 추천으로 조성덕 선교사님을 더 지원할 수 있었다. 케냐와 지브티에서 고아원, 장애인을 중심으로 작은 자 선교 사역을 하고 계셨다. 그리고 더 나아가 캄보디아에 선교했다.

뜨거운 열도의 나라에서 사명 감당하시는 김영식 선교사님 사역의 학교와 부대 선교 사역에 후원했다. 빈민 가정의 우물파기에 후원하였다. 한 번 방문을 하였는데 선교사님의 한글 수업과 성경교실에 참가했다. 나의 70년대 초반 초등학교 보다 더 열악해 보이는 작은 환경.... 그리고 더 나아가 북한과 필리핀 사역에 후원했다.

그렇게 하나님은 작은 자 목회를 통하여 지역으로나 해외선교의 문을 열어 주시고, 지경을 넓혀 참여하게 하셨다.

현실적으로 가장 작은 교회라는 여건에서 '작은 자, 작은 일에 충성하는 자에게 약속하신 아버지의 능력의 즐거움에 참예할 수 있었던 것'이라 생각하며 감사했다. 달리 세상적으로 성도 수나 보이는 것으로는 분명히 '실패한 목회자였다' 그럼에도 하나님의 일하시는 목회에서는 작은 성취를 이룰 수 있어서 감사했다.

대은교회 단독으로 하는 선교 이외에 다른 가정과 친척, 지인들과 합력하거나 지역 목회자들과 협력하여 선교를 지원하기도 했다.

주님은 일찍이 대은교회의 사명으로부터 선교 공동체 비전과 함께 지역의 교회들이 연합하여 선교하는 비전을 주셨다. 그리고 그 일을 성취하셨다. 작지만 연합으로 선교사님 위한 기도 모임을 통해 일하셨다. 그리고 목회자와 지인들의 연합 행사 후 선교사님들께 함께 후원하는 일을 앞장 설 수 있게하여 감사할 따름이다. 연합으로 후원하는 선교지는 내가 추천하기 보다는 함께하는 회원들이 주로 추천하여 이루어졌다. 그렇게 선교의 영역은 점점 확대되어 갔었다.

무익한 작은 종,
쉼을 주소서

　　주님은 내게 성령의 바람으로 오셨고, 인도하시는 곳에서 교사 봉사로부터 30년 동안 주님도 바울도 닮고, 존경하는 목사님 닮고자 달려온 세월이었다.

　　담임목회를 청빙 받았고, 몇 개월 후에 다시 이전 설립하였다. 그리고 담임 목회와 작은 자 사역의 사명, 충성으로 20년 가까이 달려왔다.

　　나는 담임목회 초기에 강단에서 쓰러진 적이 있었다. 당시 의사의 쉼 권고에도 전혀 쉬지 못했다. 그리고 줄곧 사명과 충성의 무릎으로 강건하게 달렸다.

　　그리고 20년을 강건하게 달려왔고, 또 다시 두 번 쓰러졌다. 이번에는 쉼을 기도하기 시작했으나 차마 쉴 수가 없었다.

　　언제나 작은 자들과 연약한 주변인들이 내 손을 기다렸다. 나의 쉼은 '그들에게 자칫 나의 약함을 보임으로 혹여 하나님 위대함을 판단하여 상처가 되는 것은 아닐까' 하는 염려였다.

결국 암 수술 후 더 이상 아무것도 할 수 없는 상황이 되어서야 그 쉼의 기도를 멈출 수 있었다.

작은 사명자의 안식년 청원

성경에는 안식일과 안식년이 있다. 일반적으로 목회자에게 안식일은 월요일이 주어진다. 그러나 작은 자 사역에서 쉬는 날이란 애초 없었다. 안식년은 더욱 상상할 수 없었다. 목회로 20년이 되어 그 맡겨진 사명과 충성의 쉼은 언제쯤 있을까? 하는 궁금증이 생기기 시작하였다. 작은 자들과 가까운 가족들로부터 뜻밖에 당하는 큰 상처와 이별이 반복될 때였다.

그런 궁금증은 간혹 뒤를 돌아보게 하였다.

두 번이나 목회 수기에 공모를 하여 상금도 받고, 위로도 받았다. 돌아볼 때마다 나를 향하신 하나님의 능력이 크셨다. 언제나 충성스런 사역에 놀라운 하나님의 기사가 있으셨다. 그런 내가 쉼을 기도하다니 부끄러웠다. 회개했다. 그리고 마음을 다 잡았었다. 그럼에도 얼마 후에는 다시 또 쉬고 싶은 마음이 다시 일어났다. 그래서 나 자신이 진정 사명을 잠시 놓아도 되는 것인지 점검해 보았다.

하나. 주님께서 이 지역에 내게 주신 사명을 다 마치고 쉬겠다는 것인가? 도시 재개발로 동네나 이웃 마을 사람들은 흩어졌다.

또한 중독자, 정신질환자, 장애인, 학생들, 무의탁 어르신들에 대한 법이 바뀌었다. 보호자에 대한 인권이 강화되었다. 그래서 나의 보호자 역할이나 교회주소 제공은 더 이상 의미가 없었다. 또한 다양한 복지 제도가 급

속도로 발전하여 교회가 했던 일들이 축소되었다.

이를 테면 중독자나 정신질환자 혹은 노숙인, 장애인 보호자 역할이 동사무소의 복지사나 복지관의 전문 복지사들과 단체들이 이중 삼중으로 개입되고 있었다. 또한 우리의 푸드마켓을 대신할 경륜장 외에 무료 급식소가 많이 개설 되었다. 위기 가정 학생들은 많은 교회 목사님들이 잘 분담하고 계셨다.

그럼에도 교회에는 아직 남은 작은 자들이 있었다. 그러기에 작은 종으로 '일을 다 마친 후 무익한 종의 사명을 완수했다'는 당당한 기도는 할 수 없었다.[92] 회개했다.

두 번째 나의 대은교회 성도들은 방황하지 않고 다른 목회자를 다 찾아갈 수 있을까? 내가 없으면 주님 앞에 홀로 서기를 할 수 없는 어린 성도가 있는가? 대은교회 성도들이 비록 작은 자들로 이루어진 성도들이나 내가 떠나도 대체로 충분히 홀로서기를 할 수 있었다. 언제나 내가 아닌 주님의 양이요, 그동안 주변에 훌륭한 목사님들과 동역했던 것을 지켜본 성도들이었다.

어떤 경우는 나를 떠나 오히려 더 주님만 바라볼 수 있고, 또한 작은 자라는 허물을 훌훌 털고 새롭게 출발할 수 있는 성도들이 될 수도 있었다.

그러나 대은교회에 내 양심에 끝까지 걸리는 단 한분이 계셨다.

당시 90세가 넘으신 박권사님이 계셨다. 대은교회에서 많게는 권사님이 여섯 분 이상 계셨다. 그러나 그 중에 박권사님은 유별나게 나를 얼마나 사랑하는지 바울이 '나의 어머니 루포'라고 고백할 정도로 받은 사랑이

---

[92] 눅17:10 이와 같이 너희도 명령 받은 것을 다 행한 후에 이르기를 우리는 무익한 종이라….

각별하셨다. 나는 늘 권사님에게 미안할 정도였다. 영적으로도 나의 중독자, 귀신 들린 자, 장애인 사명에 한결 같이 믿고 기도로 지원하였다. 그리고 모두가 만류하던 정신질환자 결혼 주선과 주례에도 동의하고 지지해 주셨다.

지금도 권사님이 주신 반지를 보며 고마워하는 작은 자 장애 집사님이 함께 예배하고 봉사하고 있으시다. 인간적인 연약한 모습을 좀처럼 보이질 않으셨다. 늘 꼿꼿한 대나무나 소나무 같으신 신앙의 기개가 있으셨다. 90세 중반까지도 대표기도를 하셨다. 권사님은 나에게 두 서 너 번 손을 잡으시고 '목사님! 내가 죽기 전에는 어디 가지 마세요' 라고 하셨다.

나의 떠나고 쉬고 싶었던 마음을 주님 이외에 유일하게 들킨 것이었다. 그래서 약속했다. '네, 권사님! 잘 알겠습니다' 그리고 정말 목회 손을 놓고 쉬고 싶은 마음이 올라 올 때에 부끄럽지만 권사님과의 양심과 의리의 약속으로 견딜 때가 있었다. 권사님은 내가 암 수술하던 두 달 전에 소천하셨다. 끝까지 약속을 지킬 수 있어서 주님께 감사했었다.

세 번 째로 내가 얼마간 손을 놓으면 가족과 친척들은 나로 인하여 믿음이 시험 들지는 않을까? 지인들에게 하나님 영광 가리우는 것은 없을까?

먼저 시작한 신앙이기에 연약한 가족들이 걸렸다. 아직 믿음 없는 형제들과 친척들이 조금은 걸렸다. '혹여 믿음의 흔들림이 없을까' 약간 염려가 있었다. 지인들 중에 '하나님 믿는 목사가 뭐가 힘들다'고 그러는가.... 판단 받을 것 같았다. 그럴 때마다 회개 후 마음을 다잡고 다시 목회 사명에 전력했다.

그럼에도 한 해 두 해가 넘도록 쉼을 다시 원했다. 그 몇 가지 이유를 다시 정리해 보았다.

하나, 앞에서 언급한 대은교회 작은 자 사역이 20년 전의 시대 상황과 환경이 많이 변했다. *2010년이 지나면서 조국의 복지에 급속한 변화가 찾아왔다. 정치인들에게 복지는 한결같은 공약 구호가 되었다. 그리고 무수한 복지 정책이 나왔다. 그리고 복지사들이 세워졌다. 작은 자들을 무료로 돌보는 병원부터 많은 복지기관들이 생겨났다.

작은 자들 위한 경기도의 무한 돌봄, 복지관, 주민자치센터, 정신보건센터, 요양보호소 및 각종 사회 복지 단체들의 다양한 프로그램들이 넘쳤다. 대은G2S2에서 하는 푸드마켓 이상으로 복지관, 경륜본부에서 무료 급식을 하고, 시청에서도 민간단체에서도 여기저기 푸드마켓을 운영하였다. 현실적으로 대은G2S2의 그 필요성이 한참 약화되었다. 복지 혜택이 얼마나 많은지 걱정하는 무상복지 포퓰리즘이라는 염려까지 나오고 있다.

그 동안 교회에서 돌보던 중독자들, 장애인, 정신질환자들, 무의탁 노인들이 세상을 많이 떠나기도 하였고 이사 가면서 교회를 찾는 작은 자들이 현저히 줄어들었다.

**알코올, 정신질환, 장애인, 심지어 청소년들의 인권강화로 더 이상 목회자가 보호자 역할을 할 수도 없게 되었다. 교회에서는 작은 자들이 회복되면 먼저 혈육과 다시 좋은 관계를 위해 힘을 보탠다. 그러나 이제는 아무리 숙식을 제공하여도 '마치 당신이 왜 간섭하냐'는 식으로 공기관의 개입과 역할이 강화되기 시작하였다.

목회자 일지 중에서

지난 금요일부터 교회에서 계속 명절을 보낸 장애 형제들을 어루고 타일러 어제 힘들게 보냈습니다. 오늘 새벽 기도에 미안함이 더합니다. 오늘 하루 더 있다가 간다고 울기까지 했는데 말입니다. 교회에서는 저들과 가정의 조율과 하모니가 때로는 너무 어렵기도 합니다. 장애인으로 평소 회사에서 일하면서 40대가 되도록 돈을 본인들이 관리해 보지를 않아 자립을 위해 가정의 협조를 구하지만 그 때마다 오해를 받을까 매우 조심스럽습니다. 아무리 제가 저들을 사랑한다 해도 저들 혈육과 화목을 생각해 줘야하는 이런 일들을 쉽지 않은 고역 중 하나입니다.

**기초 생활 수급자를 위한 임대 아파트들이 몇 동네를 지나 생겨났다. 대은교회 주변도 재개발이 시작되었다. 지하 방에서 살던 사람들, 고시원에 살던 사람들이 흩어졌다.

목회 일지 중에서

하안동 13단지는 어떤 곳인지 아시나요? 예. 쉽게 말해서 광명동에 사는 인생 바닥의 사람들의 로망과 같은 곳이기도 합니다.
바로 그 곳에는 이들에게 아파트 입주 기회가 되는 임대 아파트가 있기 때문입니다.
엇그제도 한부모 장애인 상훈 엄마가 그리로 이사갔습니다. 한 달 전에 입주 소식을 동사무소에서 듣고 그 기쁨을 주체하지 못했습니다.
며칠을 잠도 못자고 여기저기 자랑하러 다녔습니다. 상훈엄마는 친정 어머니가 무당으로 가까이 살고 계셔서 교회 나가는 것을 반대했고요, '이방인 뜰'에 왔다 갔다 하다가 여러 번 친정어머니 몰래 교회에 나왔었습니다. 때문에 계속 전도 중이었고, 더 좋은 곳으로 간다 해도 많이 아쉬움이 있습니다.
이런 비슷한 새 신자들이 지난 수년간, 하안13단지로 이사를 갔습니다.
게다가 최근 한 동안 잠잠했던 뉴타운 사업이 이곳 광명동에도 다시 술렁이기 시작합니다.
"사람이 계획할지라도 그 걸음을 인도하시는 이는 여호와라 하셨지요"
그렇다면 저의 계획은 새로운 작은 자 사역의 방향 전환이 필요했습니다.

둘, 작은 자들의 안타까운 떠남과 돌아오지 못하는 이별은 상처가 되었다. 이별은 누구나 쉽지 않은 일이다. 고향 산천에서 함께 뛰놀던 동무들 가운데 어느 날 멀리 이사한다는 소식을 듣게 되었을 때에 혼자서 많이 슬퍼했었다. 그리고 두 번 세 번 여전히 이별이란 마음 아픈 것이었다.

작은 목회를 하는 목회자는 흔히 '한 사람 한 사람이 얼마나 귀한지를 누구보다 절실히 알고 있다'고 말한다. 작은 자들을 향한 긍휼과 동정의 마음은 더욱 그랬다. 가족처럼 고향의 어린 시절 동무들처럼 사심 없이 주고 나누었다.

아무리 악하고 못된 인간이라도 이 세상의 누구도 멸망하기를 원하지 않으시는 주님을 따랐다.[93] 아무리 가족과 사회에서 쓸모없는 인간으로 낙인이 되었어도 주님 안에서 변화됨을 믿고 기대하면서 주님의 일꾼 되기를 원했다.[94]

그럼에도 일꾼이 되기도 전에 떠나 돌아오지 못하는 이들이 있었다.

떠났다가 좋은 소식을 듣거나 다시 돌아와 함께할 수 있으면 감사한 일이었다. 그러나 잘 성장해 가다가 교회를 떠나 자기 고집대로 오랜 세월 계속 방황하는 작은 자가 있어질 때에 가슴이 아팠다.

멀리서 경찰서나 혹은 병원에서 연락 왔을 때는 더욱 그렇다. 이 원고를 쓰는 어제도 이웃 도시 주민센터에서 전화가 왔다. 혹시 김○○ 씨를 아시냐고... 벌써 10여 전의 교회에서 숙식했었던 착한 형제였다. 폐결핵으로 깡말라 숨을 제대로 쉬지 못했으나 건강을 회복하고, 기초수급자가 되고

---

[93] 주의 약속은 어떤 이의 더디다고 생각하는 것 같이 더딘 것이 아니라 오직 너희를 대하여 오래 참으사 아무도 멸망치 않고 다 회개하기에 이르기를 원하시느니라. 벧후3:9
[94] 너희는 택한 족속이요.....너희를 어두운데서 불러내어 그의 기이한 빛에 들어가게 하신 자의 아름다운 덕을 선전하게 하려 하심이라. 벧전2:9

고시원 생활로 자립을 시키면서 사라졌다. 그리고 다시 주민등록도 말소가 되었다고 연락이 오는 것이다. 일전에는 경찰서에서 전화가 왔었다....

그럴 때마다 '나의 사랑에 무슨 문제가 있을까? 목회자로 주님의 사랑을 저들에게 올바르게 먹이고 가르쳤던 것일까....?' 반문하지 않을 수 없었다. 심지어 그런 작은 자들이 한 사람 두 사람 늘어날 때마다 나의 자책 허물은 더욱 커졌다. 그럴 때마다 잠시 쉬고 싶었다.

더욱이 작은 자에서 일꾼으로 세움을 받고 모범적인 성도가 무너지고 멀리서 방황하는 경우도 있다. 이럴 때는 자책이 더 크게 밀려왔다.

병원에서 다시 연락 온 장형제에게 쓴 편지 중 하나

장형제님. 요즈음 밝은 목소리로 전화해 줘서 고맙습니다.
그만큼 맘이 평안하고 좋아진 것이겠지요.
하나님 자녀이니까 당연히 더 좋아지기를 바랍니다.
해서 하는 말인데 목사님과의 관계를 다시 한 번 깊이 생각해 보았으면 합니다.
진짜 장형제의 목사님이 박종력 목사님인지...
진정으로 목사님으로 믿고 따를려면 어찌해야 하는지....?
전에 잘 따르고 순종하던 때가 있었으나 언제부터 전혀 그렇지가 않았습니다.
예전에는 형제님의 잘못을 다 덮고 넘겼으나 언제부터 다른 형제들 앞에서도 목사를 무시하고 거역하는 모습을 보이니 앞으로 어찌해야 할까요? 물론 형제님이 일부러 그렇게 한 것은 아니겠지요. 그러나 솔직히 고민이 됩니다.
번번히 병원에 보호자가 아님에도 어렵게 사정하여 외출 외박을 허락 받았고, 교회 성도들과 함께 데려다 주고 데려 오기를 조금이라도 소홀히 하면 매 번 사고를 치고 강제로 붙들려 다시 입원하니 어쩌면 좋을까요?
장형제님! 순종한다고 다짐 다짐해서 내 책임 하에 외박을 시켰으나 결국 목사의 무책임하고 나쁜 사람 됩니다.
형제님이 만약 예전처럼 잘 순종했다면 지금 병원에 있어야 할 이유가 없었겠지요.

교회에서 율동도 하고, 봉사도 잘하던 권찰님도 했으니까요.

한두 번만이라도 장형제님이 외박 후. 이전처럼 스스로 잘 들어갔더라면 한 주 뒤에는 스스로 쉽게 나올 수 있었던 것.... 참 아쉽고 안타깝습니다.

이 목사는 장형제님이 예전처럼 다시 예배도 잘 하고 봉사도 잘하고 생활도 잘하길 진심으로 바랍니다.

이 목사는 더 이상 보호자도 될 수 없고 병원에서 신뢰도 잃어서 이젠 형제님, 외박시켜 달라는 부탁도 어렵게 되었습니다.

장형제님. 이제는 외박하면 먼저 교회를 찾읍시다. 그 전까지는 그곳 병원 생활을 잘 해서 인정받아 스스로 나올 수 있기를 바랄뿐입니다. 그리고 교회는 언제든 편하게 다시 와도 좋습니다. 지난 번 내게 했던 온갖 못된 짓들은 주님 이름으로 다 용서하고 잊을 수 있습니다.

마지막으로 형제님에게 순종할 말씀들을 권면하니 순종은 형제의 몫입니다.

밑에 적어 놓은 성경 구절 암송을 열심히 해서 깨달아 이해되면 전화하기를 바랍니다. 형제가 이 박목사님에게 진정 죄꼬리 만큼이라도 미안함이나 고마움이 있고, 기쁘게 다시 만나고 싶다면 꼭 그리하길 바랍니다.

**암송해야 할 성구들 (1. 요8:32   2.삼상15:22 "순종이 제사보다 낫고" 3.사43:21   4. 약5:13   5.약1:5   6. 빌4:6~7   7. 약1:2 8.살전5:16~18.....)

*형제님을 사랑하는 대은교회 목사가....

이 형제님은 이후 전화 통화를 여러 번 했으나 끝내 돌아오지 못하고 연락이 끊겼다. 지금도 함께 찬양할 때에 지난 날 성도들 앞에서 율동하던 찬양이 나오면 눈에 선하여 나의 부족을 돌아보곤 한다.

셋, 안타까운 소천으로 영영 이 땅에서 이별한 작은 자 성도들이 있었다. 어려서 할머니는 어머니의 성난 부지깽이로부터 방패가 되셨고, 간식 주머니가 되셨고, 겨울 차가운 손의 난로 엉덩이요, 배 아플 때 약손이셨다. 그런 할머니가 객지에서 천방지축 무소뿔 같은 청소년기에 돌아 가셨다. 눈을 감으시기 전에 무척 나를 찾으셨단다. 뒤늦게 그 그리움은 마음이 저려왔다. 그리고 회개하는 마음으로 어르신들 섬기는 일에 더 힘을 내기도 하였다.

그러나 목회자로 작은 형제들을 주님 양으로 품는 중에 불쑥 영원한 이 땅의 이별을 고했던 성도들이 있었다. 이는 부모님 같은 혈육과의 이 땅 이별과는 또 다른 아픈 마음이었다. 목회자로써 그 능력의 한계를 절감할 때에 미안함은 이루 말 할 수 없는 아픔이었다.

* 교회에 등록하여 유아실 생활부터 많이 너머지면서도 끝내 알코올 중독에서 회복하여 가정을 다시 이뤘다. 그리고 교회 봉사, 전도하면서 직분까지 얻었던 이권찰님이 있었다. 그는 아내를 얻어 가정을 이루면서 행복했다. 대은교회를 위해 무수히 충성을 맹세하며 10여 년이 아름다웠다. 그러나 슬며시 어느 날 아내를 따라 다른 교회로 출석하였다. 그럼에도 따뜻이 대해 주었고, 주님 믿는 믿음으로 축복하였다. 그러나 두 해를 지나 아내와의 갈등에 힘들어 하다가 다시 중독의 늪에 빠졌다. 다시 돌아오려는 말과는 달리 다시 일어서지 못하고 뜻밖에 죽음을 맞이했다는 소식을 들었다. 그 허탈감은 참으로 아프고 컸었다.

* * 박성도님은 유별나게 마음이 여리고 착하였다. 한 쪽 눈을 잃었으나 성실했고, 오십 평생 독신으로 평소에도 말이 없었다. 교회에서 주민증도 다시 하여 자립을 하였다. 세례, 봉사, 다시 직장... 그리고 다시 고시원 독립생활로 감사했다. 교회를 벗어나면 일반인과 똑같다. 예배 시간을 불참하거나 해야 연락을 해본다. 고시원에도 찾아가나 없었다. 다시 방황했다. 오랜만에 교회에 찾아와 전화를 하셨다. 미안하다고... 그래서 이전의

친밀함을 생각하면서 권면했다. '나는 괜찮으니 하나님께 회개하시고 정신 바짝 차려 다시 시작하자'고 하였다. 힘없이 대답을 하였다. 그러나 다시 주일에 교회에 나오질 않았다. 그리고 길거리에서 교통사고 소식으로 마지막 임종을 지켜보게 되었다.

아! 나의 부족함이 무엇인지 도시 알 수가 없었다....

* * * 항상 군복을 좋아하며 젊은 힘을 유지하던 홍성도님이 계셨다. 칠십 평생을 거처도 없이 리어카로 박스를 주우시면서 늘 임시 창고 같은 곳에서 전전하며 사셨다. 교회 방에서 생활하도록 하시니 최고의 행복이라 하셨다. 그리고 생계수급자가 되셨다. 평생 처음 목돈이란 것을 만지며 사람들에게 자랑하셨다. 그리고 푸드마켓의 힘든 봉사에도 적극적으로 나서서 하셨다. 그런데 간혹 술이 문제였다. 한 번 폭주를 하시면 교회 주변을 시끄럽게 하셨다. 그럴 때마다 내가 나서서 이미 준 사랑의 힘을 바탕으로 야단을 치면 멈췄다. 그리고 다음 날이면 피해를 주신 분들에게 사과를 하도록 하시면 잘 따라 주셨다. 그 일이 반복될수록 힘이 들기는 해도 교회를 떠나지 않으심에 감사가 컸다. 그리고 세례를 받으시고, 어느 정도 돈이 모아져 교회 방을 떠나도록 독립을 시켰다. 이웃 동네에서 조그만 지하 쪽방을 얻어 생활하시면서 교회 출석도 잘하셨다.

그러나 비가 쏟아지는 어느 날 자정, 술을 드시고 다시 교회를 찾아 오셨다. 형제들 몇 명이 머문 좁은 유아실 방에 찾아왔다. 형제들은 내게 연락이 왔으나 들이지 말라하였다. 술을 하고 방에 들이지 않음이 규칙이었다. 그러면 보통은 성전 의자에서 잠을 청하면서 술을 깨어야 했다 자신을 돌아보는 시간인 것이었다. 그리고 맑은 정신으로 기도하고, 대화하면서 다음 길을 정하곤 하였다.

그럼에도 그날은 비 오는 거리를 배회를 하셨던 것이다. 그리고는 경찰로부터 객사하였다는 가슴 미어지는 연락이 왔다.

어찌나 부족하고 못난 목사로 한계를 느끼던지....

결국은 계속 사명을 이어가야 하는지 주님께 여러 번 묻기까지 하였다.

대은교회 목회 일지

대은교회 유아실에 노숙자 재활이 다시 시작 되었습니다.
작년 가을 재활하여 나간 지 얼마 되지 않아 객사한 홍성도님을 끝으로 다시는 안하고자 했었습니다. 그러나 어디 주의 종이란 사람이 제 맘대로 되는가요....
이틀을 성전에서 보내는 사람이 있었습니다. 물으니 지방에서 올라와 당장 거처가 없는 처지요, 술도 안한다기에 그럼 주님 안에서 꼭 멋진 자립과 독립으로 승리해 봅시다. 새벽 기도회에 아내는 보고 집에서 의아하게 말합니다. '이제 다시는 안한다더니 또 한다'고 거짓말쟁이라 약 올립니다. 잠시 부족한 종의 입술 회개와 십자가 멍에의 사명을 생각했었습니다. 그리고 그 뒤로도 소천한 작은 자들이 계속 되었습니다.

대은교회 목회일지

지난 토요일 또 다시 대은교회 양복 신사 집사님 한 분이 소천하셨습니다. 60대 중반의 이른 나이십니다. 가족도 없이 허름한 지하방과 병원을 오가시며 외로운 암 투병을 끝내 이기지 못하셨습니다. 그 동안 대은교회에서 주일마다 십 수 년간 한결 같이 양복입고 예배드리는 성도는 유일하셨던 같습니다.
그래서 장애 성도들에게 일명 '양복 집사님'으로 통합니다.
집사님은 40대까지 건설 사업으로 한 때 큰 성공을 이루셨었습니다. 그러나 IMF 타격으로 가족과 헤어지고 구속 수감되어 술로 방황하시다 여러 중병을 얻어 수급자의 고달픈 삶으로 대은교회 출석을 하게 되셨었지요. 때로는 술을 많이 하셨으나 단 한 번도 목사에게나 성도들에게 힘들게 한 적이 없으신 유일한 분이시기도 합니다. 교회가 여러 시험들로 요동이 칠 때도 집사님은 늘 그 모습 그대로 자리를 지키셨었습니다. 언젠가는 옆집에 사시는 드센 집주인 권사님이 심한 욕을 하시는데도 웃음으

로 참아 넘기시던 진짜 신앙의 신사셨습니다
집사님은 다시 사업 재개를 위해 단 한 번도 소망을 포기하지 않으셨습니다.
소천하시기 두 주 전에 병원서 뵈옵고 기도를 해 드린 후에 "제가 가난한 목사라 별 도움을 줄 수 없어 미안합니다" 하니 오히려 제 손을 더 꽉 붙잡고 "목사님. 이제 조금만 참으세요.. 건설계약 최종 마무리 단계입니다.."위로를 하십니다. 어찌나 짠 하던지요.... 그 뒤로 집사님은 몇 번을 먼저 전화하셔서 "고맙다" 하시며 힘을 내셨는데 너무도 갑자기 소천하셨습니다.
양복 집사님에게 누룽지 만들어 드리고 반찬 배달하시던 이집사님도.. 같이 마음 아파하며 기도해 주던 장애 형제들이나 교회 성도들도 모두 안타까웠습니다..
저는 가족이라는 작은 종의 책무 앞에 너무도 많이 미안했습니다!
쉬고 싶은 마음도 함께 했습니다.

넷, 이미 충분한 사랑을 받았던 작은 자가 교회를 떠나간 후에 하는 비난이 있었다. 한 때 가족 이상으로 친밀했으며, 하나님 은혜에 행복해 했던 작은 자들 가운데 내가 소화하고 이해[95]할 수 없는 배신감에다 그런 이유의 주님 뜻을 알지 못할 때는 더욱 힘들었다.

알코올 중독에서 노숙 신세로 삶의 소망이 끊어질 즈음에 대은교회 형제에 이끌려 교회에 나온 한 형제가 있었다. 그는 고등학교까지 나왔고 똑똑했다. 교회 유아실에 지내면서 순종을 잘했다. 통성기도에 잘 소화는 못했으나 늘 순종하려는 자세를 갖고 살았다. 다시 교회에 주민등록, 주소를 살리고 시력 장애등급을 받도록 했고, 기초수급으로 최소 자립을 할 수 있었다. 기도, 교육에 있어서 충분한 순종은 아니더라도 세례를 받고 교회 봉사도 심지어 헌금생활도 스스로 알아서 잘 해 내었다. 그리고 가까운 고

---

[95]사랑을 주나 대적하는 성도에게는: 시109:4 그리고 마5:44, 롬5:14,벧전3:9 오히려 축복하고. 눅 6:28 더불어 항상 일흔 번씩 일곱 번이라도 용서할 준비하고 있으며....

시원으로 독립생활을 할 수 있었다. 그는 언제나 교회 은혜를 잊지 않을 것을 입버릇처럼 말했다. 대부분 유아실을 거쳐 간 사람들이 그랬다. 그는 교회를 한 동안 계속 출석하다가 어느 날 인사도 없이 슬그머니 교회를 떠났다. 전화도 안 받았다. 몇 개월이 지나서 어느 날 밤에 전화가 왔다. 나는 너무 반갑게 전화를 받았다. 그런데 다짜고짜 따졌다. 판단하면서 심지어 지난 온갖 말도 안 되는 오해들을 억측하면서 비난까지 서슴치 않았다. 아무런 서로의 상처가 없었고, 형제가 먼저 떠나서 죄송해야 할 상황인데 오히려 무수한 비난을 하였다. 정신병도 아닌 사람들이 두 사람 세 사람으로 늘어날 때에는 사명감에 한 동안 회의를 품으며 상처가 되었었다.

한 번은 주님께서 유다에게 "차라리 나지 않았으면...."[96]이라고 하시는 말씀에 위로가 되었다. 흔히 목사님들은 해석을 '그는 구약에서 이미 정해진 사람이라 주님도 알고 계셨으니....' 마치 쉽고 간단하며 당연하게 여기듯이 여기는 설교를 여러 번 들었다. 그러나 난 그 때마다 뭔가 석연치 않았다.

주님은 진정 '유다를 처음부터 십자가 구원의 배신 사역을 위해 지옥의 제자로 선택한 것일까?' 아니다. 유다는 주님께서 제자로 부르셨다. 마지막까지 주님을 저주한 베드로처럼 살과 피를 주셨다. 사단의 올무로 변질된 그의 마음에 너무 가슴 마음 아픈 심정을 토로하신 것이라 이해되었다.

작은 자들을 자식 이상으로 애지중지하여 은혜와 변화 그리고 일꾼으로 세우고 다시 끔찍한 변질이 되어 갔을 때 그 주님 심정이 조금이라도 이해될 수 있었다. 그럼에도 현실적으로 소화되지 않을 때는 힘든 시간인 것이

---

[96] 막14:21. 인자를 파는 그 사람에게는 화가 있으리로다 그 사람은 차라리 나지 아니하였더라면 자기에게 좋을 번하였느니라

었다.

다섯, 더 이상 작은 자의 리더 멘토 비전의 한계를 느꼈다.

성령님의 능력은 무한하셨다. 그러기에 작은 자에 대한 중요한 사명을 치유와 변화, 그리고 일꾼 그리고 다음 세대를 이어줄 수 있는 멘토가 되는 것이었다. 즉, 3대를 이어가게 하는 비전이었다.

그렇게 10년 20년 변화되어 일꾼이 되는 경우는 많았다. 그러나 일꾼을 키우는 리더 멘토가 되기까지는 너무 벅찼다. 스스로 신학을 한다고 교회를 떠나 나갔다. 여러 사람이 되었다. 그러나 아무도 제대로 사명에 선 사람이 없었다.

나의 이런 아픔은 고스란히 나의 리더쉽 부족으로 스스로를 자책하게 되었다. 어느 날, 가장 가까이 함께했던 황소 이권사님께서 나의 이런 그늘진 탄식을 아시고는 아들과 말하는 중에 아들이 그랬다 하시며 "목사님의 몫은 거기까지 이신가 봐요"라고.... 정말 주님께 기도했다. '이것이 나의 작은 자 사명 분량 한계인가요?' 때로는 그 말이 인정이 되었다.

어찌되었든 처음 작은 자 사명 목회로 시작할 때에 성령님은 그림을 주셨다. 그 믿음의 그림은 항상 큰 소망으로 용기가 되었었다. 그러나 이제는 '3대를 이어가는 멘토 리더'에 대한 더 이상의 믿음 그림도 확신이 서질 못했다. 그 이유를 알 수 있는 쉼이 필요했다.

판단, 정죄 교만의 허물

한 번은 대은교회 제직 신년 교육 때의 일이었다. 딤전3:8~13의 집사의 갖춰야할 자격에 대하여 일일이 자신을 점검하도록 하였고, 발표하도록 하였다. 그러자 당시 가장 존경받았던 권사님 한 분이 가장 어려운 것이 '참소'라고 고백하였다.

쉽게 말해서 뒤에서 남의 허물을 판단하고 정죄하는 것이었다. 존경받던 권사님이 그런 고백을 할 정도이면 다른 이들은 오죽했겠는가....? 작은 자들은 더 말할 것 없었다.

나는 담임목회자가 되고 더 나아가 지역의 목회자들을 리더하는 멘토로 무수히 분별과 가르침과 치리해야 할 상황에 놓였었다. 섬김을 제일 원칙의 리더십을 삼아 순종했으나 은연 중 내 생각이나 상식을 앞세우는 경우가 있었다. 그 위치가 높고 낮음을 떠나 사람이 모이는 공동체들 안에서는 늘 이런 참소와 허물들로 진통을 앓고 있다. 때로는 인간 정을 앞세우거나 일과 공동체를 우선하거나 그것은 곧 나를 주님보다 더 드러내는 경우이기도 했다.

대체로 개인적인 죄의 문제들은 그래도 잘 소화할 수 있었다. 또한 공동체의 드러난 죄와 허물들은 마17:15~18을 따라 해결하기를 힘썼다.

그럼에도 이러지도 저러지도 못하면서 넘어가야 했던 문제들이 많았다. 목회자로 허물을 덮고 허물의 찌꺼기를 가슴에 품고 살아야 했던 일들이 많았다. 어떤 것은 주님 사랑 은혜로 덮어지고 씻어지기도 했으나 그렇지 못한 것도 있었다.

작은 자를 함께 섬기던 이웃교회 교역자들로 인한 판단, 정죄가 있었다.

한 때 많은 목사들이 큰 교회에서 성도를 뺏어 간다는 상처와 원성이 컸었다. 그러나 나처럼 '작은 자를 위한 사역을 한다'는 목사들 가운데서도 그런 일이 있었다.

* 노숙자 한 자매가 교회에 들어왔다. 사나흘 교회에서 지내다가 일전에 있었던 것처럼 혼자 사는 중독자 한 분을 소개했다. 서로 함께 살고 싶다고 했다. 그리고 같이 교회 나오기 시작했다. 이름도 지어주고 주민등록도 다시 만들어 주었다. 교회에도 매우 열심히 다녔다. 어찌나 밝게 인사를 잘하던지 사람들은 그 성도를 반가워했다. 그런데 어느 날부터 내게 악세서리 선물을 주었다. 어디서 났냐고 물으니 식당에서 줬다고 말했다. 계속 선물을 가지고 왔다. 교회 사모님이 줬다고 그랬다. 그래서 받지 말라고 했으나 자꾸 찾아온다고 했다.

   매 주일 오후마다 노숙자들에게 식사와 용돈을 주며 예배하는 이웃 마을 교회였다. 잘 알고 있는 교회였다. 자매가 '교회를 다니고 있다'고 말해도 그 교회 사모님은 계속 찾았다. 한 번은 여자 성도가 사고를 당해 찾아갔더니 그곳에 사모님이 계셨다. 너무도 태연했단다. 마치 자신이 보호자요, 본래의 보호자인 것처럼.... 서로 잘 아는 처지에 따질 수도 없었다.

   이대로 가다간 자칫 목회자끼리 불신과 오해로 하나님 영광 가릴 것 같았다. 그래서 아내에게 더 이상 우리가 물러나자고 말했다. 그럼에도 남편 중독자는 이후에도 한동안 대은교회를 나왔다. 그리고 그 쪽 교회에서 자신들의 돈을 관리한다고 했다. 때로는 억울한 하소연도 했다. 결국 그 두 사람은 양쪽에서 자칫 만신창이 영혼이 되지 않도록 내가 놓아 주었다. 그 뒤로 그 두 부부의 가까운 불신자 지인들로부터 항의 전화가 많이 왔다. 지난 교회 바로 위층으로 한 밤중에 몰래 들어와 개척한 상황과 비슷했다. 불신 지인들은 제발 대은교회에서 두 작은 자를 다시 감당해줘야 한다고 했으나 더 이상 관계를 끊었다. 본인들의 마음이 중요했다. 그리고 불신자에게 비난 판단을 받기까지 나의 부족한 허물도 있으리라 회개했고, 같은 목회자로 판단 받게 됨은 곧 상처가 되었다.

* * 치리를 받아야 했던 성도들을 함께 봉사하던 이웃교회에서 기쁘게 받아 주었다. 교회 연합 임원의 간곡한 요청으로 잠시 임원 활동에 몸담았다. 기대했던 작은 교회와 목회자들의 큰 고통에 함께하고자 했던 호소는 번번히 메아리가 되었다.

함께 옆에서 밥을 먹었었던 임원 목사님의 교회로 대은교회에서 치리를 받고 있던 제직성도들이 단체로 이동을 하였다. 그러나 전혀 모른 체 하고 받아 주었다. 어찌나 상처가 되던지요....

아내의 사명감 약화는 곧 나의 부족이었다.

30년 전, 아내를 작은 자 봉사 가운데 만나게 하심은 감사였다.

오직 나를 믿고 대한민국 가장 부유한 동네에서 가진 것 없는 지하 단칸방에서 행복한 신혼생활과 교회 봉사를 같이 할 수 있었음도 감사였다. 아내는 먼 장애인 교회로 힘든 봉사의 길로 나아갈 때도, 신학의 길을 나설 때에 단 한마디 의심도 없이 동행해 줌이 감사였다. 모든 권리도 안전장치도 다 포기하고 주의 종이 되겠다고 했을 때에도 기쁘게 순종했던 아내였다.

지하방에서 동생을 데리고 살 때에도, 어머니를 뫼시고 살 때에도, 친척 어르신을 뫼시고 살 때에도 그리고 아무 때나 사람들을 집으로 초청하여 대접하고자 할 때에도 늘 정성을 다해 밥과 반찬을 준비한 아내였다.

병원에서 계속되는 유산에 심각한 치료의 과정을 중단하고 오직 믿음으로 가자고 할 때에도 함께해 줌에 감사했다. 나와 같이 단 한 번도 외도나 신앙의 이탈을 하지 않고 함께함도 감사했다. 광명에서 담임목회를 시작하면서 만난 월세 지하방 물난리에 어린 아이들과 이리저리 전전할 때에도 불평한 번 없던 아내가 고마웠다.

조금이라도 하나님의 뜻에 어긋났다 싶어 눈 한번 힘을 주거나 쓴 권면을 하여도 그대로 받아들였던 아내가 늘 고마웠었다. 언제나 나보다 더 작은 아내가 되어줬던 아내가 고마웠다. 교사 봉사와 어려운 이웃에 대한 봉사에도 뜻을 같이하여 평신도로 많은 이들의 부부 칭찬을 받기도 했었다.

그런데 내가 교회 중직자들 중 일부와 기세싸움을 하듯이 아내 역시 제직들과의 마찰이 있었다. 나와 달리 아내는 불의한 것을 잘 참아내지 못하였다. 처음에는 나의 십자가 멍에를 지는 희생과 인내 권고에 언제나 아내는 잘 감당해 내는 듯 보였다.

부부

나라가 나뉘고
이웃에 담이 있고
형제가 방이 서로 다르며
부모 자식이 분가해 나가도
부부는 나뉠 수 없다네

그러나
영원한 그곳에는
한 사람은 남고
한 사람은 데려 갈 수 있다네

부부의 몸이 하나이듯
영이 하나인 것으로
더욱 힘씀이라

흔히 목사는 목회적 사명이 있다. 그런데 '목회자의 아내도 자녀도 같은 사명이 있는가?' 라고 묻는다. 만약 교회에 같은 짐을 지고 봉사하는데 부부 중 어느 한쪽이 사명의 헌신이 없다면 결국 큰 갈등에서는 문제가 생겼다.

대은교회는 작은 자 사명으로 20년을 달려야 했다. 같은 문제로 몇 년 혹은 십년 이십년을 사명으로 감당해야 했다.

아내는 이미 어긋난 사람의 허물을 덮는 것을 어려워했다.
아내는 먼저 있던 중직들과 힘겨운 싸움을 끝냈다. 미처 상처를 치유하기 전에 새로운 성도들이 교회에 등록했다. 인격적으로 문제가 많은 여전도사하고 갈등이 더 커졌다. 나에게 아내는 판단과 정죄의 말을 쏟아냈다. 그 때마다 나는 아내에게 주님의 십자가 인내와 더 많은 허물을 덮는 긍휼과 관용을 주문했다.

그리고 강한 성격의 성도들이 들어오면 역시 부딪혔다. 아내는 지난 상처를 사명으로 극복하지 못한 것이라 볼 수밖에…. 그럴수록 나는 아내를 판단하고 심지어 정죄하면서 서로 상처가 쌓이어 갔다.

나는 성도들을 가족으로 받아들이고 보호자로 부모로 목동 책임으로 그 허물을 받아 들였다. 그러나 아내는 그런 사명이 약하니 수없이 흘린 눈물의 기도에서도 반복 소화가 부족하였다.

이는 청소년기 사랑스런 자녀들에게 영향이 갔었으리라 마음이 아팠다.

내 자신은 암으로 쉼을 얻은 후에 여러 번 스스로에게 물었다. '주님 앞에 진정 후회 없는 인생을 잘 살아온 것일까?' 나름 부족하지만 선뜻 '언제나 행복하게는 살아왔노라'라고 말할 수 있었다. 그러나 아내와 자녀들을 생각하면 여러 모로 주님께 부끄러움이 많았다.

아내는 그럼에도 간혹 '나를 존경한다'고 말했다. 하지만 '자녀들도 진정 그럴 수 있을까?' 아마도 쉽지 않을 것 같았다.

목회자는 양을 다스리는 자이다. 때문에 자신의 가정이 먼저 모든 면에서 신앙의 본이 되기를 소망한다.[97] 스스로 부족함의 답을 찾지 못하거나 해결하지 못할 때 그 허물은 점점 누적이 되어 왔다.

이제껏 성도들이 단 한 번도 나의 가정에 대하여 뒤에서 허물을 말할 때가 없었다. 그럼에도 주님 앞에 나 스스로의 부족은 쉼을 통해 가족과 더 가까운 시간을 얻고 싶었다.

낙타 무릎 껍데기와 새우등 잠

낙타는 쉴 때도 먹을 때도 무릎을 꿇는다. 그래서 무릎에는 돌만큼 단단한 굳은살이 박혀 있다.

나는 주님을 처음 만난 후부터 통성기도를 알았다. 누가 알려주기 전에 개인적으로도 통성기도가 좋았다. 통성 기도하다보면 성령님 감동이 있었고, 늘 믿음의 확신으로 일어설 수 있었다.

"너는 내게 부르짖으라 내가 네게 응답하겠고 크고 비밀한 일을 나타내 보이리라. 렘33:3"

그리고 주님 은혜가 너무 커서 감히 편히 받기에 죄송하다 싶으면 무릎을 꿇었다. 또한 기도할 내용이 절실해 지면서 무릎을 꿇었다. 회개할 내용이 떠오르면 무릎을 꿇었다. 그 곳이 방석이든 방바닥이든 시멘트 성전

---

[97]딤후3:4,5은 감독의 자격에(목회자) 대해서 "자기 집을 잘 다스려 자녀들로 모든 단정함으로 복종케 하는 자라야 할지며 사람이 자기 집을 다스릴 줄 알지 못하면 어찌 하나님의 교회를 돌아 보리요.

이든 상관없었다.

그러면서 낙타 무릎처럼 발등에도 무릎에도 굳을 살이 돌처럼 생겨나기 시작했다.

쉼을 기도한 후에 수술하고 나서 그 굳은 살은 껍데기만 남게 되었다.

새벽 기도 시간에 주로 통성으로 무릎꿇는 기도하면서 늘 주님 말씀을 기대했다. 기도 중에 적합한 말씀이 떠오를 때의 그 기쁨은 언제나 특별한 것이었다.

또한 개척 수년이 지나는 동안 새벽 기도에 대한 자유를 얻기는 '이 시간만큼 주님과 교제할 수 있는 좋은 시간이 없다'라는 믿음이 생겨 설령 성도가 얼마 없다 해도 '은밀히 주님과 더 나눌 수 있어서 좋구나' 하니 한결 자유하고 달콤한 시간으로 보낼 수 있었다. 30년의 기도는 무릎과 발등에 딱딱한 돌덩이처럼 굳은살이 되었다.

그러나 껍데기 같은 작은 종으로 사명에 대한 쉼을 원하면서 조금씩 무릎 꿇는 시간도 꾀가 나기 시작했다. 당연히 사명도 약화 되었다. 한 번 쉼을 위해 기도하기 시작하자 조금씩 사명감이나 충성심이 둔해져 갔다. 하나님 나라의 침노하는 자이기보다는 지키며 수동적이 되었다.[98] 한 달란트의 사람처럼 아무것도 안 하는 사람이 되고 싶었다.[99] 그러니까 자연히 사람이 계산되고 판단되어져 갔다. 그리고 기도할 때에는 회개를 했다. 점점 이런 일들이 반복되자 내 자신의 영력이 약해지는 것을 부인할 수 없었다. 작은 자나 가정이나 이웃에게나 나의 선한 영향력이 약해져 껍데기 사명으로 향했다.

---

98) 마11:12. 세례요한의 때부터 지금까지 천국은 침노를 당하나니 침노하는 자는 빼앗느니라.
99) 마25:24~26 악하고 게으른 종아 나는 심지 않은데서 거두고 헤치지 않은데서 모으는 줄로 네가 알았느냐

쉼의 수술을 앞 둔 때였다. 새벽 집 앞에서 소리가 났다. 새벽 기도에 나가면서 가로등 밑에 누워있던 노숙자였다. 다른 때 같으면 바로 일으켜 세웠을 것이다. 그리고 뭔가 조치를 취했을 것이나 그렇게 하질 않았다. 더 이상 시달리고 싶지 않다는 생각이 들었다. 기도할 때에 양심으로 힘들었다. 그러나 떠났던 장애인 집사님이 아들에게 목사에게 욕을 먹었다는 하소연을 하였다. 아들은 분개하였다. 자초지정을 들을 수 없을 정도로 분개하면서 내게 험한 말을 하였다. 몸이 많이 쇠약해진 상태였는데 그 충격은 한 참 동안 진정되지 않은 상태였다. 이런 경우 통성 무릎 기도로 하루를 넘기지 않았으나 마음에 응어리가 계속 잔재해 있었다. 피하고 결국 시청에 전화했다. 민원을 넣었다. 주님 앞에 내 사명 양심을 스스로 피했던 것이었다. 껍데기가 된 작은 자 사명이 되었다.

문뜩 구원의 감격이 껍데기만 남은 것 같다는 생각이 들기 시작하였다.

주님으로부터 전도에 파송했던 제자들이 흥분한 기쁨으로 주님께 보고했다. 온갖 능력이 나타남은... 이에 주님은 그 어떤 것보다 네 자신의 구원 기쁨이 더 큰 것을 잊지 말라하신다.[100] 계시록의 첫 에베소 교회에게 책망이 나온다. 첫 사랑을 잃었다. 어디서 떨어진 것을 다시 살펴서 회복하라[101] 그래서 다윗도 구원의 즐거움을 다시 회복하려고 금식하면서 기도했었다.[102]

만약 누군가 내게 근래에 "순수한 주님의 십자가 사랑이 예전보다 더한가? 아니면 그대로인가?" 라고 질문한다면 정직하게 "노"라고 대답할 수

---

100) 눅10:20 그러나 귀신들이 너희에게 항복하는 것으로 기뻐하지 말고 너희 이름이 하늘에 기록된 것으로 기뻐하라
101) 계2:4,5. 저를 책망할 것이 있나니 너의 처음 사랑을 버렸느니라 그러므로 어디서 떨어진 것을 생각하고 회개하여 처음 행위를 가지라
102) 주의 구원의 즐거움을 내게 회복시키시고 자원하는 심령을 주사 나를 붙드소서

밖에 없을 것이다. 한 영혼에 대한 긍휼이나 전도 열정에 대한 갈망이 확실히 덜 한 것을 부인할 수 없었다.

무릎 기도도 약해지니 모든 것이 형식이 되었다. 외식이 되었다. 민족의 대 부흥을 부르짖었던 간절함도 식어졌다. 간혹 기도 중에 '내 인생 이것이 마지막일 수도 있다'는 성령님의 탄식 하듯한 감동에 정신이 문뜩 나기도 했었다. 그러나 좀 더 깊이 나의 허물된 일들을 돌아보고 다시 나아가고 싶었다.[103]

작은 자 사명 가운데서도 교회 성장을 위한 행사 껍데기가 있었다.
1회성 행사를 그만두고 푸드마켓으로 삶을 나눴던 대은G2S2 사역은 감사했다. 그러나 거의 매해 여러 큰 교회들이 행한 초청 잔치를 흉내 내면서 성도들을 재촉하고 선물 남발을 일삼았었다. 지금 생각하면 껍데기만 남은 행사였다.

사랑의 관용과 함께 따끔한 훈계를 소홀히 여긴 불순종의 껍데기가 있었다.
목회자로써 나의 많은 약점 가운데 하나는 대면해서 주는 훈계였다.
작은 자들이 불의할 때에 기도했다. 성령님은 많은 경우 올바른 가르침을 원하셨다. 기도로 '아멘'하고 일어났다.
막상 작은 자들을 대하면 불쌍했다. 언제나 동정이 앞섰다. 그리고 늘 부족을 덮는 일에 자연스러웠다. 냉정하게 권면이 안 되었다. 때로는 엉뚱하게 설교시간에 호되게 야단을 쳤다. 그리고 후회했다. 그리고 또 다시....
'집에서 애견가들이 말하는 아주 비싸고 품위 있다는 중국 황실 경비견이라는 차우차우 사자 견 한 마리가 있습니다. 실제 행동이 매우 점잖고

---

[103] 주님은 바리새인들을 향해 책망하시면서 '회칠한 무덤'으로 비유하셨다.

차분합니다.

 그런데 어느 날, 이 강아지는 무엇을 잘못 먹었는지 조용조용 토하는 소리가 언뜻 들렸습니다. 저는 무슨 일에 골몰하던터라 잠시 후에야 강아지에게 가 봤습니다. 그런데 의아한 것은 자기가 토한 것을 다시 다 핥아 먹고 있었습니다. 그 역겨운 장면을 본 나는 황실견의 품위고 뭐고 역시 강아지는 강아지구나 하는 생각을 갖게 되었습니다. "개가 그 토한 것을 도로 먹는 것 같이 미련한 자는 그 미련한 것을 거듭 행하느니라. 잠 26:11" 우리는 주님을 믿음으로 온 우주 만왕의 왕이신 하나님 자녀요, 새 왕자가 되었습니다. 그리고 목회자로 하지 말아야 할 품위도 고귀함도 있습니다. 그런데도 다시 거듭 행하는 옛 더러움들이 있습니다. 아직 껍데기만 목회자인 부분이 있는 듯싶습니다.' 이런 일은 다른 이들에게도 반복되었다.

 대은교회에 협동목사님과 전도사들에게도 그랬다. 전에 중직자들과 있었던 나의 경험도 그랬거니와 항상 섬김을 우선하였다. 그래서 전도사들에게나 협동목회자에게 자발적인 사역을 원했다. 혹여 불법을 범했을지라도 스스로 깨달아 수정하기를 원했다. 기도하다가 성령님은 바른 훈계를 원하셨다.

 마찬가지로 그리하려다가 그냥 대면해서는 간접적인 비유로 슬쩍 넘기곤 하였다. 그래서 이단에 몰래 빠져 나간 성도, 더 큰 오해로 작은 자와 상처를 받는 경우가 있었다. 늘 뒤늦게 후회했다. 아! 따끔한 권면이 때로는 큰 사랑인 것을.... 이것은 조금씩 내 영혼의 껍데기 허물로 두꺼워졌었다

 나는 어려서부터 새우등 잠에 익숙해져 있었다.
 어린 시절 아버지에게 혼이 난 적이 있었다. 이불을 덮어 쓰고 자는 나

를 보셨다. 나는 아침마다 도교의 기도 주문을 외우시는 아버지 목소리가 싫었다. 왜 그리 아버지 기도 소리가 싫었을까?

중학교 시절의 가난은 용돈이 없었다. 하루하루 어머니가 차비를 주는 것도 힘들어 하셨다. 나는 종종 몇 개의 산을 너머 수 십리 길을 걸어 용돈을 마련했다. 한 번은 모아둔 돈으로 강아지 한 마리를 사왔다. 어머니는 무척 싫어하셨다. 나는 왜 그토록 가족이 강아지를 싫어하는지 도대체 영문을 몰랐다. 어느 날, 강아지가 사라졌다. 집에서 치운 것이다. 며칠을 울었다. 그리고 더욱 더 새우등 잠을 자게 되었다. 그 이유를 나중에 목회를 하면서 알았다. 아버지가 도교를 믿고 있어서 어머니가 악역을 맡으셨고, 강아지를 키울 수 없었던 것이었다.

아버지와 어머니는 대체로 자주 다투셨다. 아버지께서 술 드시고 오시면 거의 크게 다투시는 날이었다. 그러면 그 때에는 더욱 숨죽이며 잠을 청해야 했다. 새우등 잠을 청했다. 아침 기도하시는 아버지 목소리를 듣기 싫어서 더욱 이불 속으로 새우등 잠을 청했다. 객지 생활을 하면서도 마찬가지였다. 좁은 한 방에서 붙어 자던 형들의 눈치를 보면서 새우잠을 잤다.

야간 고등학생 시절, 독산동 공장에서 일하던 때입니다. 회식 날이었다. 평소에도 친절하던 반장 철수 형님이 '춤을 추겠다'며 나섰다. 그리고 요지로 위아래 입술을 세우고 등어리에 수건 몇 개를 넣고 곱추 춤을 추었다. 어찌나 그 모습이 웃기던지 모두 배꼽을 잡았다. 그리고 그날 밤, 그 춤추던 모습이 잠자는 내 모습과 똑같음을 발견했다. '아! 내가 밤에는 꼽추 장애인이었구나!!'를 알게 되었다.

결혼해서도 아내에게 종종 팔베개를 해 주었지만 잠들면서 곧 새우잠을 청해야 했다. 그것이 몸에 늘 익숙해 졌다.

어느 날, 의사선생님이 TV에서 새우잠을 청하는 사람은 긴장, 불안해하는 사람이라 했다. 그래서 '주님 은혜의 평안으로 사는 내 모습이 왜 이럴까?' 하여 고쳐볼라고 나름 애를 써본 적도 여러 번 있었다. 그러나 똑 바로 누우면 잠이 안 오고 목이 뻣뻣해져서 잘 수가 없었다. 그 뒤로 더 이상 고치려고 생각도 안했다.

나의 잘못된 잠버릇 습관임에도 새우등 잠은 편했고, 건강하니 그냥 습관처럼 지내 온 세월이었다. 하나님은 새우등이라도 사랑하는 자에게 달콤한 잠을 주셨다.[104]

새벽 기도회에 교회 성전에 나오면 간혹 새우잠을 청하는 사람들을 보았다. 그 때마다 어찌나 불쌍해 보이던지요.... 마치 나의 옛 모습을 보는 듯 싶었다. 한 편으로 주님께서는 작은 자 사역 위해 나를 그렇게 단련 시키셨던 것에 감사했었다.

새우등 잠이라도 주님과 깨어있었기에 좋았다.

새우등 잠에 들어가기 전, 많은 세월동안 자주 '이대로 이 세상 현실과 이별하게 될텐데....' 하는 생각이 들었다. 그와 더불어 '반드시 그런 날은 나에게 온다, 그러면 이후는 어찌 되는가...'하는 생각과 함께 하나님 주신 사역에 '더 잘 감당해야지'하면서 부족한 부분을 회개하게 되었다.

돌아보면 작은 자들의 무수한 칼의 위협, 병을 깨고 방화를 위협하고, 온갖 주먹과 욕의 위협들이 있었다. 언제나 순간순간 두려움들이 있었으나 때로는 새우등 기도의 밤을 새워야 주님의 평강이 찾아오는 경우도 있었다.

---

104) 시127:2 여호와께서 그의 사랑하시는 자에게는 잠을 주시는도다.

그 모든 것이 영적으로 깨어 있게 함이니 새우등도 그리 나쁜 것만은 아니었다. 또한 내 의식 속에서 '아직도 죽음을 썩 기쁘지 않으며, 세상에 대한 미련이 남아 있음을 보면서 내 자신의 믿음이 아직도 많이 부족하구나....'하였다.

달리 어쩌면 사도 바울이 한 때 사망 앞에서 염려했던 모습은 아니었을까?[105] 면서 앞서가신 주님을 만나고, 믿음의 선진들도 만나고 어머니와 권사님, 그리고 성도들도 만날 수 있음으로 위로를 삼곤 하였다.

새벽 기도 중에 깜빡 몸의 피로에 새우등 잠을 청할 때가 있다. 몸이 굳어 억지로 펼 때가 있었다.

주님께서 십자가를 지시기 전에 겟세마네 동산에서 제자들과 기도하셨다. 제자들에게 깨어 같이 기도하자고 했다. 이에 제자들은 몇 번이고 졸다가 주님을 대면하였다.[106]

나 역시 기도하다가 깜빡 졸다가 깰 때면 '내가 아직 너무 약하구나 싶어 다시 정신을 차리고 기도했었는데' 쉼을 기도하면서 그런 일이 더 자주 일어났다.

쉼을 기도할 때는 마음이 약해지니 눈치 보는 새우등으로 강단에 기대어 샛 잠을 자기도 했다. 그리고 종종 새우등 잠도 청하기 힘들었다. 그 무렵에 어머니는 치매 증세 초기를 보이셨다.

20년 목회 중에 어머니와 동생의 무탈을 하나님은 응답해 주셨었다. 그러나 '주님께 쉬고 싶다'는 기도를 할 때에 어머니 병이 악화되셨다. 광명

---

105) 롬7:24 오호라 나는 곤고한 사람이로다 이 사망의 몸에서 누가 나를 건져내랴
106) 마26:41. 시험에 들지 않게 깨어 기도하라 마음에는 원이로되 육신이 약하도다 하시고

에서 수원을 수시로 왔다 갔다 했다. 어머니는 기독교 요양원도 하루 이틀 지나면 거부하셨다. 동생은 갈수록 예민해져서 나에게 처음 큰 소리를 쳤다. 너무 당황했다. 그토록 나에게 만은 순한 동생이었는데.... 이제는 동생과 어머니를 누구도 감당할 수 없는 상황이었다. 아무리 기도를 해도 그 때뿐, 불안한 마음이 영 가시질 않았다.

회개를 하고 다시 충성을 기도했으나 내 자신 몸까지 쇠약해져 있어 이모저모 걱정이 앞섰다. 목사로써 부끄럽고 죄송한 일이었다.

이미 작은 자들에 대하여 그 사명이 약해진 상태였다. 그 누구와도 충돌을 피하고 싶었다. 새우들 잠도 편하지 못했다. 어머니를 찾아가고 싶었으나 하루 이틀 미루면서 청천벽력같은 소천의 소식을 듣게 되었다.

아!~~어머니!

어머니는 무학으로 가난한 대가족을 섬기시면서 자주 생을 포기하는 통곡의 눈물을 흘리시며 새우등 잠을 주무셨다. 그 때마다 주물러 드리면 마음을 푸셨다. 그리고 이 못된 아들이 이웃 동네 가게에서 사탕 몰래 훔쳐서 갖다 드리면 묻지 않고 그냥 받아 웃으시던 어머니.... 쌀이 귀하던 시절인 중학교에서 추수감사 잔치를 하려고 쌀을 갖고 오라고 하였다. 집안 어르신들이 알면 안 되는 어머니는 그 때도 말없이 주셨다. 그리고 떡을 갖다 주시면 잘 드셨다. 도교 집안에서 쉽지 않은 일이었다.

평생 가난의 굴레에 사셨던 어머니에게 나는 풍족한 용돈 한 번 제대로 못 드렸다. 그저 전화나 정기적으로 찾아뵙고 예배하는 것으로 자식 노릇을 했으나 늘 어머니는 목사 자식을 기뻐하셨다. 처음 어머니 손잡고 교회 가시자고 했을 때에 어머니는 아들의 손을 한 번도 거부하지 않으셨다. 어머니는 신앙생활을 잘 하시고 천사 같이 편한 얼굴로 소천하셨다. 어머니 소천과 함께 동생은 다시 재발되었다. 그 소식에 슬픔 보다는 동생의 하루

하루가 걱정이자 두려움이 되었다. 새우등 잠이라도 잘 수 있었으면.... 간절했다.

암으로 수술대와 입원실에서 똑바로 눕게 되면서 나는 새우등 잠에서 잠시 벗어날 수 있었다. 아니 새우등 잠을 잘 수 없는 그런 입원실 몸이 되었다.

쉼! 말기 위암과 감사

"수고하고 무거운 짐진 자들아 다 내게로 오라 내가 너희를 쉬게 하리라. 마11:28"

세상에서 찌들인 작은 자들에게 무수히 먹이던 말씀이 다시 내게로 임했다.

"그가 나를 푸른 초장에 누이시며 쉴만한 물가으로 인도하시는도다. 시 23:2"

처음 주님을 주님은 나의 쉼의 기도를 들으셨다.[107] 두 해를 넘기는 쉼의 탄식 기도를 지켜보셨다.

거듭난 후 교사로 봉사한 지 30년간의 주님하신 일들을 천천히 돌아 볼 수 있었다. 그리고 묶은 사역의 때를 씻어 내고, 찌꺼기 허물을 벗어낼 수 있는 회개의 시간을 주셨다. 그와 더불어 새 사역을 준비할 수 있었다.

50대 중반이라는 비교적 이른 나이에 찾아온 위암 말기, 발견이 된 후

---

107)또 주의 모든 일을 묵상하며 주의 행사를 깊이 생각하리이다. 시77:12.

이틀도 장담할 수 없는 위급 상황이었다. 때마침 노회에서 암이 판명되는 시간에 문병을 왔다. 그리고 검진 후 목사님들 앞에서 아내는 감추려던 눈물을 멈추지 못하였다.

그 소리에 순간 큰 두려움이 엄습했다. 그럼에도 나는 태연했다. 이미 몸으로 훈련된 위기 상황에서의 하나님 인도하심을 믿기 때문이었다.

매우 위급한 말기 암이라는 소리에 하나님 뜻을 미처 헤아릴 수 없었다. 그러나 수술 후 회복 과정에서 이 모든 "하나님의 응답이었구나"를 알게 되면서 감사했다. 하나님께서는 나의 기도를 가장 정확하고 세밀하게 작은 자로 응답해 주신 것이었다.

지난 주님께서 부르셨던 것을 거부하면서도 20대 초반까지는 강철체력으로 자만했었다. 공부한다고 굶는 날이 더 많던 몸은 결국 대학병원 의사도 포기한 병을 짊어지게 되었었다. 그러나 주님을 믿음으로 치료를 받음으로 하나님의 능력을 항상 선포하며 살아 왔었다. 목회하는 강단에서 무수히 저를 통한 작은 자들이 치료되는 기적을 목도했다. 또한 50대가 이르도록 지속적인 병원 치료 한 번 없는 십자가와 말씀 그리고 기도의 은혜로 치유 받으면서 건강을 유지할 수 있었다.

50대에 주님께 목회 사역의 쉼을 기도하기 시작했었습니다. 그리고 오십 견이니 감기니 퇴행성 관절염이니 병원을 찾기 시작했었다. 그리고 건강관리위해 따로 운동하며 약을 들고 다니던 목사님들을 판단했던 내 자신을 회개도 했다.

대학 병원에서 수술이 진행되기 두 해 전부터 그렇게 동네 병원 몇 군데를 전전하며 지냈었다. 그리고 몇 번 강단에서 비행기에서 쓰러지기도 했었다. 이 모든 일들이 쉼을 기도하면서 진행되었었다. 그리고 수술 후 쉬면서 그 사실을 알고 회개와 감사를 드렸다.

무엇보다 뒤늦게 암이 발견된 것에 감사했다.

항상 나와 가족들은 건강했다. 건강에 대해서 누군가와 말할 때면 늘 웃으면서 "우리 가정은 건강보험료가 아깝다"는 말을 자주 했었다. 무료건강검진에도 그냥 형식적으로 응해주는 듯 해왔고, 항상 모든 면에서 건강한 검진 결과로 나왔다.

그러나 하나님께 쉼을 기도할 즈음에 건강보험 정기검진에서 대사 증후군 그리고 위 내시경 검사로 위염 결과가 나왔다. 비록 동네 작은 병원이었으나 매우 정성을 다하는 의사선생님이셨다. 지어주는 약도 먹으면서 잘 따랐다. 그래도 그 정도는 그 나이되면 누구나 흔히 있을 수 있는 아주 가벼운 증세란 생각에 쉽게 너머 갔다.

또한 나름대로 치유 은혜를 여전히 믿고 있었다. 하나님이 늘 건강하게 지켜주실 것이란 믿음이 있었다. 그래도 가까운 지인들이 이제 건강위해 운동해야 한다는 권유도 있었기에 한 발 물러나 조금씩 이것저것 운동하다가 탁구에 재미를 붙이기 시작했다. 운동으로 일주일에 서너 번 땀을 내고 샤워하면 몸이 더 건강해지는 것을 느껴졌다.

그렇게 50대 이후 수 년 동안 나름대로 몸도 마음도 건강하고 감사하게 지냈다.

2017년인 올 해 5월 초, 어머니가 지병으로 갑자기 돌아가셨다. 누구나 그러하듯 살아 생전 더 잘 하지 못한 부분에 한동안 마음이 편치 못했다. 게다가 갑자기 어머니와 함께 잘 지내왔던 동생의 정신병이 재발하였다.

거의 20년 만에 재발이었다. 하나님께 목회하면서 동생의 정신 병력으로 사역에 지장 없기를 기도했는데 정말로 평안히 지냈다. 그러나 내가 쉼을 기도하고 어머니까지 갑자기 돌아가시게 되었다. 그리고 동생은 처음 발병했던 그 상태의 난동을 부렸다.

나는 기도와 건강까지 약해졌으니 당연 은혜도 담력도 약해져 있었다. 동생의 상황과 소식에 자주 잠까지 설치면서 극도의 긴장을 하게 되었다.

그 해 여름부터 몸에 열이 나기 시작했고, 영양제 처방으로 병원을 자주 찾아 눕기 시작했다. 먼저 가까운 동네 병의원에 가니 감기 몸살 약을 주었고, 한 주 괜찮아 지는가 싶더니 다시 열이 났다. 그래서 다른 동네 병의원에 가보니 이른 여름 더위로 인한 냉방병 약 진단을 주셨다. 역시 한 주 나아지는가 싶더니 다시 열이 났고, 이에 더하여 위(胃)에서 쓴물도 오르며 심한 담이 생겼다. 좀 더 비싼 수액을 맞혀주니 신기하게 수일은 좋아졌다. 그 때마다 감사하면서 더 건강을 위해 봉사도 즐겁게 하며, 적당히 땀을 내는 탁구 운동과 이것저것 안 가리고 잘 먹었다. 그런데도 토요일 되면 몸은 천근만근 되었다. 다시 여전히 열이 나고 추가로 소화력도 약해지고 담이 심해져서 잠자리까지 크게 불편하게 되었다.

아내의 재촉과 함께 이번에는 안 되겠다 싶어 좀 더 큰 지역병원으로 향했다. 가서 이런 저런 검사와 지난 의원에 다닌 사실을 고하니 의사선생님 진지해하시며 혹시 해외 간 사실을 물었다. 해서 캄보디아 우물 파주기 선교 여행 다녀 온 사실을 말했다. 이에 의사는 혹여 풍토병은 아닌가하여 항생제 처방을 주셨다. 그러자 신기하게도 언제나 그렇듯 약을 복용할 때는 괜찮았다. 그러나 약이 끊어지면 다시 또 열이 났고 지난 증상들과 함께 이번에는 추가로 현기증이 났다. 그리고 급기야 빈혈 증세와 함께 강단에서 쓰러지기도 했다.

그리고 이번에는 이 병원 저 병원도 안 되니 동네 큰 한의원을 찾아갔다. 한의사님께서 진단 후 침으로 진정해 주셨다. 그렇게 새로운 약침처방에 한약 처방까지 역시 한 두주 몸이 좀 회복 되는 듯 싶었다.

그러나 이번에는 잠자리에 심장까지 쿵쾅거리며 박동하는 소리에 '아! 이러다 생명에 지장이 있지는 않을까' 하는 순간 두려움에 다시 지역에서 가장 큰 병원을 찾았다.

그리고 채혈 검사를 통해 청소년기 광산 사고로 입원한 이후 처음 병실에 누워 여러 날 긴급수혈을 받기 시작했다. 의사선생님께서는 '하마터면 하루만 늦었어도 죽을 수도 있었다'고 말씀하셨다. 그리고 몇 일 입원수혈 후, 정밀 내시경을 하니 위 상부에 의사선생님들이 놀라시는 12cm 이상의 크기인 오래된 말기 위암이 발견되었다. 그것으로 계속된 열병에 온갖 병증세들이 있었고, 변으로 출혈이 있었던 것이었다. 목숨이 오늘 내일을 앞둔 매우 위급하고 아찔한 상태로 왔었다.

말기 암 판정에 대해 먼저 알게 된 아내는 한동안 굳은 목석처럼 말이 없었다. 그리고 때 마침 문병 온 목사님들이 자꾸 묻자 눈물을 쏟기 시작하였다. 말기 암!.....

서둘러 아내는 가장 가까운 대학 병원으로 옮는 수속을 밟았다. 마침 대학 병원에 근무하는 교회에서 떠났던 집사님과 연결이 되었다. 그리고 일정이 없던 병원 근무의 의사 선생님을 소개 받아 긴급한 수술이 결정되었다.

의사선생님께 "이 암이 오랜 시간 진행된 것입니까?"하고 물으니 고개를 끄덕이셨다. 이에 아내는 제가 수술 후 어느 정도 회복기에 들면서 그동안 쌓인 말들을 쏟아냈다. 지난 이곳저곳 병의원 및 한의원 다니며 보낸 시간과 의사님들의 오진에 분개를 했다. 나 역시 한동안 분한 생각을 지울 수 없었다. 그러나 곧 그것이 오히려 하나님 안에서 큰 감사가 될 수 있었다는 사실이다. 지금 이 순간에도 그 때를 생각만하면 흐뭇한 웃음이 저절로 솟아난다! 먼저 오진으로 시간과 돈 그리고 암을 키우게 되었으니 당장 그 분들을 어찌해 보겠다는 생각들... 그런 억울한 분노의 감정은 치료하는 내게도 간호하는 아내에게도 전혀 득이 될 수 없었다.

바울은 주님 다음가는 능력의 사도였다. 그럼에도 그의 몸에는 고통스런 '사단의 가시'로 아팠다. 그래서 간절히 벗어나기를 주님께 여러 번 기도했다. 그러자 주님은 그에게 족한 은혜, 겸손의 은혜를 주셨다. 그리고 이전보다 오히려 더 새롭고 강건하게 남은 사명을 감당할 수 있었다.[108]

내게 찾아온 암은 바울과 같은 '사단의 가시 은혜'로 감사했다.

나는 아내에게 설득했다. "의사 선생님들이 설령 일부러 오진을 했겠느냐? 그 분들은 나름 당신들 병원이나 이름 위해 최선을 다했을 것이요, 그럼에도 일찍이 암을 발견 못한 것은 분명히 더 좋은 하나님 뜻이 있을 것이다?... 늦게라도 발견한 것이 감사요, 죽지 않았으니 감사한 일 아닌가? (이런 감사는 이후 어려운 위 개복절개 이중 문합 수술 후의 회복에 따른 온갖 난관에도 기적같이 빠른 회복에 도움이 되었으며, 퇴원 후 아내와 가족이 모인 자리에서 나의 암으로 인한 감사한 일 수십 가지를 나누면서, 오히려 그간 의사 선생님들께 감사하게 되었다.) 굳이 오진 책임을 누가 말한다면 그 이전에 '가까운 작은 병의원을 찾은 것도 나의 선택이요, 지역 큰 병원도 한의원을 전전한 것도 모두 나의 우선 선택 책임이 있다는..."

수술 후 많은 친척 지인들이 병문안 오셨다. 건강하던 사람이 뜻밖에 말기 암이란 말에 꽤 충격을 받는 분들도 계셨다. 개 중에 나에게 왜 이런 일

---

108) 고후12:7~10

이 생겼는지 묻거나 아예 더 좋은 답을 주시는 분들도 계셨다.

둘째 형은 울면서 "차라리 술 먹고 막 살았던 내가 몹쓸 병에 걸렸으면 이해되지만 자네 같이 착한 동생이 왜 이런 큰 병이 걸렸느냐"하였다. 그래서 웃으면서 "죄송해요.. 그러나 한 편으로는 하나님은 '항상 기뻐하고 감사하라' 하십니다" 했더니 같이 웃다가 눈물을 훔쳤다. 그리고 "형에게 동생의 짐을 부탁합니다. 혼자 지게 하니 미안해요... "라고 하자 형님은 '알았어, 걱정 마 동생은 이제부터 내가 챙길게...'하면서 나보다 더 잘 돌보는 형에게 감사했다.

감사하기 시작하니 감사가 계속되었다.

하나. 지극히 작은 어린아이가 되어 쉼을 얻게 되었다.

하나님은 어린아이 같은 상황에서 주시는 은혜가 있었다.[109] 어린아이와 같이 자기를 낮춘 자들에게 보이시는 약속의 비밀을 말씀하셨습니다. 20년 목회자 이후 어린아이 같이 되어서야 또 다시 보이기 시작한 더 작은 생명들 그리고 사역들이 있었다.

둘, 근 한 달 간 아내의 손길 없이는 아무것도 하지 못하게 되었다.

그와 더불어 그동안 목사 사모로 부족하다 여겼던 아내의 판단 허물들이 따스한 간호를 받는 중에 다 녹아내리게 되었다. 무엇보다 감사한 일이었다.

셋, 다시 죽음의 문턱에서 아이가 되어 하나님을 찾을 수 있었다.

암을 발견하기 전, 병원과 의사를 의지하지 않으려 쓰러지고 또 쓰러

---

[109] 눅10:21 지혜롭고 슬기있는 자들에게는 숨기시고 어린 아이들에게는 나타내심을 감사하나이다

지면서 병원에서 쉼이 시작되었다. 결국 병원에 입원하고 수술하면서 어린아이처럼 모든 치료의 지시를 잘 따르기로 하였다. 기도하면서 매 순간 하나님의 손길이 느껴졌다. 수술 전, 비록 늦은 진단으로 암을 발견했으나 신실한 의사선생님을 만나는 것부터 모든 것이 한 치의 오차도 없는 시간표처럼 수술을 감사히 마칠 수 되었다. 나의 말기 암은 도저히 생명을 유지할 수 없는 상태의 긴급수혈에서부터 너무 크게 부풀어 썩어 가면서 피를 솟는 터지기 일보 직전의 암이었다. 대학병원에서는 바로 금식하면서 수술대기 상태였다. 너무나 긴급하여 누군가 수술을 못하게 되거나 그날 수술 일정이 끝난 늦은 밤에 할지도 모른다고 했다.

금식으로 수술을 기다리는 시간 동안 시편 23편 말씀이 떠올랐다. 수시로 묵상되면서 지나 온 세월의 눈물이 수시로 앞을 가렸다. 앞으로도 인도하실 것이란 믿음의 눈물이 쏟아지면서 수시로 감사했었다. 지난 날, 주님을 모르고 죽음의 순간을 맞이했던 청소년기 광산 사고나 연탄가스 사고 그리고 청년기의 자살을 생각하던 때와 달랐다.

하루 지난 오전, 수술 중이던 한 분의 몸에 암 덩어리가 너무 많이 퍼져 그냥 덮었다 하시며, 긴급히 수술대로 향했다. 마침 교회를 떠났던 왕지원 집사님은 수술실에서 근무하는 시간이었다. 교회를 떠나 오랜만에 만난 왕집사님은 보자마자 어쩔 줄을 모르며 눈물부터 쏟았다. 그래서 제가 어린 아이처럼 집사님께 기도부탁을 했다. 저를 어린 아이로 생각하고 기도해 달라 했다. 집사님의 눈물 기도는 나를 평강으로 이끌었다. 큰 사랑의 목사님과 부모님의 기도처럼 주님 사랑이 느껴졌다. 어찌나 감사하신 하나님이신지요....

넷, 6시간 이상 수술 후 깨어났다. 회복실에 대기하는 다른 수술 환자들의 고통 절규와 몸부림 속에서 살아 있는 나를 발견했다. 그리고 정신이 몽롱하나 상상할 수 없는 끔찍한 고통과 졸음이 밀려왔다. 그럼에도 '감사, 감사, 아. 살아나서 감사하구나' 하는 입술의 고백이 나오며 견뎌냈다.

저녁 9시 경, 수술 후 입원실로 올라와 간호사님들이 "앞으로 8시간은 졸지 말고 심호흡하세요, 그래야 폐가 정상이 됩니다"하여 그 쏟아지는 졸음을 이기며 호흡하는 1분이 한 시간 아니 열 시간처럼 느껴졌다. 그럼에도 순간순간 '내가 이렇게 이 순간 숨 쉬며 살아 있다는 것이 어찌나 감사한지.. 그리고 하나님은 처음 흙으로 사람을 만드실 때 그 코에 훅~ 하고 생기를 불어 넣으셨으니...[110] 나도 이제 죽었던 사람에서 이렇게 살려 주셨으니 이제 또 한 번 새사람이 되었구나' 하는 감사로 그 긴 졸음과 호흡의 고통 시간을 이겨냈다.

이렇게 내가 감사로 극복한 암과의 싸움이 훗날 더 귀한 감사의 자산이 되었다.

다섯, 수술 후 나흘 만에 겨우 앉을 수 있었을 때였다. 다음 날 일어나 휠체어에 몸을 실었을 때도 감사하면서도 수술 후 방귀가 꼭 나와야 한다는 말이 무겁게 들려왔다. 다인실의 수술 암환자들 중에는 방귀만 나오면 곧 퇴원 치료하실 수 있는 분들이 종종 계셨다. 보통은 이틀 만에 혹은 사흘 만에 나오는데 그 기다림은 모두 절실했다. 때문에 같은 병실에서 방귀와 퇴원을 기대하는 환우들 자리에서 혹여 방귀 소리가 날 때마다 매우 기쁘게 축하해 드리고자 "할렐루야"로 박수쳐 드렸다. 그러자 하나님 믿으시거나 안 믿으시는 분들도 "아멘"으로 화답하셨다. 이후 병실에서 방귀 뀌

---

[110] 여호와 하나님이 흙으로 사람을 지으시고 생기를 그 코에 불어 넣으시니 사람이 생령이 된지라. 창2:7.

는 것은 큰 축복으로 박수쳐 드리는 작은 문화가 되었다.

그러나 정작 내 자신은 수술 후 닷새가 되기까지 기다리나 소식이 없었다. 간호사님은 워낙 큰 수술한지라 좀 더 시일이 걸린다하셨다. 그래서 여기저기 아는 지인들에게 방귀 나오도록 기도 부탁을 하며 전화를 했다. 그런 내 자신 모습을 스스로 생각하면 하도 웃겨서 키득키득 혼자 웃으며 걷는 운동하다가 드디어 나에게도 박수를 받는 날이 왔다. 방귀 뀌는 기도 요청에 하나님은 응답하신 것인지요?

여섯, 위 절제를 하고 나니 음식 먹는 절제가 참으로 쉽지 않았다. 닷새 후 방귀가 나오는 기쁨도 내게는 별 특별함 없는 9일째가 되도록 물 한 모금 마시지 못하는 금식을 계속하면서 물 한 모금, 밥 한술 입에 넣을 수 있다면 얼마나 감사한 일이었던가.. 뼈저리게 새겨졌다. 이전에 대장내시경 검사위해 몇 번이고 억지 약물을 먹는 것이 고역이었다. 그러나 그것도 얼마나 고마운 때였던가... 20kg의 감량이 되었다. 미음과 죽을 대하자 한참 생각했다. 이것을 먹어야 사는구나.... 식물들이 고마웠다. 그런데 점차 소량의 밥을 먹게 되면서 감사가 부족해졌다. 속도가 조금이라도 빨라지면 목에 음식물이 걸려 눈물과 진땀으로 고통을 겪었다. 어느 날은 삼일 연속으로 숨넘어가는 고통을 겪었다. 이렇게 힘든 절제가 있는 줄을 그제서야 알았다. 지난 날 그토록 뼈저린 물 한 모금 밥 한술의 감사 새김을 하고도 여전히 절제의 힘이 약했다. 어찌보면 별것 아닌 성급한 식습관에 어이없는 사나이 눈물로 진땀을 뺐던 것이었다.

아내와 지인들 중에는 "예전에 말하고 싶었는데 성격이 좀 급하신 것 같았습니다. 좀 고치셔야죠..."합니다. 그 때마다 '아! 위암 수술로 인한 음식 절제는 나의 부족한 성격까지도 다듬어 지는구나!' 어찌나 감사한 일인지

요...'

일곱, 수술 전 후 근 한 달 이상을 양 팔에 24시간 주기적으로 꽂아 매달아 놓는 각종 약물 주사와 잦은 외래 진찰할 때마다 채혈 검사로 다시 또 찌르고 찌르는 주사 바늘이 힘들었다. 특별히 저는 혈관 찾기 매우 드문 체질이라 하니 어떤 경우는 몇 번을 찔러 다시 찾고 심지어 다리에 혹은 다른 간호사를 불러 하기도 하였다. 그 때마다 "그만 안하고 싶습니다. 아님 다음에 합시다" 하고 싶었으나 한 편으로 '나에게는 그래도 두 팔이 있고 두 다리가 있어 감사하자'하면서 이겨왔다.

이는 퇴원 후 항암 약 시작할 때였다. 의사 선생님은 약을 추천하면서 "나에게 맞는 아주 좋은 항암약입니다"하여 매우 흡족하게 복용을 했다. 그러나 보름 후, 예상 밖 의사 선생님이 가장 염려하셨던 온 몸 큰 발진 부작용에 부딪혀 결국 멈추게 되었다. 어찌할까.... 그러나 그 순간, 이전에 혈관 주사를 포기하지 않고 다시 감사로 시도하고 시도하여 극복했던 것처럼 다시 도전하기를 자연스럽게 받아들여짐이 감사했다. 선생님은 "그럼 한 알부터 시작하여 조금씩 두 알 세 알 네 알까지 호랑이 코털 건드리듯 해 봅시다"하여 결국 항암 약 부작용 재도전이 큰 감사로 바뀌었다. 이번에도 감사로 극복한 암과의 싸움이 내게도 훗날 누군가에게도 도움이 될 감사의 씨앗이라 확신했다.

여덟, 아내와 지인들은 암 발견 전, 제가 항상 밝게 봉사하며 운동하는 것을 보면서 처음에는 살이 빠지는 것을 보고 부러워했다. 특히 여자 분들은 제 속도 모르고 부러워하며 그 비결을 간혹 쉬이 물었다. 해서 저도 쉽게 "봉사도 탁구도 열심히 했습니다"라고 답했다. 그런데 뒤늦게 암수술과 살이 더 빠진 사실을 알고 나서는 이전의 부러움이 걱정하는 소리로 바뀌었다. 그래서 "제가 살 빠진 것에 걱정 마시고 여전히 부럽고 감사할 것입니다" 말했다. 그러자 그 이유를 묻습니다. 이유는 "살이 빠지니 이전 50대 이후 건강 검진에서 나왔던 비만도 대사 증후군 위험 관리인 고혈압, 당뇨가 아주 지극히 건강한 정상이 되었으니 얼마나 감사한지요." 외부 치료 다니면서 한번은 의사 선생님께서 아내, 간호원들 있는 자리에서 "갈수록 얼굴도 뽀얗게 좋아지고, 몸매도 모든 장기 기능도 좋아지니 새신랑 새장가 간다 해도 되겠어요" 하니 아내는 그 말에 감사하면서도 자주 되새기며 놀렸다. 속사람만 새로워지는 것이 아니라 겉 사람도 날로 새로워지는구나 싶었다.[111]

아홉, 암에 대한 입원 수술비와 이후 항암 약 치료비용이 걱정되었다. 본래 저는 건강에 자신하고 있었던 터라 보험 드는 것을 반대했었다. 사는 처지 또한 보험까지 생각할 여유가 없었다. 그러나 보험사 처형이 몰래 아내를 설득해 보험을 들었는데 암수술 후, 확정 진단비가 크게 나왔다. 한편으로 가장이 되어 가난한 살림에 큰 병으로 피해를 줄 수 있다는 미안함이 있을진데 오히려 돈을 벌었으니 감사했다. 또한 그동안 봉사로 맺어진 많은 분들이 착한 사람 큰 병에 불쌍하다며 병문안 오셔서 손에 쥐어주고 가신 격려금으로 입원 수술비를 하고도 남았다. 이에 감사하여 지역 어려운 이웃에 기부도 하였고, 물 한 모금 힘든 후진국에서 수고하시는 선교사님들께 후원을 할 수 있어 감사했다.

열, 긴급수혈을 받으면서 의사선생님의 위급한 목숨 상황을 말할 때 두

---
[111] 우리가 낙심하지 아니하노니 겉 사람은 후패하나 우리의 속은 날로 새롭도다. 고후4:16.

려웠다. 말기 암진단이 확인이 되어 하루 이틀 미룰 수 없는 위급한 수술까지 아내도 두려워했고, 수술 후 온갖 회복의 고비들이 고통스러웠다. 암 재발이 100% 최고 위험군이요, 항암약 부작용으로 중단 되었을 때 낙심도 되고 힘들었다. 단체장으로 하던 일들을 언제 다시 할 수 있을지 사임하고 나서는 슬펐다… 그러나 이런 두려움과 고통의 순간들을 통하여 이전에 암으로 돌아가신 외할머니, 교회 성도님들… 뒤늦게라도 그 분들의 마음을 이해할 수 있어서 감사했다. 그리고 현재 암으로 고통하는 친척과 이웃들을 마음 깊이 이해할 수 있음에 감사했다. 그리고 힘든 암을 극복하고 사회에서 이전보다 더 훌륭하게 봉사하시는 멘토들 이야기에 제게는 또 다른 소망과 도전의 감사가 되었다.

　이에 저도 걷는 회복기 중에 비록 아픈 몸이나 같은 방 환자들을 비슷한 말로 위로했다. 그리고 원하시면 더하여 제가 겪은 고통과 두려움 극복을 기억하면서 기도도 해 주었다.

　병실에서도 잠시나마 작은 자 사역을 이어가게 되었다. 한 번은 조용히 앞 쪽 환자 손잡고 기도 중인데 진료 선생님들이 들어오셔서 저를 찾았다. 저를 보시고 모두 웃음아닌 웃음을 보였다. 이후에도 암 환우들을 돌보는 김치 나눔이며, 책 나눔까지 진행하게 되었으니 큰 감사가 되었다.

　열하나, 내가 당한 이 큰 병의 경험은 훗날 누군가에게 작은 도움이 될 수 있다는 감사의 시간들이 있기에 매일 매일 '암과의 생활실천 계획표'를 세우고 또한 "투병일기"를 써 왔다. 특히 의사 선생님이 자신있게 추천해 주셨던 약에 부작용에 비록 잠시였으나 의사선생님의 암담해 하시는 모습을 처음 보게 되었다. 이에 저는 온갖 인터넷 정보며, 책, 경험자들의 지혜를 듣고 배우기 시작했다. 그러자 처음 한동안은 감사하기보다 혼란스러웠다. 암에 대한 극복 경험자나 전문가들마다 다른 말들이 많았다.

그래서 병원에서 주는 책자를 기본으로 전문가들의 암 지식에 대한 공통분모들을 추려내기 시작했다. 그리고 나에게 맞는 중요한 '하루 생활도표'[112]를 만들었고, 궁금 시 주치의 선생님께 물으면서 수정 보완하면서 확신있게 지켜 나갔다. 약부작용으로 인한 생활계획표와 일지로 발전하게 된 것은 앞으로 다른 암 환우들에게 '확실히 도움을 줄 수 있겠구나'하니 감사가 더하게 되었다.

열 둘, 제가 아프다는 소식이 온 동네에 다 알려졌다. 뜻 밖에 사람들이 찾아와 격려를 주셨다. 소위 내게 깊은 상처를 남기고 떠났던 이웃, 지인, 성도님들이 다시 찾아와 용서와 화해의 눈물 시간을 갖을 수 있게 되니 감사했다. 그리고 고별설교를 하는 주일 낮 예배에 같이 울어 준 성도들이 있어서 고마웠다.

끝으로 무엇보다 암으로 가족들과 더 가까워질 수 있음에 감사를 드렸다. 병간호하는 아내와 가까이 대화할 수 있는 시간들이 귀했다. 두 자녀가 청소년기를 지나면서 가정 모임을 하지 못하고 늘 그리워만했는데 자연스럽게 노래도 기도도 모임을 할 수 있게 되었다.

지난 16세에부터 가난한 산골 가난에서 일찍이 독립하여 객지에서 주경야독과 함께 달려왔다. 그리고 가정을 이루고 이웃에 대한 봉사와 목회로 앞만 보고 쉬임없이 달려왔던 세월이었다. 목회하면서 안식년은 아니어도 안식 월이라도 갖고 싶었었다.

---

112)마음/치료 약/음식/운동(호흡)/환경/사회활동(봉사)/교육/꿈

50대 중반에 이르러 제가 암이란 병을 통해서 처음 입원과 더불어 몇 주 이상을 몇 달 이상을 충분한 쉼을 갖게 될 수 있음에 감사했다.

편안하게 읽고 싶었던 책도 보고 여행하면서 제 자신을 돌아보았다. 책도 썼다. 아내와 가족과 여행도 했다. 알바도 해 보았다. 악기도 배우고 서예, 그림도 배웠다. 무엇보다 더 작은 자연 생명들을 통해 하나님의 말씀을 새롭게 알게 되었다. 새 사역도 얻게 되었다. 인생 후반부를 다시 한 번 작은 자가 되어서 새롭게 나아갈 수도 있어서 감사했다.

결국 찬양 가사처럼,

♬~하나님은 한 번도 나를 실망시킨 적 없으시고~♪

5

더 작은 생명 새 사명으로

인간의 개입이 한 동안 없는 공원과 산에서는 '천이'라는 생태가 있다. 계절에 따라 세월에 따라 화려한 이른 봄꽃이 가면 새로운 늦은 봄꽃 한 무리가 대신한다. 아카시 나무 뒤에 소나무가 그리고 참나무가 다시 그 자리를 한다. 사계절이 몇 번 몇 십 번을 거치면 같은 자리에서 또 다른 새 생명이 그 뒤를 잇는 것이다.

계속되는 교회 개척과 G2S2

수술 후 사임과 쉼을 갖기 시작했습니다. 회복과 함께 암에서 자유 선언은 보통 5년이라고 말한다. 기도로 별 걱정은 없었으나 은근히 한편으로는 '하나님께서 더 이상 목회 사명을 영원히 걷어 가시는 것은 아닌가' 생각도 들었다.

어린아이 같은 나를 향한 많은 이들의 기도와 격려가 큰 힘이 되었다.

나는 작고 비천한 인생으로 젊음의 삶을 마감하려 했더니
하나님은 십자가 능력으로 부활하라 하셨습니다.
나는 내게 크신 능력 허락하심을 더 크게 자랑하려 했더니
하나님은 겸손을 배우라 작은 자 사명을 주셨습니다.
나는 사명으로 행복에 묻혀 이것이 다인가 싶었더니
하나님은 다시 더 작아지라 병을 주셨습니다.
나는 더 이상 감당할 수 없는 자라 무익하다 여겼더니
하나님은 쉬었다 다시 가라 용기를 주셨습니다.
나는 모든 것을 놓고 정말 더 이상 쓸모없는 작은 자인가 싶었더니
하나님은 새 사명으로 부르셨습니다.

입원실에서 퇴원하여 성도들과 사임설교를 마친 후, 돌아오는 주일이 되었다. 아내하고 침상에서 단 둘이 예배했다. 그리고 아들, 딸이 같이 예배했다.

그러다가 암으로 먼저 가신 성도님이 그 동안 함께 지냈던 아들이 함께 참여했다. 내가 암수술 전 가정 심방에도 만날 수 없었다. 성도님께서는 '장애아들이 늘 걱정 된다'는 말씀만 자주 하셨다. '전도하고 싶은데 잘 안 된다'고 하셨다.

박성도님은 내가 암으로 수술하기 얼마 전에도 교회를 잘 나오지 못하셨다. 소화가 잘 안 되고 아프다고만 하셨다. 예배 후 식사도 안 하셨다. 그런데 푸드마켓 음식을 가져가시는 것은 아들 때문이었다. 내가 수술 후 귀가하여 들은 소식은 '교회를 아예 나가지 않으신다'는 소리를 들었다. 그래서 나도 힘든 몸으로 집을 찾아갔다. 마침 아들이 있었고, 많이 힘들어 하셨다. 간절히 기도하는 중에 작은 병원에서 나처럼 오진이 나올 수 있어

서 큰 병원을 권했다. 그리고 대장암 말기로 판명이 나왔다. 그리고 병원에서 얼마 후 소천을 하셨다. 나는 아들에게 교회 가자고 권했는데 뜻밖에 쉽게 수긍을 하였다.

뜻하지 않은 작은 자 사역의 뒤늦은 열매가 이어졌다. 자연스럽게 주일 가정예배 장소로 초대하였다. 그렇게 다시 첫 성도가 전도되었다. 쉬면서 드리는 예배였다. 그리고 쉬면서 회복의 운동으로 자연을 가까이 하다가 학생들과 함께 쉬면서 하는 봉사가 되었다.

봉사를 마치고 길에서 우연히 지난 중학생 바우처 장학 지원으로 인연이 되었고, 한 때 교회 출석도 하였던 한 청년의 부모님을 만났다. 그리고 제대한 그 아들의 연락처를 받았다. 반갑게 통화 후 다시 인연이 시작되었다. 청년의 고민 상담을 들어 주면서 가정예배 장소로 초대하였다. 그렇게 두 사람..... 이후로 일곱 군데로 흩어졌던 성도들 가운데 찾아와 함께 예배하는 분들이 계셨다.

지난 흩어져 교회에 출석하지 않았던 성도는 없었다. 그러나 잘 적응하지 못하거나 스스로 다시 찾아온 성도들과 시작하게 되었다.

이렇게 쉬면서 회복하면서 대은교회와 G2S2 봉사는 다시 시작하는 상황이 되었다.

가장 작고 연약한 목사가 되었음에도 잊지 못하고 다시 찾아와 함께 해주는 성도들이 고마웠다. 예배는 함께하지 못하지만 변함없이 연락하고 찾아오는 성도들이 고마웠다. 가정 주일 예배로 시작하여 주님 인도를 따라 나아가고 있다.

최근 좁은 가정에서 아동센터로 예배 장소를 옮겨갔다. 김수경 원장님께 감사드린다.

20년 전, 처음 담임목사의 시작처럼 하나님의 주권아래 주시는 성령님

감동 따라 가기로 하였다. 그리고 주님은 새 길을 열어 주셨다.

계3장의 빌라델비아 교회에 열어주신 열린문과 같았다.

먼저 예배의 문을 열어 주셨다. 그리고 내 몸의 회복을 위해 가까이 했던 자연 생명과 생태를 통해 새 봉사와 새 선교의 문을 열어 주셨다.

사람들이 아직 관심이 없는 좁은 길, 좁은 문과 같지만 이 시대 새로운 선교와 봉사의 문이었다. 무엇보다 다음 세대를 위한 준비의 문을 보여 주셨다. 몇 번이고 주님께 기도하며 물었다.

'복음과 생태봉사 그리고 전도.... 앞으로 계속 목사가 할 수 있는 일이 맞는가? 마치 신학원의 진로를 결정하던 때와 같았다. 만족할까? 후회하지는 않을까? 그리고 목회자로 주님 영광을 가리지는 않는 것일까....?'

개인적으로 자연 생명과 생태를 알아 갈수록 하나님 창조 섭리와 생명 경외의 신비를 더해갔다. 말씀의 새로운 깊이가 더해 졌다.

또한 내가 현재 살고 있는 도시의 아름다운 하나님 자연과 더불어 인간의 공적인 공공의 죄와 탐욕을 드러낼 수 있었다.

그리고 양심의 소리 외침 한계로 점차 복음으로 인도할 수 있었다.

천이, 작은 자와 도시 생태 공동체

주님은 20년 동안 대은교회를 통해 작은 자 사명으로 온 마을과 도시, 세계로 하나님 나라 공동체 꽃을 피우게 하셨다. 그리고 부족한 작은 종에게 큰 병으로 쉼도 허락하셨다.

말씀과 기도에 눈물을 흘리게 하셨다. 그리고 도시 자연을 가까이 하게 하셨다.

몸의 회복 진행과 함께 큰 병은 바울의 '사단의 가시' 고백처럼 오히려 주님께 감사했다. 그 이유는 지난 작은 자 사역 위에 새 사명의 꽃씨를 허락하셨다.

민둥산에 아카시 나무가 자라고 그 뒤에 소나무가 자리하고 그 뒤에 다시 참나무가 민둥산의 주인이 되는 천이, 바로 그 새로운 작은 이웃과 작은 생명들의 열린 사역의 문으로 들어가게 하셨다.

바로 가장 작은 도시 생명인 자연 생명! 그리고 창조주 주님 안에서의 도시 생태 사역이었다. 처음 작은 자 사명의 기쁨을 노래하며 소망했었던 그 은혜가 다시 새롭게 다가왔다.

>씨앗이 부활하면 새순 되고
>계란이 부활하여 병아리가 되듯이
>우리 인생 부활하여 하늘 형체 입는다
>
>그 부활을 위해
>
>씨앗은 땅속에 묻어져야 하고
>계란은 암탉에 품어져야 하며
>우리 인생은
>예수로 안기어야 하리니
>
>씨앗은 어둡고 두려운 품에
>썩어지는 부동의 시간....
>계란은 숨 막히는 눌림에
>용트림하는 포로의 시간....
>인생들
>고역스런 십자가 복종의 죽음시간....
>
>이 모든
>부활 환희를 꿈꾼다

오늘도
그리고 내일도
나도 성도들도
그리고 온 세상 이웃들이
부활의 날들로 가득가득 했으면....

나는 수술 전의 쉼을 기도할 때에도 그랬고, 수술 후 쉼을 얻으면서 주님께 종종 이 시대의 새로운 작은 자 사명을 기도했다. 그와 더불어 지난 작은 자 사명의 매듭에 대해서도 기도했다.

수술의 빠른 회복과 더불어 다시 이전 봉사 복귀를 원하는 많은 분들이 계셨다. 특히 연맹의 큰 단체에 있어서 더욱 나의 대표 자리를 지켜주길 원했다. 가까이는 아내와 함께했던 목사님들과 지인들이 그랬다. 그러나 이미 그 부분은 주님께 손을 놓기로 답을 하였다. 나보다 더 훌륭한 목사님들과 일꾼들이 있고 그리고 많은 후원자들이 있으니 내 손이 없어도 되었다.

나는 쉼의 기도할 때처럼 이 시대 새로운 작은 자들과 작은 사명을 기도해야 했다.

그와 동시에 혹여 아직도 감당해야 할 지난 남은 작은 자들이 있다면 그들 위해 작은 섬김은 하고자 하였다. 개인적으로 은밀히 어르신들에게 기쁘게 내가 감당할 만큼 섬겨 드렸다. 그러자 교회 가정예배가 시작 되면서 함께하는 청년, 권찰, 집사.... 몇몇 사람들로만 자연스럽게 다시 푸드마켓 봉사를 함께하기 시작하였다.

그리고 변함없이 후원 기부를 하시는 농가주부 회원들, 자원봉사센터 가족봉사단 그리고 G2S2회원들로 그 작은 사명을 이어갈 수 있었다.

그와 더불어 수술 후 건강 회복을 위해 찾았던 집 인근의 놀이터 공원,

개천, 밭, 야산에서 더 작은 자연 생명의 행복과 소중함을 알았다. 하나님의 창조 섭리와 복음의 말씀이 새롭게 들어왔고, 지금 이 시대 목회자로써 감당해야 할 십자가 사명으로까지 새롭게 다가 왔다. 기도와 말씀이 조금씩 더할수록 교회와 함께 해야 할 주님의 사역에 확신을 갖게 되었다.

그 사역의 사명을 대략 정리해 보니 다음과 같았다.

첫째는 복음을 드러내는 또 하나의 문이 되었다.

세상의 모든 것은 하나님께서 지으셨다. 지으실 때에 '보시기에 좋았더라'라고 창세기는 그 서두를 열고 있다.

자연을 가까이 하면서 주님을 처음 만나던 때만큼은 아니라 그 생명의 회복 감동이 다시 올라왔다. 나무, 꽃, 바위, 곤충, 새, 물.... 크고 작은 각자의 존재가 아름다웠다. 잘 보이지도 않는 꽃에 작은 나무가 되어 풀이되어 꽃이 되어 있는 건강한 모습에 생명의 신비가 보였다.

그리고 창세기 1장 나누시는 창조사역에서 "하나님 보시기에 좋았더라"에서부터 주님의 자연 생명을 통한 온갖 비유들까지..... 주님의 영적인 빛, 생수, 밭, 자연의 온갖 비유들이 좀 더 세밀하게 다가오기 시작하였다. 그리고 자연 생명을 향한 도시 인간의 욕심과 죄 그리고 창조 시 주님의 물, 땅, 빛, 하늘의 '나눔' 사역과 함께 '섬김' 사역이 새롭게 보이기 시작하였다.

둘째는 작은 자를 더 새롭게 이해하면서 새 사역을 알았다.

나는 자연 생명들로 회복에 많은 도움을 받았다. 그것은 나와 같은 환우들에게도 도움을 주고 싶었다. 그래서 하나님께 암 환우들에게 도움 될 수 있는 사람이기를 기도했다. 그러자 다른 병으로 지친 환우들이 떠올랐다.

더하여 병들고 외로운 어르신들이 다시 떠올랐다. 그리고 더 작은 생명들이 자연 생명인 것을 알았다. 자연 생명들을 잘 지키고 보호 회복하는 것이 곧 병약한 우리 인생들을 더 건강하게 만드는 것임도 알았다. 무엇보다 이 새로운 앎은 작은 자들을 하나님께로 인도하는 좋은 사역이 될 것으로 확신했다.

암 수술 후 나는 매우 작은 자가 되어서 집으로 퇴원하였다. 그리고 어린아이 같은 보호를 받으면서 한 숟가락 식사로부터 한 걸음 한 걸음 운동을 시작했다. 처음에는 집 안 방 한 칸만 도는 것에서 시작했다. 그리고 두 칸 그리고 밖 마당까지 그리고 울타리 건너 학교 운동장까지....

이웃동네 도서관까지 걸었다. 그리고 도서관 양지 언덕까지 오라 앉아서 책을 보았다. 수술 후유증일까? 기억력이 현저히 떨어져 있었다. 생활에서도 그랬다.

지난 교회에서 작은 자들 사역 초기에 일들이 생각났다.

함께 화분에 물주고, 약수터 산에 오르며 꽃들 만지며 놀게 하던 일들이 주마등처럼 지나갔다. 그리고 상수리, 도토리가 보였다. 갑자기 어린 시절이 생각났다.

어린 시절의 가정은 가난과 다툼에 늘 움추린 삶이었으나 집을 나가면 온통 자연 생명들 앞에서 큰 어깨로 살았다. 나보다 작은 백로가 있었고 왜가리와 부엉이, 까치, 올빼미가 있었다. 논에서는 내가 맘대로 잡을 수 있었던 우렁이, 미꾸라지, 메뚜기, 개구리가 있었고, 들과 산과 개천에는 내 맘대로 취할 수 있었던 나무와 꽃, 열매 그리고 곤충, 물고기, 동물들이 있었다.

집에서는 돼지와 닭을 기르면서 놀았다. 나는 늘 호령하는 대장이었다.

인간으로서 가장 작은 자, 내 자신이 갑자기 큰 자가 되었다.

아담에게 만물을 주신 하나님! 창1:26~27에 우리 인생을 축복하시며 다스리라 정복하라 하신 하나님!!

아무것도 할 수 없었던 가장 작은 처지가 된 내게 할 일이 보이기 시작했다. 먼저 나무 이름들이 궁금했다. 찾아서 기억하고 다시 찾아 기억하면서... 그렇게 다시 기억력이 향상 되었다. 동요를 부르면서 심호흡도 하고 약수터를 향해 걷다보니 운동도 되었다. 작은 생명의 오묘한 위치와 모양이 전에 건강할 때 보이지도 느끼지도 않았던 것으로 내게 다가와 신기했다. 그리고 성경의 말씀들이 하나씩 연결이 되기 시작했다.

이모저모 건강회복에 더욱 큰 힘을 얻게 되었다. 아! 이런 것이 환우들에게 도움이 되겠구나!.... 더하여 집 가까이 도시 속 공원과 정원과 담벼락 혹은 가로수 골목 야생화와 원예수를 알고 배웠다.

생태 일지 중에서

지난, 위암을 수술하면서 병원에 근 한 달간 입원했었습니다. 입원 보름 후, 병실 밖이 너무 그리웠었습니다. 걷게 되자 조심히 병원 옥상 초록 정원을 나서고자 하였고요. 그러나 환자 몸에다 미세먼지로 만류하는 사람이 있었습니다. 그럼에도 날씨만 맑으면 엉금엉금 나섰습니다. 그리고 아침마다 '오늘은 맑은 날인가?' 하늘을 쳐다보는 것이 하루 일과의 시작이었습니다.
그런데 병실 맞은 편 침상에는 폐암 환우가 계셨습니다. 함께 정원 나들이를 권하고 싶었으나 외부 공기에 나보다 더 민감하셨습니다. 언제나 눈치 보면서 슬그머니 혼자 정원을 다녀왔습니다.
퇴원 후, 나름 건강위해 마스크 쓰고 집 근처 공원을 자주 찾았습니다. 그러면서 나무를 잘 보호하고, 가꾸고 싶는 것이 미래에 미세먼지와 온실가스에 근본적인 대안이 될 수 있다는 것도 알았습니다. 그런데 정부나 지자체 그리고 시민들이 도시 속 생태에 대한 인식은 거의 볼 수 없었습니다.
조금씩 몸의 회복으로 감사하면서 약한 환우들과 시민들 위한다는 마음으로 작은 봉사를 찾았습니다. 그리고 학생들과 매주, 매달 '도시생태 봉사 교실'을 먼저 시작했습니다. 나무 잎이 없는 지난 4월 초까지만 해도 미세먼지를 국가 재난으로 여기면서 시민들은 많이 힘들어 했었습니다. 그러나 새순이 나고 나무 잎이 돋아나기 시작하는 4월 중순 이후부터 하늘은 거짓말처럼 미세먼지 보통인 날이 많았습니다.

지난 19일 3개월 마다 정기검진 차 병원에 들렀습니다.

작년 입원실에서 자주 들렀던 옥상 초록정원도 찾아 가 잠시 커피 한잔 하였습니다. 정원의 수수꽃다리 향기까지 달콤했고, 맑은 하늘을 보니 높이 뜬 비행기까지 선명하게 보이는 날이었습니다.

예상 밖에도 핸드폰의 미세먼지 알림은 보통.... 이정도만 되었어도 먼저 가신 앞 침상의 폐암 환우 분에게 맑고 아름다운 하늘을 같이 보자고 했었을 텐데....? 실내에 머물다가 옥상 밖으로 힘차게 나가 산책하는 환우의 얼굴들이 더욱 밝고 건강하게 보였습니다. 잠시 기도했습니다.

주님! 계속 이런 보통의 하늘만이라도 쭈우욱 되었으면 합니다. 제가 할 수 있는 작은 봉사가 헛되지 않게하여 주소서. 그리고 앞으로 환우들과 함께 주님의 자연 창조물들을 보고, 느끼고자 할 때에 지혜를 주시옵고, 부활의 역사로 영광 받으시옵소서....

셋째는 봉사를 통한 모든 도시민위한 주님 공의와 사랑을 드러낼 수 있었다.

'얼마 전, 한 지인 목사님께서 물었다 "목사님! 생태 모니터링이 뭔가요?" 그래서 대답해 줬다. "주님의 창조 안에서 가장 작은 생명들인 자연물과 인간과의 공생, 공존을 살피는 일입니다"

하나님은 만물을 창조하셨다. 그리고 인간에게 다스리고 정복하며 충만, 번성할 복으로 인간에게 주셨다.

인간은 생존을 위하여 만물을 희생시킨다. 그리고 하나님의 영광을 위하여 산다. 그리고 자연 식물은 인간이 하나님 영광을 위해 사는 것에 자신의 몸을 기꺼이 죽어 주는 것으로 기뻐하도록 지으셨다.

식물이 없다면 인간은 당장 먹고 살 수도 없다.[113] 숨 쉬기도 곤란하다. 고기인 동물도 식물을 먹고 산다. 식물은 그 창조 질서 안에 희생을 기꺼이 기뻐한다. 그것이 생태의 기본이다. 그러나 그 식물의 희생이 인간의 탐욕일 때는 다르다. 하나님의 창조 질서를 어기면서 식물을 죽일 때는 다르다. 오히려 인간은 자연으로부터 위협을 받는다. 상황이 바뀌는 것이다.

도시화와 산업화로 우리는 지금 생명의 위협을 받고 있다. 하나님의 생태 질서를 무시했다. 자연 동·식물을 탐욕으로 다뤘다. 죄악으로 생태를 파괴했다.

그럼에도 자연생명들은 끝까지 시멘트 사이로 인간들에게 찾아오고 있다. 지금까지 작은 자 중심의 교회 사명을 해 왔다. 연합으로 작은 자를 위한 지역 공동체 교회로 달려 왔었다.

그리고 쉼을 통해 주님은 이번에는 더 작은 생물들을 보여 주셨다. 그리고 그들을 통해 다시 새로운 공동체의 소망을 주셨다. 더 작고도 큰 꿈을 주셨다.

작은 자에 대한 섬김의 도구를 더욱 새롭게 제공해 주셨다. 더 작은 자연 생명으로 작은 자들과 행복하게 소통하는 것이었다.

도시를 하나님 공의와 공동체로 바라보는 사역의 길을 주셨다. 이 시대 누구도 피할 수 없는 죄악을 드러내는 사역을 주셨다. 그리고 그들 모두를 주님께로 인도하는 소망을 품게 하셨다. 우리 그리스도인은 언제나 공동의 책임이 있었다. 개 교회주의를 벗어나 함께 해야 할 공동체의 책임이 있었다.

연맹의 연합 그 이상으로 모든 도시민이 함께 할 더 큰 공공의 일들이 있었다.

---

[113] 창1:29~30. 내가 모든 푸른 풀을 식물로 주노라

이에 먼저 'G2S2 도시 생태 모니터링 교실'이 열렸다.

매주 혹은 매달 학생들과 학부모들이 함께 생태 모니터링을 해왔다.

"도시 속 생태 모니터링 교실 일지"

하나님이 지으신 작은 꽃 한 송이에는 온 우주의 햇빛이 들어 있고, 공기와 땅, 물의 영양까지 그 도움이 있습니다. 식물 없이 살 수 없는 우리, 더위와 함께 오늘도 그 행복한 도시 속 생태 모니터링 봉사로 학생과 부모가 함께 했습니다.

아름다운 녹색의 체육공원과 철망산 공원은 일찍부터 먼저 시작된 행사로 생태 해설이 묻히곤 합니다^^

'토종, 서양 민들레도 씀바귀, 고들빼기'를 아느냐?고 '봄맞이 노래'를 아느냐?고 물어도 아는 이가 없습니다. 점점 행복한 삶이 담긴 자연 생태 문화가 멀어져 가는 현실....

공원 약수터의 등나무에는 꽃이 주렁주렁 달렸습니다. 칡과 서로 반대로 감아올리는 탓에 '칡 갈, 등나무 등' 의 '갈등' 이야기를 말해 봅니다. 우리 일상에서 행복은 가까운 사람들과 잘 통하는 것이고, 지옥 경험은 서로 사랑해야 함이 적대로 얽히는 '갈등' 인 것을....

공원의 시원한 물을 마시면서 '약수물' 이라 하기에 '엄밀히 지하수' 라 하니 실망들 하십니다. 광명 어느 산이든 샘물은 없습니다.

원광명 계곡이 있긴 하나 시멘트 축대로 은 물이 되어 있습니다. 우리가 먹는 생수는 정수한 것이며, 수돗물은 약품처리한 물을 먹고 있습니다. 목감천, 안양천에 토종 물고기는 있을까요?

토끼풀 꽃으로 반지와 팔목거리를 만들어 옆의 부모님께 그리고 친구들에게 서로 선물하기로 합니다. 남녀가 따로 없습니다.... 모두 신나게 인증샷을 남기고 있습니다.

언제나 6. 25. '희생자공적비'를 지나면서 자유민주주의를 지켜준 선조의 희생을 잠시 묵념하고, 주님께 감사 기도하며 갑니다.

금개구리 서식지인 안터 생태공원에서 아파트 개발 위기를 잠시 안타까워 해 봅니다. 학교와 가로수, 공원의 아슬아슬한 뭉뚱바리 나무들 자르기.... 소위 엘리트 양반들의 탐욕으로 스스로 자처할 재앙도 새겨봅니다.

오늘은 초미세먼지 나쁨!! 그럼에도 녹색 식물의 왕성한 활동이 있어 겨울, 이른 봄보다는 낮게 느껴집니다. 다시 한 번 큰 덩치 나무에 몇 닢만 달고 있는 가로수를 보면서 '최소한의 식물보호법' 제안에 모두다 기꺼이 싸인했습니다. 무엇보다 사진을 찍고, 안내하면서 주운 쓰레기를 모두 수거하는 김현숙 유치원 원장님과 봉사자들이 있어 더욱 행복했습니다^^

생태 봉사와 함께 먼저 독립출판의 책을 낼 수 있었다. 그리고 암 환우와 그 가족들에게 먼저 무료로 나눌 수 있어서 행복했다. 더불어 가족과 일가친척들 그리고 친구와 노회 목사님들이 진심으로 응원하고 격려해 주어서 감사했다.

G2S2 생명, 생태 메세지

지구는 우리 인간이 알고 있는 우주 태양계에서 유일한 생명체다. 우주의 생명 근원은 하나님이시다. 우리 인간뿐 아니라 모든 살아있는 생명은 소중하다. 그 생명들은 하나님의 창조 안에 서로에게 의미있는 생태 공동체다. 주님 안에서 다시 회복된 하나님 나라 빛으로 작은 자연 생명 생태 설교 세 편만을 소개하겠다. (생명 창조 메시지 시리즈(1))

하나님 보시기에 좋았더라 | 창세기 1장

비가 오고 난 어제의 하늘은 참 맑고 보기 좋았습니다. 미세먼지도 없어 공기가 좋았습니다. 요즈음 가로수 나무들의 녹색 잎도 꽃들도 참 보기 좋습니다.
오늘 말씀에 하나님께서 이 모든 자연물들을 만드시면서 "보시기에 좋았더라"하셨습니다.

하나님께서 이 세상을 창조하시기 전에 공허하고 혼돈하고 어두운 우주가 있었습니다. 그리고 땅과 물이 있었습니다.
하나님께서 본격적으로 6일 동안 이 세상 만물을 창조하셨습니다.
첫날은 밤을 나누어서 빛을 만드셨습니다. 하나님의 처음 나눔 사역을 보십니다. 둘째 날도 물을 나눔으로 창조하십니다. 이 세상의 하늘 궁창 위와 아래로 물을 나눔 하셨습니다. 뿐만 아니라 셋째 날도 물을 한 곳으로 모으시고 땅과 바다로 나누셨습니다. 넷째 날도 우주의 빛 안에 또 다른 해를 만드시고 그 품어 나오는 빛으로 낮으로 그리고 밤의 달의 빛과 별의 빛으로 나눔 하셨습니다.
그러고 보면 하나님은 나눔으로 창조의 사역 일부를 보이셨습니다.
지난 대은교회에서 작은 자 목회 사역을 하면서 푸드마켓의 나눔을 늘 일상처럼 있었던 일이었습니다. 그리고 그 나눔이 점점 우산 나눔, 휠체어, 목발, 약수물, 빵 그리고 많은 교회 주변의 업체들이 나눔에 참여 했었습니다. 그리고 더 나아가 광명시 30여 목사님들과 여러 기관으로 나눔으로 확산되어 함께 참여했었습니다.

하나님의 창조 나눔 사역은 오늘 우리의 삶에도 여전히 부유케 하는 것이었습니다. 그리고 하나님은 6일 동안 창조하시면서 총 8번 시작과 마무리 하시면서 '보시기에 좋아 하셨습니다' 다른 날과 달리 셋째 날과 여섯째 날에는 두 번 '보시기에 좋다' 하시며 매듭을 하셨습니다.

하나님 닮은 우리도 당연히 만물을 보면 좋은 것입니다.

우리 주변에 하늘, 땅, 물, 나무, 풀, 꽃, 짐승, 곤충…. 그리고 사람들…. 그런데 사람들은 하나님의 좋은 작품을 더 좋게 더 아름답게 하려 했습니다.

원예나 화초, 옷, 꽃다발, 정원, 성형수술…. 하나님처럼 보시기 좋은 마음으로 사랑, 축하, 위로, 치유를 위해 만물을 다듬고 다스리고 정복해 만들기도 합니다. 이런 일은 하나님도 보시기에 좋아하실 것입니다. 그러나 많은 경우가 하나님과 어긋난 욕심과 탐욕을 품어 좋은 상품을 만들어 팔기도 합니다. 때로는 하나님 보시기 안 좋은 것이 더 좋아 보이는 것도 많이 있습니다. 성적인 화려한 상품들, 탐스런 농산물들, 깔끔하게 잘라낸 나무와 야생화들, 온갖 희귀한 동물 가죽 상품들, 안전한 시멘트 축대의 개천들….등등. 결국 하나님도 우리도 보기에 안 좋은 온갖 공해로 생명위험까지 만드는 일들 되었습니다.

우리는 이 시대 하나님 보시기 좋은 만물을 보이도록 힘써야 하겠습니다. 그리고 우리 주변에서 하나님 보기기에 좋은 것을 자주 알려야 하겠습니다.

산책을 하면서 길을 가면서 만나는 나무나 사람을 보면 때로는 '하나님 보기에 좋습니다^^' 하고 인사하는 것이죠.
저는 나무들이나 꽃을 보면 가끔 상황에 따라 속으로 혹은 말로 그렇게 합니다. 롬1:20을 첨가하여 "너는 참 보기 좋구나, 하나님 빛, 공기, 땅의 능력 입었으니 더 보기 좋구나!!" 그러면 답이 오는 듯 합니다 "고마워요, 당신도요...^^"
사람도 만나면 그런 의식을 갖고 있습니다.
지난 월요일에는 요양원 입원 환우를 찾아가 그랬습니다. 그리고 같은 병실에서 요양보호하시는 중국교포 분들께 그리했습니다. "요양사님, 참 귀한 일하시네요, 보기에 참 아름답습니다" 그랬더니 "뭘요, 우리가 뭐가 보기 좋아요, 제일 하빠리 일하고 있는데요...." 그래서 "무슨 말씀이신가요? 이런 힘든 일은 아무나 못합니다. 복지사 일이신데요.. 이 일을 해 주시니까 환우 가족 분들이 편히 일하고 봉사합니다. 만약 집에서 이곳 환우 분들이 계시면 가족들이 어찌될까요?.....하나님이 첫째로 보시기 좋아하십니다. 그리고 훗날 자녀들이 손자들이 가족들이 자랑스럽게 보실 것입니다...."
그러자 "정말 고맙습니다. 한 분은 저도 하나님 믿었었습니다. 또 한 분은 절을 믿을까 했는데 하나님 믿을까 봐요...." 그러십니다. 그리고 나중에 옆에 병실 한분까지 오셔서 같이 손잡고 복음 기도하자니 훌쩍거리기도 하십니다. 할렐루야!!
오늘도 오랜만에 길에서 만난 성도 한 분께 "참 하나님 보기에 좋으세요…." "어, 그래요, 고맙습니다"로 대답을 받았습니다.

작은 나눔의 창조 사역을 일상화 하시고, 어디서든 사람이든 자연물이든 잠시 대면할 수 있거든 '하나님 보시기 좋습니다!'를 생활 속에서 가능한 자주 하실 수 있기를 축복드립니다.

생명의 빛 | 요한복음 1장

오늘도 어김없이 날이 밝았습니다. 맑은 날입니다. 햇빛은 환하게 창문으로 들어옵니다. 이 빛은 하나님께서 창조 네째날에 만드셨습니다.

태양은 스스로 빛을 냅니다. 그 빛은 너무 커서 우리 주님처럼 태양계를 환히 밝힙니다. 그러나 더 큰 온 우주를 밝히시는 첫째 날 창조의 빛이 있습니다. 그리고 그 이전에는 요한복음 1장에 나오는 모든 빛의 근원인 위대한 생명의 빛, 참 빛이 나옵니다.

사실 우리는 태양의 빛 이전의 빛은 육신의 눈으로 볼 수가 없습니다. 우리는 나반 태양의 햇빛까지만 볼 뿐입니다. 그리고 그 태양에서 나오는 빛으로 빛을 만드신 달과 별들을 볼 뿐입니다.

달과 별들은 어두움을 완전히 밝히지는 못합니다. 그럼에도 어둠 한 켠을 밝히며 우리 인간들에게 유익을 주고 있습니다. 동방박사, 다니엘, 아브라함처럼 믿음의 사람들에게 소망을 주고, 아이들에게 동요와 동시를 주며, 어둔 길의 안내자가 되어 줍니다.

요한복음 1장 9절에 우리 주님을 참 빛이시며 4절 생명의 빛으로 소개하고 있습니다. 그런데 5절 그 빛이 사람들 가까이 있으되 어두운 사람들이 깨닫지 못한다 하십니다. 그러니까 생명의 빛은 우리 육신의 눈으로는 볼 수는 없어도 깨달을 수는 있어야 한다는 것입니다.

그런데, 여기서 질문 하나가 생깁니다. 나는 오늘 지금 주님의 생명 빛을 깨달아 알고 있는가….? 깨닫고 있다면 적어도 지금의 삶이 밤의 달이나 별처럼 누군가에게 유익을 주는 그런 빛의 삶을 살아가고 있을 것입니다. 그러나 만약 깨닫지 못하고 있다면? 주님과 상관없는 삶을 살아가고 있을 것입니다. 주님이 보실 때 어두운 삶을 살고 있을 것입니다.

그럼, 그 주님 빛을 깨닫지 못하는 이유는 무엇일까요?
우리는 햇빛이 가려 보지 못할 때가 언제던가요? 네. 먹구름, 안개, 개기일식 혹은 지구 자전처럼 해를 등진 때입니다.
우리는 살아가면서 마음에 얼굴에 먹구름, 안개와 같은 때가 있습니다. 때로 나에게 유익을 주던 사람이 달처럼 때로 해를 가리는 것과 같을 때가 있습니다. 아니 내 한 몸과 같은 사람들이 지구가 해를 등질 때처럼 캄캄한 원수 상처가 될 때도 있습니다.

본래 인생은 마귀로 부터 빛을 빼앗기고 어둠을 벗어날 수 없는 죄, 탐욕, 교만, 근심, 시기, 공허, 혼돈……등을 안고 살아왔습니다.

이에 요한에게 주님의 빛을 보도록, 인간에게 마치 태양을 소개하고 그 빛을 가리운 안개와 먹구름을 어찌 걷어내야 하는지 그 소리 역할을 하게 했습니다.(요1:6~8,28)

하나님께서 이 세상을 아름답게 창조하시기 전에 우주는 어둡고 공허하고 혼돈스러웠습니다. 그 속에 빛과 아름다운 생명들을 창조하셨습니다. 그런데 다시 인간들은 하나님 아들을 죽일정도로 죄와 혼돈, 공허로 어두워졌습니다. 이에 어린양 예수님께서 친히 그 모든 인간의 죄 대가를 감당하셨습니다. 십자가에 죽으셨습니다. 그리고 공허, 혼돈, 어둠 속의 안식 후 첫날 생명의 빛, 참 빛으로 우리위해 부활하셨습니다.

그리고 요한은 빛을 모르는 어두운 인생에게 "회개하라, 천국이 가까왔느니라.마3;2" 선포했습니다. 마음 천국은 빛을 가리운 어두움이 물러가는 것입니다.(눅17:21)

다시 생명의 빛을 깨닫고 찾는 것입니다.

주님은 당연히 우리에게 "너희는 세상에 빛이라. 마5:14" 하셨습니다.

우리는 누구나 태양빛은 아니더라도 주님 생명 빛에서 달빛, 별빛이 될 수 있습니다.

탐욕, 교만, 근심, 시기가 가득한 어두운 내 주변에서 달빛, 별빛은 될 수 있습니다.

그러니 우리는 항상 회개를 이루는 삶이 중요하군요.

회개는 내 속에 탐욕, 교만, 근심, 시기, 낙심....이런 것들을 깨닫고 인정하는데서 출발합니다.

말씀을 통하여 알게 됩니다. (시11:105)

기도를 통하여 알게 됩니다. (시51:10)

서로를 통하여 알게 됩니다.(약5:16)

그리고 회개케 하시는 주님 십자가 앞으로 나아갑니다. 인내합니다.

반드시 안개와 먹구름은 십자가 속에 녹아질 것입니다.

아무리 나를 힘들게 하는 사람도 환경도 유동적입니다. 짧게는 한 두시간 길게는 몇 날 몇 달이면 생각이 바뀝니다. 그러니 전혀 두려울 것도 막막할 것도 없습니다. 십 년 이십 년 수만 년.. 오직 영원히 변하지 않는 태양 같으신 주님 빛을 바라며 회개를 이루는 것입니다. 사모하시면 주님의 영이 도우실 것입니다.

그러면 반드시 부활의 빛으로 통쾌, 상쾌, 유쾌한 때가 임할 것입니다. (행3:19)

그 작은 빛으로 우리는 오늘 하루를 살아갑니다. 내일도 밝게 바라볼 수 있습니다.

주님의 산상수훈 중에서 | 마태복음 6장

지난해 년 말, 올 겨울은 무척 추울 거라는 기상 예보에 저도 은근 긴장했었습니다. 몸 관리 때문에 염려했던 것이죠. 그러나 가장 춥다는 대한 절기도 비교적 포근하게 지나갑니다.

우리 인생에게는 염려라는게 있습니다. 보통은 나이가 들수록 더 많이 배울수록 도시에 살수록 염려, 걱정거리가 커집니다. 혹여, 염려 아주 없는 이가 있을까요? 없겠지요. 누구나 염려, 걱정이 있습니다.

다만 그 처리하는 과정이 사람마다 다를 뿐입니다. 어떤 이는 표가 안 날정도로 쉽게 극복하는 이가 있고, 어떤 이는 근심이 되고, 괴로움이 커서 주변 사람들이 다 알 정도로 심한 홍역을 치릅니다.

산상수훈의 주님께서 염려하는 우리에게 이렇게 말씀하셨습니다.

"공중의 새를 보아라"
"들의 백합화를 생각해보라"
"여기 들풀도 꽃 한 송이도 있다"
"까마귀를 생각하라"

한미디로 주님은 하찮은 자연 생명 속에 우리 염려, 근심, 괴로운 스트레스 극복의 은혜를 담으셨습니다. 식물은 단순히 우리에게 먹는 것 그 이상의 가치가 있습니다.

물론 그리스도인들에게는 한 가지 더 올바른 기도를 포함합니다 "너희는 먼저 그 나라와 그 의를 구하라"

그런데 우리 도시인들은 집과 마을에서 극히 일부를 남기고 풀, 꽃, 새도 다 쫓아내고 콘크리트로 덮어 버렸습니다. 그나마 시멘트 금이 간 사이로 나오는 식물을 화단, 가로수나 심지어 공공건물 정원수를 댕강댕강 쉽게 잘라 버리고, 수시로 뽑아 버립니다.

온 우주 생명의 근원이신 하나님께서 인생에게 주신 자연 생명의 치유 순리도 진리도 역행하고 있습니다.

새 소리 듣고 도란도란 얘기하며, 하찮은 꽃과 풀들로 정신을 정화하며, 이름 모를 꽃한송이로 웃음을 찾던, 잠시 돌아볼 마음의 여유조차도 아예 없애버리는 것입니다.

그리고 큰 맘 먹고 시간과 돈이 있어야만, 도시 콘크리트 숲을 떠나서 자연 생명을 가까이 하며 재충전 한다는 생각입니다.

그러니 일상에서 염려가 커지고 근심과 걱정 괴로움은 커지는데 스스로 극복할 힘은 길어지니 도시인들에게 자살이 늘어나고, 정신질환이 늘어나는 것도 별로 이상한 일이 아닙니다.

시나 노래 가사, 예술과 온갖 문화에서 추억을 나누던 이 자연 생명의 즐거운 동행이 점점 희박해져 갑니다.

우리 도시인들이여! 염려, 걱정 근심, 괴로움에서 너무 오래도록 머물지 않기를 바랍니다. 자주 집 주변에서 사계절 노래하는 새소리를 찾아 나섭시다. 이제 봄의 새싹이 오르면 자연 풀과 꽃을 찾아 가까이 하시고, 그들의 오묘함을 알고 친해집시다. 그리고 올바른 기도하셔서 더욱 행복하시길 기원합니다!
주님은 "너희 근심이 도리어 기쁨이 되리라. 요16:20"

그리고 도시가 깨끗함, 안전함, 편안함으로 온갖 열개의 공을 들인다면, 집 가까운 도시 속 자연 생명을 살리고 보존하는 일에, 딱 하나만이라도 힘을 보탤 수 있다면 좋겠습니다.
그것이 우리 모두와 후손을 위한 복이 될 것입니다. 샬롬!!

• 본 저서의 키워드

1. 작은 자
2. 십자가 큰 은혜 (G2)
3. 교회 사명
4. 열린 문, 개척, 선교
5. 작은 종, 섬김 (S2)
6. 십자가 충성
7. 회개
8. 성령감동, 말씀
9. 악한 영, 귀신
10. 통성 기도
11. 하나님 나라, 하나님 주권
12. 공동체
13. 훈련, 변화, 일꾼
13. 쉼, 감사
14. 더 작은 자연 생명, 도시 생태
15. G2S2